# 은밀한
## 호황

은밀한 호황
－불 꺼지지 않는 산업, 대한민국 성매매 보고서

**지은이** 김기태, 하어영
**펴낸이** 이명회
**펴낸곳** 도서출판 이후
**편 집** 김은주, 신원제, 유정언
**마케팅** 김우정
**디자인** 공중정원

**첫 번째 찍은 날** 2012년 11월 30일
**세 번째 찍은 날** 2020년 6월 5일

ⓒ 김기태 · 하어영, 2012

**등 록** 1998. 2. 18(제13-828호)
**주 소** 10449 경기 고양시 일산동구 호수로 358-25 (백석동, 동문타워 II) 1004호
**전 화** 대표 031-908-5588 편집 031-908-1357 전송 02-6020-9500
**블 로 그** http://blog.naver.com/ewhobook

**ISBN** 978-89-6157-063-3 03330

이 책의 국립중앙도서관 출판시도서목록(CIP)은 e-CIP홈페이지(http://www.nl.go.kr/ecip)와
국가자료공동목록시스템(http://www.nl.go.kr/kolisnet)에서 이용하실 수 있습니다.
(CIP제어번호: CIP2012005337)

# 은밀한 호황

불 꺼지지 않는 산업,
대한민국 성매매 보고서

김기태 · 하어영

이후

# 성매매는 사회문제다

'또 선정적인 기사 하나 나오겠군.'

진보 매체라는 『한겨레21』이라 해도 편견을 비켜가진 못했다. 김기태 기자에게 취재 요청을 받은 뒤 잠시 망설였던 이유다. 그럼에도 '이번엔 다르겠지……' 하는 희망을 쉽게 버리진 못했다. 결국 취재 요청을 수락했다.

기자와 약속한 시간이 다가올수록 대한민국의 성 산업과 관련된 복잡한 생각들이 머릿속을 어지럽혔다. 가끔 낯선 사람들이 뭐하냐고 물어 '성매매' 관련 연구를 한다고 하면, 대부분이 호기심에 눈을 반짝인다. 그 호기심이 성매매와 관련된 가벼운 수다나 농담으로 이어지거나 '성매매는 사회의 필요악'이라는 통념을 공유하는 데서 끝난다는 게 문제다. 그런 자리에 '성을 사는 사람들', '성을 파는 사람들', '성 판매를 알선하고 그 과정에서 이익을 얻는 사람이나 집단', '성 산업을 지배하는 거대

구조'를 논할 여지는 없었다.

김기태 기자라는 사람도 비슷하지 않을까? 업으로 성매매를 연구하면서부터 기자들을 만날 때마다 전투적이 되는 건 어쩔 수 없었다.

편견 없이, 왜곡 없이 성매매에 대해 이야기하는 건 우리가 처한 상황에서 어려운 일이다. 현란한 네온사인에서부터 인터넷 스팸메일까지 대한민국 성 산업은 최근 아예 드러내놓고 그 규모와 범위를 확장하고 있다. 미디어도 성 산업의 주류화에 앞장선다. '자유와 경쟁'이라는 압도적인 이데올로기는 성을 이용해 돈을 벌 수 있는 기회를 맘껏 열어 주고 있다.

좀 더 구체적으로 살펴보자. 2007년 실시한 전국 성매매 실태 조사에서 우리나라 성매매 경제 규모는 약 14조 952억 원으로 추산됐다. 같은 해 국가 예산(239조 원)의 6퍼센트에 달하는 수치다. 대한민국 성 산업은 팽창하고 있는데 아직도 사회의 일부에서는 '풍선 효과', '성매매 여성의 자발적 선택' 등을 이야기하며 "성매매특별법"의 실효성에 의문을 제기하는 데만 매달리고 있다.

성매매 여성이라는 낙인이 여성들의 살을 가르는 세상에서, 남성의 성 구매는 본성상, 또는 사회 여건상 당연한 것이며 성매매 여성은 자발적으로 하는 거니 문제될 게 뭐 있냐는 세상에서, 과연 성매매와 관련된 기사를 제대로 쓸 수 있는 기자가 몇 명이나 될까?

그리고 이번에는, 너무 통쾌하게도, 그런 내 의심이 허무하게 사라졌다.

이 기자, 진지했다. 떨리는 손과 신중한 단어 선택에서 대한민국 성 산업을 진심으로 고민하고 문제 제기하려는 진정성을 보았다. 보이지만 보이지 않고 들리지만 듣지 않는 성매매 여성들의 목소리를 지면에 담으려 했고, 대한민국 구석구석의 성 산업 백태를 보여 주려 했으며 성매매의 교묘한 구조적 맥락을 묵직하게 전달하고자 했다. 지난 2011년부터 다섯 차례에 걸쳐 연재된 『한겨레21』의 성매매 기획 기사에는 그런 기자의 태도와 시각이 그대로 담겼다.

그 기사들이 『은밀한 호황』이라는 제목으로 새롭게 책으로 엮인다니 반가운 일이다. 『은밀한 호황』은 『2010년 성매매 실태 조사 보고서』, 『성매수 실태 조사 보고서』, 『가출 청소년 성매매 유입 예방 및 지원 방안 I·II』 등과 같은 복잡하고 현학적인(딱딱한) 보고서를 명료하고 읽기 쉽게 가공했다. 여기에 기자들의 취재를 통해 현장감을 더해 주고 있으니, 독자들은 이 책을 잡는 순간 단숨에 읽어내려 갈 수 밖에 없을 것이다.

저자들은 한국 사회 '성 산업' 현실을 가감 없이 보여 주려고 노력하고 있을 뿐만 아니라, 독자들이 성매매와 관련된 논쟁들을 비판적으로 섭취할 수 있도록 객관화하여 정리하고 있다. 저자들의 안내를 받아 독자들은 성매매를 둘러싼 다양한 행위자에서부터 그 행위자들을 둘러싼 구조, 그 구조를 추동하는 힘 등, 성매매와 관련된 핵심적 그림들, 우리가 지금껏 간과했던 그림들을 스스로 발견할 수 있을 것이다.

『은밀한 호황』은 성매매는 호기심의 대상이 아니라 진지한 문제 제기의 대상이어야 한다는 것을 말해 주는 책이다. 호기심에서 이 책을 집어 든 독자라 하더라도, 책을 덮을 때쯤이면, '대한민국 성매매'에 관한 전반적인 지식뿐만 아니라 '대한민국 성매매'에 대한 새로운 인식이라는 뜻하지 않은 선물을 받게 될 것이다.

"성매매특별법"이 실시된 지 8년이 지났다. 그러나 성매매 여성을 처벌의 대상으로 보는 시각은 변하지 않고 있다. 여성가족부가 2007년

~2009년 서울중앙지방검찰청 등 4개 지방검찰청이 다룬 성매매 사건 365건의 피의자 1천 357명을 분석한 결과에 따르면 이 기간 적발된 성인 여성 성매매 사례 중 여성을 피해자로 본 경우는 단 한 건도 없었다. 성매매 여성이 성매매 지원 시설에서 상담 치료를 받으며 사회봉사를 하도록 보호 사건으로 처리된 경우도 7.2퍼센트에 불과했다. 기소율에서도 여성이 남성보다 높았다. 이 기간에 적발된 성매매 여성의 평균 기소율은 23.2퍼센트였다. 이는 같은 기간 적발된 성 매수 남성의 평균 기소율 16.9퍼센트보다 6.3퍼센트 포인트 앞선 수치다.

"성매매특별법"의 취지가 무색한 것이다. 이 시점에서 "성매매특별법"의 한계를 법 안팎에서 고민하는 내용까지 담은 『은밀한 호황』은 모든 이들에게 귀하고 반가운 선물이 될 것이다. 날카로운 분석과 따뜻한 성찰로 세상의 구석구석을 그려낼 줄 아는 저자들에게 성매매 방지 기관에서 연구 업무를 하는 연구자로서 감사의 마음을 전한다.

바라는 게 있다면 이 책을 읽는 독자들이 성매매는 소수의 문제가 아니라 사회 안전망이 부재한 사회에서 언제든, 모든 계층의 인간에게 닥칠 수 있는 사회문제라는 점을 깨닫는 것이다. 성매매가 전 사회적인 인권 유린의 문제며, 아직도 사회적 묵인 아래 성매매라는 폭력적 공간에서 생활하고 있는 많은 여성들이 있다는 것도 기억해 주면 좋겠다.

2012년 겨울
정혜원 박사(《한국여성인권진흥원》)

## 용어 설명

**성매매특별법** | 지난 2004년 시행된 "성매매 알선 등 행위의 처벌에 관한 법률(성매매처벌법)"과 "성매매 방지 및 피해자 보호 등에 관한 법률(성매매보호법)"을 함께 이르는 말이다. 성매매방지법으로도 불린다. 성매매특별법은 2002년 전북 군산 개복동 유흥주점에서 화재가 났을 때 성매매 여성 등 14명이 숨진 사건이 계기가 됐다. 당시 '성매매 피해 여성들의 인권을 보호해야 한다'는 목소리가 높았지만, 입법 과정을 거치면서 법안 취지가 '성매매 알선 등 행위와 성매매를 근절하기 위하여'로 바뀌었다. 이에 따라 성매매 여성에 대한 인권 보호보다는 성매매에 대한 단속과 금지에 방점이 찍히게 됐다는 비판을 받고 있다. 그러나 한편에서는 우리나라에서 광범위하게 이뤄지는 성매매에 제동을 걸었다는 점에서 부분적인 성과를 거뒀다는 평가도 있다.

**윤락행위등방지법** | 지난 1961년에 제정·시행된 법률을 가리킨다. "사회의 이면에 만연하고 있는 윤락 행위를 방지하여 국민의 풍기 정화와 인권 존중에 기여"한다는 목적으로 제정됐다. 성매매 여성을 범죄자로 규정해서 비판을 받았다. 2004년 성매매특별법에 의해 대체됐다.

**전업형 업소** | 전업형 업소는 성매매를 주된 목적으로 영업을 하는 장소를 가리킨다. 여성가족부는 지난 2010년 전업형 집결지를 분류하면서 크게 4가지 유형으로 나누었다. 기지촌, 맥주·양주집/방석집, 유리방, 여관/여인숙촌이 이에 해당된다.

**겸업형 업소** | 본래의 영업 목적 외에 간접적이고 2차적인 형태로 성매매 알선 및 거래가 이뤄지는 업소 유형을 가리킨다. 여성가족부는 겸업형 업소를 크게 7개 유형으로 나눴는데, 일반 유흥주점업(단란주점 등), 무도 유흥주점업(나이트클럽 등), 비알콜 음료 점업(티켓다방 등), 오락장 운영업(노래방 등), 이용업(이발소 등), 마사지업(안마시술소 등), 기타 미용 관련 서비스업(휴게텔 등)이 이에 해당한다.

**알선 업체** | 겸업형 업소와 동의어로 쓰인다. 성매매를 주된 목적으로 하지는 않지만, 성매매를 알선해 주는 업체를 가리킨다.

**존스쿨** | 성을 구매하다가 적발된 남성들이 받는 성구매자 재범 방지 교육 프로그램 혹은 그 프로그램이 진행되는 보호관찰소를 가리킨다. 지난 2005년부터 성을 구매하다가 잡힌 남성들은 초범에 한해 존스쿨을 수강하는 데 동의하는 조건으로 기소유예 처분을 받게 됐다. 2012년 1월 현재 전국 39개 장소에서 존스쿨 교육이 실시되고 있다.

# 성매매, 못 다 푼 이야기

이 글을 써야 하나.

망설였다. 기자의 손에는 「성매매 실태 조사 보고서」가 들려 있었다. 여성가족부가 〈서울대 여성연구소〉에 의뢰해 2010년 말 작성한 700여 쪽짜리 보고서였다. 우리나라 45개 지역에 산재한 성매매 밀집 지역과 3만 5천 곳으로 추정되는 성매매 알선 업체에 대한 현장 조사 자료 등을 눌러 담았다. 아직 언론에 공개되지 않은 귀한 보고서였다. 역시 여성가족부가 만든 232쪽 짜리 「성 매수 실태 조사 보고서」도 입수했다. 단독 자료를 마다할 기자는 없다. 그래도 부담스러웠다. 감당하기 버거운 보고서였다. 필자들이 몸담은 『한겨레21』 내부 기획 회의 때도 여러 의견이 나왔다. "자칫 성매매를 안내하는(또는 부추기는) 기사가 될 수 있다." "전달하려는 메시지가 선정성에 묻힐 수 있다." 심지어 취재 과정에서 "(보고서를) 공개하지 말라"는 조언도 들었다. 보고서를 작성하는 과정에 참여했던 인사의 말이었다. 이유는 분명하지 않았다. 정부의 보고서가 언론을 타게 될 때, 흔히 덧씌워지는 선정성의 포장이 부담스러운 듯했다. 모두 타당한 말이었다.

그럼에도, 필자들은 보고서를 공개하기로 했다.

대한민국에서 성매매는 거대한 공백 지대다. "멀쩡한 사람들도 성매매 문제로 가면 생각이 블랙홀에 빠져요." 취재 과정에서 들은 현장 활동가의 말이었다. 오랫동안 성매매 여성을 '외화벌이 역군'으로 이용했던 국가는 이 문제를 떳떳이 다룰 만한 정당성이 없었다. 자신 있게 성매매 문제를 다루기에 대한민국 정부는 지나치게 부도덕했거나, 무기력했다.

성매매로 떠밀린 여성들은 스스로를 변호하고 나서기엔 힘이 모자랐고, 다른 대부분의 여성들에게 성매매란 낯설거나 어딘지 모르게 불편한 주제였다. 나머지 다수의 남성은 성매매의 공범자이거나 방관자였다. 그러니 국가 정책에서 성매매는 종종 사각지대로 밀렸다. 그 공백에서 성매매는 오래 계속됐다. 전국 45개 성매매 집결지 가운데 35곳은 1960년대 이전에 형성된 곳이었다. 거의 두 세대가 지나도록 성매매 집결지는 밤마다 불을 밝혔다. 각종 신·변종 성매매 업소는 주택가 골목과 학교 앞까지 파고들었다.

필자들이 여성가족부 보고서를 입수한 것은 우연에 가까웠다.

그럼에도 「성매매 실태 조사 보고서」를 기사화해야 한다는 강한 확신이 들었다. 성매매라는, 한국 사회의 깊은 콤플렉스를 진지하게 조명할 기회가 주어졌다는 생각에서다. 정부는 묵인하고, 남자는 알고도 침묵하고, 여자는 잘 모르는 성매매 문제의 실상과 뿌리를 힘닿는 데까지 들여다보기로 했다. 다만 취재 과정에서 『한겨레21』이 오래 유지해 온 미덕 하나를 포기해야 했다. '노동 OTL'과 '병원 OTL' 등을 통해서 쌓아 올린, 매체 특유의 잠입 취재 기법을 쓰지 않기로 한 것이다. 선정성의 덫에 빠지지 않기 위해서였고, 무엇보다 취재 과정에서 만난 전문가들의 조언을 따른 결과였다. 따라서 성매매 현장에 대한 르포 기사는 없었다. 대신, 엄연한 불법 행위인 성매매가 대도시 대로변부터 시골 읍내까지 전국 방방곡곡에서 버젓이 이뤄지는 이유를 탐구해 보고자 했다.

대형 기획, "대한민국 성매매 보고서"는 그렇게 『한겨레21』의 지면을 탔다.

기획은 지난 2011년 11월부터 2012년 4월까지, 다섯 차례에 걸쳐 소개됐다. 첫 번째 기획 기사에서는 「성매매 실태 조사 보고서」를 네 꼭지로 나누어 소개했다. 이를 통해 한국 성매매 산업의 규모가 무려 6조 6,258억 원에 이른다는 실증 분석 자료를 우리나라 언론 가운데서 처음으로 공개했다. 두 번째 기획 기사에서는 여성가족부가 만든 「성매수 실태 보고서」를 단독으로 보도했다. 여기에서도 '2009년 한국 성인 남성 10명 가운데 4명이 성매매를 했다'는 충격적인 사실을 담아 파장을 낳았다. 세 번째와 네 번째 기획에서는 〈한국여성인권진흥원〉이 작성한 성매매 피해 여성의 정신 건강에 관련된 보고서와 가출 청소년의 성매매 실태에 관한 보고서를 잇달아 단독으로 소개했고, 마지막 회에서는 한국에 들어온 외국인 여성의 성매매에 초점을 맞췄다.

반응은 컸다. 13개의 기사 가운데 '대부분 동네에서 이뤄지는 성매매 연간 4,605만 건(1회)', '한국 남성 10명 중 4명은 지난해 성매매 했다(2회)', '"내 몸은 밥값을 버는 도구였을 뿐"(4회)' 등의 기사는 온라인에서 100만 건 이상의 접속 수를 기록했다. 물론 선정적인 제목 탓이 컸을 것이다. 그러나 기사는 제목 이상의 메시지를 깊이, 그리고 묵직하게 전달했다고 감히 자부한다. 기사를 통해 본 한국 성매매의 현실은 아프고, 서늘했다.

그리고, 필자들은 한 발자국만 더 나아가고 싶었다.

취재 과정에서 직접 들은 이야기를 갈무리하기에 시사 주간지의 지면은 야속하게 좁았다. 사례와 통계, 사연은 지면에 맞춰 줄이거나 뺄 수밖에 없었다. "대한민국 성매매 보고서"라는 야심찬 제목에 견줘, 성매매를 둘러싼 현실이 복잡 미묘한 것에 견줘, 정작 기사는 양과 질에서 못 미쳤다는 자격지심에 필자들은 내내 시달렸다. 필자들이 굳이 기사들을 새로 묶어 책으로 내는 이유다. 과거에 썼던 기사를 고쳤고, 보강했고, 새로운 글을 보탰다. 미흡한 부분을 보태고 빈 곳을 채우니, 잡지에 나간 분량의 3배에 가까운 원고가 만들어졌다.

그렇게 해서, 욕심 부린 제목에 좀 더 걸맞은 모양새로 책을 내게 됐다. 아쉬움은 여전히 남는다. 취재 과정에서 자신의 아픈 이야기를 들려준 취재원들과 자료를 기꺼이 제공해 준 연구자들의 말과 글을 담기에,

이 책은 여전히 부족한 것도 사실이다. 따라서 이 책에서 미덕을 찾을 수 있다면 그 이유는 마땅히 그들의 덕일 것이요, 모자라는 부분이 있다면 그건 온전히 필자들 탓일 것이다. 취재 과정에서 도움을 준 이들에게 다시 한 번 감사의 인사를 보낸다.

**1장**

성역聖域 없는 성역性域

# 대한민국 정부가 포주였다

**방조와 묵인이 낳은 괴물**

대한민국에서 성매매는 불법이지만 불법이 아니다. 집결지 한편에 파출소가 공존하는 기괴한 풍경은 우리나라에서 새삼스럽지 않다. 이런 괴리는 왜 생긴 것일까?

이 모순을 이해하기 위해서는 먼저 국가의 이중적 성매매 정책을 볼 필요가 있다. 박정미 교수(한양대 HK, 사회학)는 「한국 성매매 정책에 관한 연구」에서 성매매에 대한 국가의 의도된 침묵과 통제 과정을 파헤쳤다. 400쪽이 넘는 두툼한 논문 속에서 대한민국 정부는 한 손으로는 성매매를 불법화하면서 나머지 한 손으로는 방임을 하거나 때론 적극적으로 '포주' 노릇까지 떠안았다. 위안소 운영에서 기생 관광까지, 대한민국 정부가 성매매를 적극적으로 부추긴 사례들은 박정미 교수의 논문에서 대부분 가져온 것이다. 긴 논문을 요약하는 과정에서 논문의 요지를 단순화하거나 왜곡했을 수는 있지만 성매매가 정상화되는 과정에서 정부가 중요한 역할을 했다는 사실이 달라지지는 않는다.

## 유엔군을 위한 위안소

국가가 성매매에 이중적 태도를 보이기 시작한 시기는 1946년 미군정기로 거슬러 올라간다. 일본 제국주의를 밀어낸 미군정은 앞선 일제와의 차별성을 드러내 보일 필요가 있었다. 1946년 5월 17일에 선포된 "부녀자 매매 또는 기其 매매 계약의 금지령"은 그런 배경에서 나왔다. 공창제를 유지하던 일제와 분명히 선을 긋는 조처로 보였다. 해방 이후에도 식민 잔재인 공창제는 사실상 유지되고 있었다. 1946년 3월 6일자 『동아일보』를 보면 서울 종로 경찰서가 기생이 지나치게 늘어나는 것을 막기 위해 기생 시험을 실시했다는 기사가 나온다. 보도에 따르면, 서울 락원정 삼화 권번에서 열린 시험에는 1,304명의 지원자가 몰려 노래와 춤, 건강 상태 조목을 거쳐 360명이 합격했다.

신생 국가 신민은 미군정의 결정을 환영했다. 1946년 5월 27일자 『동아일보』는 "우리의 봉건적 악습과 아울러 일제의 유물인 공창 제도가 완전히 일소되게 됐으니 (…) 인류 사상 일대 오점인 공창 제도의 철폐는 조선의 해방사상 그리고 여성의 해방사상 통쾌한 사실이라 할 것이다"라고 감격에 넘쳐 보도했다. 『한성일보』도 다음날 "조선이 해방되었으니 (…) 유곽의 여성들이 해방되어야 할 것은 당연한 일"이라고 사설에 썼다.

정작 미군정의 의도는 달랐다. 러취 군정 장관은 "(금지령은) 공창의 폐지가 아닌 것은 물론 사창과도 아무 관계가 없다. 자기 자신이 자진해서 맺은 계약 아래에서 종사하는 것은 무방하다"고 밝혔다. 즉, 개인이 강제로 성매매를 하게 되는 것은 불법이지만, 자발적으로 성매매를 한다면 공창이든 사창이든 상관없다는 말이었다.

미군정이 불러온 가장 큰 변화는 정작 따로 있었다. 미군 스스로가 조선 땅에 성매매의 새로운 구매자로 등장했다는 점이었다. 미군 보급 수송 본부가 들어선 인천 부평은 남조선 최초의 기지촌으로 알려져 있다. 물자가 풍부한 미군 기지 주변에 가난한 신생 국가의 여성들이 모여들었다. 1979년 『서울신문』 기사는 미군 기지를 둘러싼 당시의 정황을 이렇게 그렸다.

미군에게 성을 팔기 위해 여성들이 몰려왔고, 군정 말기 그 수가 1천 명을 육박했다고 한다. 가옥 10여 채만 있던 부대 정문 근처에는 몇 개월 만에 간이 주택 수백 채가 들어섰다. 당시 미군 기지 내 홀의 조선인 책임자는 여성들이 성의 대가로 점퍼·담배 등 현물을 받는 일이 태반이었다고 회고했다.

미군정의 관심은 오로지 한국의 성매매 여성과 접촉한 미군들 사이에서 성병이 퍼지는 걸 통제하는 데 있었다. 미군은 일본강점기 때부터 유지돼 온 접객 여성 대상 등록·검진 관련 규정을 그대로 계승했다.

공창 제도를 공식적으로 폐지한 쪽은 오히려 신생 국가의 입법부였다. 남조선 과도입법의원은 1947년 8월 "공창제 등 폐지령"을 통과시켰다. '성매매 금지주의'를 법으로 천명한 첫 번째 사례였다. 그렇지만 신생국의 무기력한 행정력이 미칠 수 있는 힘은 미미했다. 1948년 1월 21일자 『경향신문』은 "서울의 현실을 들어 보더라도 공창폐지대책위원회니 무엇이니 하는 것은 구성되었으나 기일이 박두한 현재 아무런 대책도 없다. (…) 예산은 전무 상태이고, 중앙청에 대하여 국고 보조를 요청했으나 이것이 가망성이 없어 그저 한탄만 하고 있다"고 보도했다.

한탄하는 정도라면 다행일지도 모른다. 전쟁을 거치며 국가는 스스로 법을 어겼다. 정부의 1956년 자료를 보면, 육군 본부는 서울과 강릉 등 네 곳에서 위안소를 운영했다. 자료에서 확인된 '위안부' 수는 79명이었다. 1952년 한 해 이 여성들을 찾은 남성은 20만 4,560명이었다. 육군 본부는 "(사병들이) 이성에 대한 동경에서 야기되는 생리 작용으로 인한 성격의 변화 등으로 우울증 및 기타 지장을 초래함을 예방하기 위하여"라고 취지를 설명했다. 채명신 장군도 회고록 『사선을 넘고 넘어』에서 "당시 우리 육군은 사기 진작을 위해 60여 명을 1개 중대로 하는 위안 부대를 서너 개 운용했다"고 썼다. 고 차규헌 장군도 1985년에 낸 『전투』에서 "사단 휼병부로부터 장병을 위문하려 여자 위안대가 부대 숙영지 부근에 도착하였다는 통보가 있었다. 중대 인사계 보고에 의하면 이들은 24인용 야전 천막에 합판과 우의로 칸막이를 한 야전 침실에 수용되었다고 하며 다른 중대 병사들은 열을 서면서까지 많이 이용하였다고 하였다"라고 기록했다.

정부는 국군뿐 아니라, 유엔 연합군을 위한 위안소도 운영했다. 『부산일보』 1950년 9월 기사를 보면, 마산시가 "수일 내로 시내에다 연합군의 노고에 보답하는 연합군 위안소 5개소를 신·구 마산에 설치하기로 되어 이의 허가증을 이미 발부했다"고 돼 있다. 당시 정부 보건부 방역국에서 내놓은 "청소 및 접객 영업 위생 사무 취급 요령" 자료도 연합군 위안소와 위안부에 대한 지시 사항을 담고 있다. 1952년 7월 13일 『부산일보』는 당시 공인 위안소는 78개소, 비공인 위안소는 600곳에서 700곳에 이른다고 보도했다. 그 밖에도 정부가 성매매를 알선한 '포주' 노릇을 맡았다고 증언하는 기록은 서글프게도, 차고 넘쳤다.

국가의 '본보기'를 따라, 수도의 4대문 안에서도 성매매는 버젓이 이뤄졌다. 종로3가는 해방 직후 형성되기 시작해서 1968년 철거되기까지 성매매의 중심지였다. 그 규모는 탑골공원에서 종로5가까지 동서로 1킬로미터, 남북으로 50미터~100미터에 이르렀다. 성매매 여성도 1,400명으로 추산됐다. 손정목 전 시립대 교수는 "1950년대~1960년대에 성인으로서 서울에 살거나 서울에 여행을 와서 '단 한 번도 종삼(종로3가)에 간 일이 없습니다'라고 고해성사를 할 수 있는 사람이 과연 얼마나 될 것인가?" 하고 반문했다. 시인 고은은 "종삼은 1950년대의 상황이 가지고 있던 깊은 패배감, 타의의 휴전에 의한 주체적 상실감에 대해서 K. 레빈의 심리학에서 말하는 욕구 불만의 공격성에 여자를 상해하고 여자를 구타하는 식의 가해적 황음으로 그곳의 쇼트타임 롱플레이 올나이트가 이어진 것이다"라고 기록했다.• 1956년 4월19일 『한국일보』는 전국에 성매매 여성의 수가 11만 명이고, 이 중 외국인을 상대하는 여성이 6만 명이라고 보도했다. 이들은 모두 '가해적 황음'의 대상이 됐다.

## 미군을 대신한 일본인 '기생 관광'

1960년대 등장한 박정희 정권은 "혁명 공약"에서 성매매 단속을 강화하겠다고 공언했다. 1961년에 제정된 "윤락행위등방지법"은 새 정권의 의

---

• 손정목 전 시립대 교수의 글은 『서울 도시 계획 이야기I』(한울, 2005), 고은 시인의 글은 『1950년: 그 폐허의 문학과 인간』(향연, 2005[1973])에서 가져왔다.

지를 드러냈다. 21개 조로 이뤄진 "윤락행위등방지법"은 국가의 성매매 금지 원칙을 재확인한 것이었다. 그러나 이듬해 6월 보건사회부는 전국 104개소에 성매매를 허용하는 '특정 지역'을 설치하고, 그 가운데 9개소를 서울에 할당한다고 발표했다. '매음 지대와 일반 주택가 격리', '보건 위생 유지', '성병 관리 확립' 등이 이유로 거론됐다. 국가의 '관리'와 '금지' 정책은 이렇게 기묘하게 뒤섞였다.

국가는 왜 성매매 금지 원칙을 지키지 못했을까? 1961년 교통부 기획 조정관실이 내놓은 공문을 보면 답이 있다. 공문은 "현재 우리나라에서 가장 용이하게 유치할 수 있는 관광객은 주한 유엔군"이라며 "외국인 상대 접대부"를 대상으로 교양 강습을 추진하겠다는 내용을 담았다. 당시 주한 미군 병사들은 주로 일본이나 홍콩으로 휴가를 떠났다. 1961년 3월 13일 『동아일보』는 "우리나라에 보다 많은 외화를 떨어뜨리게 한다는 견지에서는 모든 소모품을 국산으로 충당하는 것이 이상적이겠지만 (…) 술도 외국 술이요, 벌거벗은 아가씨도 외국 아가씨, 게다가 외국 돈까지 쓰니……"라고 개탄했다. 국가의 선결 과제는 '벌거벗은 아가씨'를 '국산'으로 대체하는 것이었다.

정부가 앞장섰다. 정부는 1963년 "관광사업진흥법"을 개정해 관광호텔에서 제공되는 술에 대해서는 주세를 면제한다는 조항을 새로 만들었다. 관광호텔은 주로 주한 미군이 드나드는 곳이었다. 아울러 접객 여성들에 대한 서비스 교육도 함께 실시했다. 1962년 4월 25일자 『서울신문』은 서울시경이 "4천 명에 달하는 관광 접객업소(댄스홀·카바레 등)의 서비스 걸들에 대한 접객 업무 교육을 실시"했다며 그 이유가 "외국인들에게 보다 효과적인 서비스"를 제공하기 위한 것이었다고 보도했다. 또 외국인을 대상으로 하는 13개 호텔과 345개 유흥 장소의 종업원들에게 야간 통행증을 발급해 줬다.

1966년 『신동아』의 기사는 차라리 솔직했다.

양공주들이 갖는 거대한 힘이 있다. 음지에 피어 있는 이들은 아이로니컬하게도 우리 국가정책의 지상 과업이 되다시피 한 외화 획득의 한 역군이 되고 있다.

『신동아』는 당시 전국 190개소의 유엔군 전용 홀에서 나오는 외화가 1년에 1천만 달러에 이를 것으로 추정했다. 1966년 당시 우리나라가 무역으로 벌어들이는 외화는 2억 5천만 달러였다.

1970년대 들어 활기가 넘치던 성매매 산업에 찬물을 끼얹는 사건이 생겼다. 1970년~1971년 미국은 주한 미군을 1만 8천 명이나 감축했다. 정부에서는 비상이 걸렸다. 1970년 당시 경제기획원 장관이던 김학렬은 국회에 나와 미군 3만 명이 줄어들면 외환 수입은 약 8천만 달러가 줄어들 것이라고 증언했다. 정부는 다급했다. 1971년 8월 내무장관은 각 경찰에 보낸 공문에서 "보건 당국과 협조하여 위안부의 성병 예방책을 강구하고 (…) 교양을 강화"하라고 지시했다. 그렇지만 떠나는 미군을 잡을 수는 없는 노릇이었다.

미군의 빈자리는 일본인 '기생 관광객'이 채웠다. 1965년 한-일 수교가 계기였다. 기생 관광이 절정에 이르던 1977년, 한국을 찾은 일본인의 96.8퍼센트는 남성이었다. 경제성장에 몰두한 정부는 관광 수입과 관광객 목표치를 제시했다. 일선 여행 알선 업체에도 '할당량'이 떨어졌다. 목표를 달성하지 못하면 각종 혜택이 사라지거나, 심한 경우 허가가 취소됐다. 1979년 『신동아』는 "탈선 관광이 극히 당연하게 당국의 묵인 아래 이루어진다. (…) 기생 파티는 거의 모든 일본인 관광객들에게 베풀어졌다"고 보도했다. 물론 정부도 계속 한몫했다. 1972년 서울시의 자료를 보면, 기지촌 접객업소 여성 512명, 관광 요정 접객업소 여성 1,795명을 대상으로 교육한 기록이 남아 있다.

그렇다고 "윤락행위등방지법"이 완전히 사문화한 것은 아니었다. 잊을 만하면 공권력의 이름으로 등장했다. 때때로 치안 당국은 전국에서 일제 단속을 하기도 했다. 특히 연말이나 국가 행사가 있을 때 단속의 빈도는 높아졌다. 1971년 6월 23일 『경향신문』은 "서울시경은 오는 7월 1일 대통령 취임식을 앞두고 23일부터 사회질서를 바로잡기 위한 비상령을 내리고 교통법규 위반, 윤락 행위, 날치기, 노점상 등의 집중 단속에 나섰다"고 보도했다. 그 밖에도 주민들의 진정이 있거나, 비리 경찰이 포주나 성 판매 여성에게 금품을 받아 내려고 하는 경우 단속이 있기도 했다. 박정미 교수는 논문에서 이런 상황을 일컬어 "관리가 금지를 지배하고, 금지가 관리를 보완하는 상황"이라고 표현했다.

단속이 이뤄져도 그 대상은 대부분 포주나 성매매 여성이었지 남성인 경우는 매우 드물었다. 1975년~1976년 서울시의 "윤락 여성 단속 선도 현황" 자료를 보면, 성매매 여성 6,863명이 즉심 등의 조치를 받은 데 견줘, 남성 구매자는 821명만이 법적인 제제를 받았을 뿐이다. 그나마 1969년~1971년 서울시 단속 자료에는 성매매로 단속된 남성 구매자에 대한 기록이 한 건도 남아 있지 않다. 1975년부터 남성 성 구매자를 단속하기 시작했는지, 아니면 그 전 단속 기록이 유실된 것인지는 명확하지

1960년대~1980년대 기생 관광은 한국의 수치이자 돈줄이었다. 1970년대 외국인 관광 접대 여성을 대상으로 등록증(왼쪽 위)을 발급해 인권침해 시비가 일기도 했다. 1980년대 기생 관광을 반대하는 시위(오른쪽 위)가 벌어진 한편, 정부는 미국 잡지 기자의 기생 관광 업소 취재(아래)에 협조했다. 『동아일보』기사

않지만 국가가 남성 구매자에게 일방적으로 관대했던 것은 사실이었다.

## 성매매, 국가에 책임을 묻다

1980년대 국내 경제가 성장하면서 내국인 성매매 '고객'의 비중이 늘었다. 1982년에는 야간 통행금지가 해제됐고 1984년에는 총선을 앞두고 정부 주도로 사치성 유흥업소에 대한 규제가 완화됐다. 성매매 업소가 자라날 수 있는 토양은 더욱 비옥해졌다. 이른바 티켓다방들도 전국 곳곳으로 스며들었다. 1980년대 보건사회부 자료를 보면, 서울과 당시

3대 직할시를 제외한 전국 지역 다방의 수는 1980년 1만 곳 정도였지만, 1986년에는 2만 곳을 훌쩍 넘어섰다. 임권택 감독이 시골 다방을 배경으로 한 영화 〈티켓〉을 개봉한 때도 1986년이었다.

1980년대에도 국가는 성매매를 '외화벌이' 수단으로 적극 활용했다. 특히 1986년 아시안게임과 1988년 올림픽은 절호의 기회였다. 국제적인 마케팅도 마다하지 않았다. 그래서 생긴 일이 1985년 '『더 스포팅 뉴스』 사건'이었다. 그해 10월 미국 스포츠 주간지 『더 스포팅 뉴스』는 서울 올림픽 특별호에서 한국 음식을 소개하며 한 호텔 식당에서 벌어진 '기생 파티' 사진을 실었다. 사진 속에서 미국인으로 보이는 외국인 관광객은 한복을 차려입은 한국 여성이 떠 주는 음식을 입으로 받아먹고 있었다. 당시 취재 과정에서 한국 정부가 편의를 제공한 사실까지 함께 밝혀져 파문이 일었다. 기생 관광을 통해 관광객을 유치하려는 정책이 당시까지도 유지됐던 셈이다.

사실상 구호에 그쳤던 정부의 성매매 금지 정책은 1990년대와 2000년대를 거치며 조금씩 효력을 발휘했다. 1995년 개정된 "윤락행위등방지법"과 2004년 제정된 "성매매특별법"이 주요한 계기가 됐다. 물론 정부나 국회가 노력한 성과라고 보기는 힘들었다. 오히려 사회적인 인권 의식이 조금씩 개선되는 데 견줘, 성매매 현장의 현실이 워낙 뒤쳐져 있는 탓이 컸다. 오래 곪은 현장에서 대형 사고도 터져 나왔다.

지난 2000년과 2001년 군산시 성매매 업소에서 연이어 일어난 화재 사건은, 오랫동안 간과돼 오던 성매매 여성의 인권을 수면 위로 끄집어내면서 단속 위주의 성매매 대응책에 경종을 울렸다. 먼저 2000년 9월 19일 오전 9시 15분계 군산시 대명동의, 이른바 '쉬파리 골목' 성매매 업소에서 불이 나 여성 종업원 다섯 명이 사망했다. 당시 이들은 쇠창살까지 갖춘 비좁은 방에서 목숨을 잃었다. 이 사건을 계기로 무허가 집결지에서 성매매 여성들이 감금된 채 윤락을 강요당했다는 사실이 밝혀져 여론이 부글거렸다. 경찰과 소방 당국이 나섰다. 앞으로 감금 성매매를 뿌리 뽑겠다는 발표도 나왔다. 경찰은 민관합동특별전담반을 편성해 여종업원들을 상대로 심층 면담도 벌이겠다고 밝혔다. 뭔가 이뤄지는 것처럼 보였다.

그러다 1년 4개월 뒤, 대명동에서 불과 1킬로미터 떨어진 전북 군산시 개복동의 술집 '아방궁'에서 누전으로 인한 불이 났다. 화재는 대낮에 일어나 30분 만에 간단히 진화됐다. 그런데 뭔가 이상했다. 사망자가 지나치게 많았다. 1층 방에서 늦은 잠에 빠져 있던 여종업원 13명 등 모두 15명이 질식사했다. 현장에서 발견된 주검은 잠겨 있던 1층 철문 앞에 몰려 있었다. 이들 역시 모두 감금 상태였던 것이다.

도대체 공권력은 무얼하고 있었을까?

열심히 돈을 챙기고 있었다. 개복동 유흥가에서 50미터 떨어진 개복파출소 경찰관 3명은 업주들에게서 750만 원을 받고, 수시로 식사 접대를 받은 것으로 뒤늦게 드러났다. 소방 공무원은 소방 점검 과정에서 현장에 아무런 문제가 없다고 서류를 작성했다.

이들 성매매 여성들의 한 많은 죽음은 보상받을 길이 없어 보였다. 참다 못한 대명동 사건의 피해자 유족들이 국가와 업주를 상대로 손해배상 청구 소송을 벌였다. 이 사건에 대해 2008년 대법원 2부(주심 김능환)가 낸 판결은 그나마 상식적이었다. 재판부는 판결문에서 "범죄의 예방과 제지에 관한 경찰관이 관계 법령의 규정에 따라 감금 및 윤락 강요 행위를 제지하고 업주 이 씨를 체포, 수사하는 등, 필요한 조치를 취했어야 함에도 조치를 취하지 아니했다"며 "뿐만 아니라 오히려 윤락 업소의 업주들로부터 뇌물을 수수하며 윤락 및 감금 행위를 방치한 것은 직무상의 의무를 위반한 것으로서 위법하다"고 밝혔다. 2000년대 들어서 성매매를 둘러싼 법제와 판결은 조금씩이라도 개선되는 양상을 보이고 있다.

물론 성매매라는 탈법은 '관행'이라는 마스크를 쓰고 오늘도 대한민국 거리를 여전히 활보한다. 그 배경에는 국가가 아주 오랫동안 앞장서서 저질러온 원죄가 있다.

# 성매매, 전쟁과 정책의 산물

보통 '성매매'하면 가장 먼저 떠올리는 성매매 집결지는 여러 개 업소가 밀집된 형태로 담장과 천막 등으로 주변 상권과 분리된 지역에 존재하기 때문에 눈에 띄기 쉽다. 그만큼 규제와 관리가 용이해 정부 정책의 부침에 가장 많은 영향을 받기도 했다. 그렇다면 성매매 집결지는 언제부터 한국 땅에 존재했던 것일까? 해석은 분분하지만 본격적인 성매매 집결지 모델은 일본에서 유래했다는 설이 가장 설득력 있다. 1876년 개항 이후 일본인들의 조차지에 자리 잡기 시작한 유곽이 그 원형이다. 1879년 한 일본 언론의 기사를 보면, 나가사키현 상인이 부산에서 유곽 영업을 하기 위해 오사카까지 창기를 모집하러 갔다는 내용이 실려 있다. 부산을 중심으로 성행하던 유곽이 서울로 진출한 것은

1894년 동학혁명이 일어난 뒤, 인천 제물포항을 거쳐 서울 용산구 효창동 만리창 일대에 일본군 병영이 생기면서다. 이 때 성매매 여성을 고용해 성매매를 알선하는 대좌부업貸座敷業이 서울에 등장한 것으로 추정되고 있다.

1906년 일제가 통감부를 설치하고 나서 전국 주요 도시에 일본인이 거주하기 시작했다. 자연스럽게 거류민단이 구성되면서 유곽은 번성하기 시작했다. 경성, 인천, 부산, 군산, 평양, 목포, 원상, 마산, 대구, 신의주 등이 대표적인 도시들이다. 당시 일본인 창기의 수만 1천여 명에 이르는 것으로 추정될 정도로 유곽은 급속도로 번성한 것으로 보인다. 특히 일제가 주요 도시를 철로로 연결하면서 유곽이 철도역 인근에 자리 잡기 시작했다. 일본인을 위한 유곽은 철도 건설 문제로

한국에 온 철도 회사 관계자들이 주로 이용하는 곳이었다.

현재까지 존재하는 성매매 집결지도 이즈음에 등장하기 시작한다. 가장 오래된 집결지는 부산 완월동으로 1907년 세워진 것으로 추정된다. 인천 옐로하우스, 대전 중동 등도 그 즈음 유곽을 중심으로 형성됐다. 무려 100년이 넘은 역사를 보유하고 있는 것이다. 1930년에는 『전국 유곽 안내』라는 책자가 일본에서 발간됐는데 조선의 유곽 30곳도 소개하고 있다. 조선 각지의 주요한 시도별로 유곽의 규모와 가격이 나와 있는 것을 보면, 이 시기에 이미 유곽은 전국적으로 자리를 잡은 것으로 보인다.

1930년대 이후 만주사변이 일어나면서 전국의 유곽들이 정부의 지원을 받아 움직였다는 설도 유력하다. 당시 총독부, 도청, 경찰서 등과 결탁한 성매매 업자들이 군인을 위한 성매매 여성을 불러 모으기 시작한 것이다. 당시 언론들은 "전쟁이 성매매 업소에 드나드는 것에 대한 남성들의 죄의식을 없앴다"고 주장하기도 했다.

군인을 위한 성매매 여성 모집은 원래 1920년대 일본 홋카이도 탄광 노동자들을 위한 산업 위안부에서 출발한 것으로 학계에서는 추정하고 있다. 그러다가 중일전쟁과 태평양전쟁을 거치면서 노골화한 것이다. 이 때 모집된 위안부는 30만 명에 달하던 한반도 주둔 일본군은 물론이고 일본이 전쟁을 치르는 곳이라면 어디든 파견됐다. 한 통계를 보면 1943년 위안부 시설은 중국 남부에 40여 개, 중부에 140여 개, 북부에 100여 개소가 있었으며, 동남아시아에 100개소, 사할린에 10개소 등 400여 개소가 설치돼 있었던 것으로 전해진다. 군 위안소의 위안부 80퍼센트는 조선 출신이며 일부가 일본, 버마, 필리핀 등 기타 아시아 국가 출신이었던 것으로 분석되고 있다. 당시 강제로 전장에 끌려간 미혼 여성만 20만 명에 달하고, 이 가운데 7만 명 내외의 여성이 위안부로 일했던 것으로 추정하고 있다.

1945년 일제 통치가 종말을 고했지만 성매매 집결지는 큰 변화가 없었다. 1947년 공창제 폐지령이 발효되고 나서도 마찬가지였다. 오히려 그 수는 급증했다. 1953년 보건사회부에서 조사한 접대부의 수를 보면(검진표 기준), 1947년 1만 6,800여 명에서 1948년에는 4만 2,500여 명으로, 1949년에는 5만 3,600여 명으로 그 숫자가 3년 만에 세 배 이상 늘어났다.

공창제 폐지령이 발표됐지만 성매매 여성들은 막대한 빚을 지고 있는 상황에서 생계 대책 없이 폐지령을 추진한다고 반발하기도 했다. 유곽은 공창에서 사창으로 이름을 바꾸고 영업을 계속했다. 특히 미군은 미군 주둔지에 있는 공창 폐지를 최대한 늦추고 새롭게 들어서는 사창은 묵인해 성매매를 방조했다는 비판을 받았다. 이 시기 이후 미군정에서 현 정부까지 불법의 묵인은 계속되고 있는 셈이다.

그리고 6·25전쟁이 발발했다. 대규모 피난처인 부산, 대구, 마산, 포항 등에 성매매 집결지가 새롭게 자리잡거나 규모를 키웠다. 3년의 전쟁은 집결지를 전국 곳곳으로 확산시키는 결과를 가져왔다.

전쟁이 끝난 뒤인 1953년부터 1971년 사이에는 미군 부대 근처에 집중적으로 기지촌들이 번성했다. 파주 지역이 중심이 됐다. 현재까지도 이른바 '용주골'로 유명한 지역이다. 당시 미군의 자료를 보면, 미군을 상대로 하는 성매매는 미군이 주둔한 주요 도시의 지역 경제를 좌우했다고 전한다. 1970년대 후반 경기도 평택과 양주군에 5천여 명의 성매매 여성이

있었던 것으로 추정되지만 현재는 그 수가 급격히 줄어 의정부, 동두천, 파주, 송탄, 평택 등 5개 기지촌을 합해 한국인은 88명이 있는 것으로 조사됐다. 빈 자리는 필리핀과 러시아 등에서 온 외국인 여성들이 채우고 있다.(2004년 국회 자료)

서울에 성매매 집결지가 본격적으로 자리 잡기 시작한 시기는 1960년대다. 서울 종로 일대와 동대문구 창신동, 서울역 앞 양동 등이 손꼽히던 지역이다. 그러다가 1960년대 중반 한 성매매 업소 업주가 경찰에게 상납한 장부를 공개하는 사건이 터졌다. 전국적인 관심 속에 성매매 업소에 대한 대대적인 단속이 시작됐다. 당시 불도저 시장으로 불리던 김현옥 시장은 '종로 3가 홍등가 정화추진본부'를 세워 이른바 나비 작전을 시행했다. 나비 작전의 성과는 어땠을까. 종로에서 영등포, 청량리, 미아리 등으로 집결지가 이전하는 효과만을 낳았다.

2000년대 들어 개발 바람에 밀리기 전까지 이 지역 집결지는 성업했다. 그러나 결국 단속이 아니라 아파트와 백화점이 집결지를 몰아냈다. 주거 지역 인근 유해 업소를 '정화'한다는 이유로 대대적인 단속이 벌어지

면서 서울 장안동의 경우 지역민과 업소 관계자들이 갈등을 빚기도 했고, 성매매 집결지 여성들의 실태가 알려지는 계기가 되기도 했다. 그러나 개발도 성매매를 완전히 사라지게 하지는 못했다. 오히려 뉴타운 개발 등으로 단단히 한몫 챙긴 업주의 배만 불리는 결과를 낳기도 했다. 그리고 집결지는 유사 성매매 시설(안마, 키스방 등)로 바뀌어 인근에 흩어지거나 아예 경기도 새 상권으로 장소를 옮겼다. 대한민국 성매매는 2012년의 밤에도 여전히 성업 중이다.

# 대한민국 성 산업의 생태계

**파는 여성과 사는 남성만 있는 게 아니다**

'성매매 업소 안내서'로 이용할 생각이라면 실망할 것이다. 아래에 공개된 지도는 길잡이 삼아 찾아갈 만큼 친절하지 않다. 서울 강남 업소의 '찐한' 체험기라고 생각했다면 그 기대 또한 배신할 것이다. 업소의 업주,

종사자 등이 쏟아낸 지청구와 하소연이 넘쳐날 것이다. 그 말들을 열쇠로 '경제 1번지' '(사)교육 1번지'를 넘어 '정치 1번지'까지 넘보는 그곳, 테헤란로, 경복아파트 사거리, 교보생명 사거리, 대치동 등 무심코 '좋은 데'라는 말로 불려온 강남의 '비열한 거리'로 들어가 봤다.

## 여성들은 앞문으로 들어가지 않는다

"돈이 필요했다. 친구의 소개였다. 술 시중만 들면 된다고 했다. 한 달에 500만 원은 쉽게 벌 수 있다고 했다. 마담을 만났다. 당장 보증금 500만 원에 월세 60만 원짜리 논현동 오피스텔을 소개했다. 500만 원은 사채업자에

서울 강남의 테헤란로를 따라 늘어선 성매매가 가능할 것으로 추정되는 업소. 왼쪽 끝에는 대검찰청이, 오른쪽 끝에는 강남경찰서가 위치한다. '강남 성매매 타운'의 입지는 그렇게 역설적이고 동시에 상징적이다. 「성매매 실태 조사 보고서」 자료에 필자들이 대치4동을 조사한 것을 덧붙여 완성했다.
● 변종업(휴게텔, 스파) ● 유흥단란주점 ● 마사지·안마 ○ 노래방

게 빌렸다. 빌릴 때 차용증에는 600만 원을 썼다. 20퍼센트는 선이자였고, 600만 원을 하루 6만 원씩 100일 동안 갚는 식이었다. 하루 버는 돈이 50만 원 정도니 금세 갚을 거라는 말에 선뜻 동의했다."

김정아(가명) 씨의 3년 전 첫 출근길을 그대로 따라갔다. 김 씨는 최근 한 여성 단체를 찾아 도움을 요청했다. 그의 이야기는 현재진행형이다. 저녁 7시, 김 씨가 일을 하는 유흥주점 앞에 섰다. 강남의 빅5, 한국에서 가장 큰 업소 가운데 다섯 손가락에 꼽히는 곳이다. 룸이 50개 넘게 있다. 업계 관행상 룸 한 곳에 3명을 기준으로 최소 150명, 연말 등 대목일 때는 200명 정도가 일하는 곳이다. 김 씨가 출근했다는 시각, 업소 앞은 한산했다. 이유는 간단하다. 업소 여성들은 정문으로 출근하지 못한다. 대부분 지하 주차장이나 뒷문을 이용한다.

"남친한테 하는 것처럼 하라"고 했다. 못한다고 버텼다.
마담은 욕설을 하며 빚 목록을 꺼냈다.

그 시각, 업소 뒤편으로 3천cc 이상의 중형차가 속속 들어왔다. 일반 자가용으로 불법 영업을 하는 이른바 '나라시' 택시다. 운동복이나 청바지 차림의 여성들이 차에서 나와 바쁜 걸음으로 업소 뒷문에 들어선다. 그 시각을 전후로 업소의 뒤편 상권은 활력을 찾는다. 포장마차는 2천원에 3개씩 하는 호떡을 1만 원어치씩 봉지에 담기 바쁘고, 누가 이용하는지 내심 궁금했던 명품 옷 대여점도 운동복 차림의 여성들로 붐빈다. 미리 채비를 하지 못한 여성들은 건물 뒤편에 있는 미용실과 네일숍을 찾는다. 미용사는 익숙한 손놀림으로 머리며 얼굴을 만진다. 여성들은 찍어내듯 유사한 모습으로 미용실을 나온다. 대부분이 긴 머리카락을 말아 올리거나 부풀렸다. 그 사이로 김밥 아줌마가 오간다. 딱 밤 9시까지다.

9시가 되면 여성들이 출입하는 건물 뒤편 입구에 불이 꺼지고, 업소 안의 시계가 돌아가기 시작한다. 그 시각, 업소 앞은 술이 거나한 남성들로 붐볐다. 길 건너 대치동의 사설 학원도 학생들로 북적인다.

여성가족부가 〈서울대 여성연구소〉에 의뢰해 작성한 「성매매 실태 조사 보고서」(비공개, 2010년 12월)를 토대로 필자들은 서울 강남의 역삼·삼성·논현·대치 4개 동 가운데 일부 지역의 현황을 조사해 봤다. 이 가운데 업태를 보아 성매매를 할 것으로 추정되는 업소는 1,445곳이다. 이 가운데 1,112곳이 영업 중인 사실을 확인했고, 전화를 걸거나 방문하는 등의 방법으로 성매매 여부를 조사했다. 단속을 우려해 응답 자체를 회피하는 경우가 700곳이 넘었다. 답은 264곳에서 들었다. 이 가운데 성매매를 한다고 직접 응답한 업소는 140곳(47.5%)이다. 특히 접객원을 둘 수 있도록 법이 허가하는 1종 유흥주점은 69.5퍼센트(응답 59곳 가운데 41곳)가 성매매가 가능하다고 답했다. 알다시피 성매매는 불법이다.

밤 11시가 넘자 '2차'를 가는 것으로 추정되는 남녀가 업소를 나서서 인근 호텔로 들어섰다. 3년 전 김 씨도 마찬가지였을 것이다. 일을 시작한 다음날, 마담이 2차를 권유했다. 2차가 뭔지도 모르던 시절이다. "남친한테 하는 것처럼 하라"고 했다. 못한다고 버텼다. 마담은 욕설을 하며 빚 목록을 꺼냈다. 방 보증금으로 600만 원이 있었다. 오피스텔에 있는 가전제품이 200만 원어치였다. '홀복'이라며 건네준 옷도 50만 원 빚이었다. 여기에 생활비로 들어간 돈까지 그 자리에서 따진 것만 1천만 원이 넘었다. 거듭 욕설이 쏟아졌다. 분위기가 험악해졌다. 돈은 마담을 보증인으로 세운 사채업자에게서 나왔다. 빚을 떠안고 거리에 나앉느냐, 2차를 가느냐를 결정하는 데 긴 시간이 주어지지는 않았다. 결국 2차를 나가게 됐다. 얼마 지나지 않아 2차를 나가지 못하면 일수 빚을 갚지 못한다는 사실을 알게 됐다. 일단 돈을 빌려야 했고, 또 갚아야 했다. 그렇지 않으면 일수로 빌린 빚은 금세 이자가 원금을 넘어섰다. 그리고 처음 시작할 때 빌린 1천만 원보다 더 많은 이자를 낳았다.

## 빚이 빚을 낳는 법

룸에 들어가는 것은 하루 두세 번 정도였다. 그만큼의 성매매를 해야 했다. 한 번에 보통 테이블비로 받는 팁이 10만 원, 성매매 비용이 20만 원이다. 그렇다고 30만 원이 손에 떨어지지는 않는다. 이 중 10퍼센트 정도를 마담이 가져간다. 그래도 일주일이면 평균 200만 원에서 300만 원, 한 달이면 1천만 원 정도, 1년이면 1억 원 이상 수입을 올릴 수 있을 거라 생각했다. 그런데 1년이 지나도 600만 원을 갚지 못했다. 처음엔 600만 원이었던 빚이 1년 뒤 1억 원으로 불어났다. 빚이 불어나는 방법은 다양했다. 30분당 1만 원인 지각비, 손님에게 떼인 술값 등 벌금, 단속으로 하루 영업을 못 하게 됐을 때 물어야 하는 일수 이자, 머리비, 화장비, (나라시) 택시비, 홀복 대여비…… 하루에 지출해야 하는 비용만 20만

> 빚이 있는 여성이라면 2차가 선택이 될 수 없다. (…)
> 쇠창살이 없어진 지금, 돈이 여성들을 옥죈다.

원을 훌쩍 넘었다.

가장 큰 몫은 성형 때문에 생긴 빚이었다. 2년이 지나, 빚을 어느 정도 갚았을 즈음이다. 마담의 권유로 가슴 성형을 했다. 예뻐지고 싶어 선택한 것은 아니다. 마담의 권유는 집요했다. 수술비가 없었다. 결국 수술비 2천만 원을 사채로 썼다. 나중에 알고 보니 보통 사람은 1천만 원 들여하는 수술이었다. 나머지 돈은 마담에게 갔을 것으로 추정할 뿐이다. 빚이 부담스러웠지만 성형은 피할 수 없었다. 마담의 제안을 거절했다가 지금까지 빚을 줄이기 위해 쏟은 노력까지 헛수고가 될 수 있기 때문이다. 룸에서 남성의 옆에 앉아 '고객'을 확보하려면 일단 마담의 선택을 받아야 한다. 김 씨에게는 결정권이 없었다. 더욱이 불황이 깊어질수록 마담의 권력이 절대적일 수밖에 없다. 만약 빚이 있는 여성이라면 2차가 선택이 될 수 없다. 남성이 요구하고 마담이 결정하면 따라야 한다. 사람들은 대명동이나 개복동 화재 사건을 떠올리며 쇠창살도 없는 곳에서 일하는 업소 여성들은 '자발적'으로 성매매를 하는 것 아니냐고 쉽게 비난한다. 그러나 쇠창살이 없어진 지금, 돈이 여성들을 옥죈다. 그나마 김 씨는 성형을 한 번만 해 빚이 더 늘지 않았다. 여러 차례 얼굴을 바꾸라고 제안 받는 경우도 있다. 그렇게 해서 찾아가는 성형외과도 마담이 추천한다.

2012년 들어 강남의 상권은 얼어붙었다. 1997년 〈국제통화기금(IMF)〉 구제 금융 때는 물론이고 2008년 금융 위기 때도 이런 일은 없었다. 김 씨가 일한 업소는 기자가 방문했을 때도 "2차가 가능하다"고 공공연하게 말했다. 이웃의 한 업주는 "(역삼동) 근처 업소는 손님이 알고 찾는다. (성매매를) 안 하면 망한다"고 말했다. 김 씨가 일한 업소만이 아니다. 강남의 유흥업소들은 성매매를 하지 않으면 버틸 수 없는 지경에 몰렸다. 이런 상황에서 성매매가 강제냐 자발이냐의 경계를 찾기는 힘들다.

빚을 지고 있는 여성 수를 가늠해 봤다. 어차피 전수조사는 불가능했다. 대신 테헤란로 북쪽에 자리 잡고 있는 한 유흥업소의 협조로 업소 여성 28명의 사정을 들여다봤다. 이 가운데 빚이 없는 사람은 없었다. 한 달 수입으로 1,500만 원을 보장받는다고 알려진 업소였다. 단란주점 가운데서도 가장 비싼, 이른바 '텐프로'로 불리는 이곳에서 많게는 억대의 빚에 시달리는 여성도 있었다. 원래는 성매매를 하지 않는 곳으로 유명하지만, 최근에는 그 원칙도 허물어지고 있었다. 돈 때문이다.


## 누가 강남을 먹여살리나?


「성매매 실태 조사 보고서」는 성매매가 이루어질 것으로 예상되는 업소의 규모를 추정하고 있는데, 이 가운데 김 씨가 몸담은 유흥주점업은 성매매 업소 중 일부에 불과하다. 단란주점(94%)이나 이용업(87.5%), 노래방(81.8%), 마사지업(73.9%) 등이 이미 이른바 '도우미 서비스'를 하고 있었다. "식품위생법"에 따르면 접객원을 둘 수 없는 업체들이 버젓이 법을 어기고 있는 것이다. 성매매 가능 여부는 마사지 업소 10곳 가운데 7곳, 단란주점은 절반이 성매매가 가능하다고 답했다. 노래방도 58곳 가운데 9곳이 성매매를 인정했다. 여기에 반영되지 못한 업종도 있다. 이른바 '오피스텔 성매매' 등 신·변종업이다. 해가 지기 시작하면 강남역·역삼역 등 주변에는 수만 장에 달하는 오피스텔 성매매 광고 전단이 깔린다. 발에 차일 정도다. 경찰은 이 신종 업소가 최소 수백 곳에서 많게는 수천 곳에 이를 것으로 추정할 뿐 구체적인 수와 실태를 파악하지 못하고 있다.

「성매매 실태 조사 보고서」는 강남 4개 지역을 중심으로 성매매 관련 업소 및 종사자의 생활권이 대규모 성매매 집결지와 마찬가지로 업소를 중심으로 형성돼 있음을 보여 주고 있다. 그 규모는 물론 다른 대규모 집결지 이상이다. 인근 대규모 유흥주점, 집결지 내 성매매 업소, 여성들의 베드타운 기능을 하는 숙소, 여성만을 위한 이·미용 시설, 24시간 음식점, 사채 등을 포함한 금융업체 등이 성매매 생활권 안에 묶인다. 이를 강남에 적용해 보면, 역삼동에는 대규모 유흥주점이 몰려 있고, 대치동에는 전업 성매매 업소가 신·변종 형태로 파고들고 있으며, 대치동과 논현동은 업소에서 일하는 여성들의 베드타운이 자리 잡고 있는 것으로 확인된다. 특히 논현동과 대치동에는 이·미용 시설, 24시간 음식점, 제2금융권 등, 여성을 주고객으로 한 상권이 형성돼 있다. 이 상권은 오직 성매매 하나만을 바라보며 유지되고 있는 것이다.

여성의 몸을 거래하는 거대한 불법이 토착화하고 묵인되는 이유는 무엇일까. 취재 과정에서 만난 업주의 말은 의미심장하다.

"강남을 누가 먹여 살리는지 잘 따져 보면, 어느 누구도 우리를 건드릴 수 없다는 것을 알 수 있다."

지금까지 업주들은 경찰서, 세무서, 소방서 등 관할 관청을 직접 관리해 왔다. 불과 몇 년 전까지만 해도 업소에서는 담당 경찰서 지구대, 여성·청소년계 등에 팀별로 40만 원 정도의 촌지를 정기적으로 납부하는 게 관행이었다. 그런데 2년~3년 사이 경찰과 업주의 유착이 문제가 돼 직접적 로비는 거의 없어졌다는 증언이 많다. 그렇다고 '끈끈한 연'의 정황이 사라진 건 아니다. 한 업주는 "여전히 경찰 쪽에는 핫라인을 복수로 깔고 있다"며 "단속이 뜨면 어떤 식으로든 연락을 받게 돼 있다"고 말했다. 업주는 이어 "촌지를 줄 때가 오히려 더 쉬웠다"며 "돈 수십만 원 정도는 하루 매출의 1퍼센트도 안 된다"고 덧붙이기도 했다.

촌지 관행이 줄어들면서 1천여 개의 〈강남지역유흥업협회〉 회원 업소들은 이익 단체로 힘을 키웠다. 협회의 한 관계자는 "최근 특소세 인하를 협회의 로비로 이뤄 낸 것으로 알고 있다"며 "규제를 만들고 시행하는 곳이 해당 관청이 됐든, 국회가 됐든, 결국 돈으로 안 되는 것은 없다"고 자신들의 위세를 과시하기도 했다. 이뿐만 아니다. 지역민의 상당수가 업주 편이라는 것도 든든하다. 협회 회원 업소의 한 업주는 "업소 하나가 성업하면 그 지역 상권이 일어선다"며 "미용실·피부 관리실·음식점 등 자영업자뿐만 아니라 제2금융권, 심지어 점집까지 지역 경제가 업소를 중심으로 먹고산다"고 말했다.

실제로 2007년 이후 대대적인 단속이 있을 때마다 먼저 항의한 것은 업소가 아니었다. 경찰 단속에서 지역 민원은 양날의 칼이다. 대대적인 단속 근거가 되기도 하지만, 단속을 막는 장애물도 된다. 성매매 업소가 대거 줄어든 장안동이 전자라면, 강남은 현재로서는 후자에 가깝다. 업소 단속에 참여한 적이 있는 한 경찰 관계자는 "입구에 경찰이 배치되면

어느 정도 업소들의 영업을 막을 수 있지만, 당장 다음날 인근 상인들이
랑 여성들이 항의하러 찾아온다"며 "그렇게 며칠 시달리고 나면 단속 의
지가 꺾이고 성과도 떨어진다"고 했다. 단속으로 한 업소가 며칠 동안 영
업을 못하고 지역 상인들의 수입이 급감하면 곧바로 경찰로, 국회로 지역
주민들의 힘이 작동하기 시작한다. 말하자면, 성매매를 둘러싼 경제와
정치가 작동하는 풍경이다.

주거지나 교육 시설에서 반경 200미터 거리 이내에는 유흥업소 등 유
해 업소가 들어설 수 없다. 그렇지만 법은 이곳 강남에 이르면 무력해진
다. 법을 짓누르는 현실의 역학 관계가 여기서도 드러나는 것이다. 실제
로 지도를 보면 진선여중·고, 도성초, 대명중, 휘문중·고 등의 주변에 성
매매 관련 업소가 버젓이 영업 중이다. 한 업주는 최근 개업한 한 대형 유
흥주점의 사례를 상징적인 일로 꼽는다. 주거 지역과 인접해 허가 논란
이 있었지만, 현재 지하 3개 층에서 164개 룸을 갖추고 성업 중이다. 여
기서 일하는 여성만 500명이 넘는다. 한 업주는 "대치동·역삼동·삼성동
등, 8학군 학교들 옆에 업소들이 버젓이 영업할 수 있는 건, (지역의) 지지
가 있어서 아니겠느냐"며 "치맛바람도 먹고사는 문제보다 앞서지는 못하
는 것 같다"고 말했다. 다른 업주의 말도 다르지 않다.

"예전에는 파도에 휘청했지만 이제는 배가 커져서 웬만한 파도에는 끄떡 안

한다. 유흥업소가 벌어들이는 수조 원으로 먹고사는 지역에서 강남 경찰서 하나가 뭔가를 할 수 있다는 건 순진한 생각이다."

강남의 유흥업소가 과연 얼마를 벌어들이는지는 추산하기 어렵다. 강남 업소들은 전국 최고가를 자랑하기도 하고, 신·변종 업소는 저가를 무기로 삼기도 한다. 다만 전국 수치를 기준으로 강남 유흥 산업의 경제 규모가 매해 수천억 원에서 수조 원일 것으로 추정할 뿐이다.

경찰 관계자를 만났다.

"걸려도 벌금 500만 원이면 끝이다. 작은 업소도 하루 500만 원은 쉽게 번다. 게다가 단속 뒤 재판 결과가 나오고 행정처분까지 가려면 한 달이 넘는다. 단속 걸린 다음날부터 정상적으로 영업을 하는 상황이다."

게다가 요즘은 업소를 쪼개서 운영한다. 영업 정지를 당해도 영업장의 일부만 운용하지 않으면 그만이다. 단속을 피하는 형태는 날로 진화하고 있다.


## 성매매, 뿌리 뽑힐까?

이런 현실은 성매매에 관한 형량을 높이자는 주장으로 이어진다. 한 경찰 관계자는 "미국에서는 성매매로 단속되면 3년 정도의 징역형과 10억 원 정도의 벌금을 내야 한다. 우리나라도 그에 준하도록 형량을 높

여야 한다"고 목소리를 높였다. 볼멘소리는 계속된다. "선진국은 야간에
할 일이 없다. 야간에 취객이 적다. 우리처럼 취객 때문에 시달리지 않으
니 다른 일을 할 여유가 생긴다."

일부 경찰은 성매매 근절을 자신하기도 했다. 다만 "성매매특별법 단

/

"유흥업소가 벌어들이는 수조 원으로
먹고사는 지역에서 강남 경찰서 하나가 뭔가를
할 수 있다는 건 순진한 생각이다."

/

속에 여성·청소년계 경찰 다섯 명이 움직여서는 절대 막을 수 없다"며
"룸 50개 이상 업소에 다섯 명이 지켜서 뭘 어떻게 하겠느냐"고 말한다.
과거 여성·청소년계 경험이 있는 다른 관계자는 "'조두순 사건' 때는 아
동 성폭력 범죄에 인력이 쏠리고, '도가니 사건'이 터지자 또 그리로 인력
이 쏠렸다"며 "좋은 관행은 아니다. 하지만 인력이 쏠리는 곳에서 성과가
나오는 것을 보면, 결단이 있으면 못할 것도 없다고 본다"고 말했다.

강남 개발과 함께 들어선 유흥업소는 신사동에서 역삼동, 삼성동, 대
치동으로 개발 역사를 따라 터를 잡았다. 현재의 불황에 유흥업소들은
업계의 위기를 말한다. 정작 위기에 신음하는 건, 현장의 여성들이다.

# 질기고 질긴 유착의 역사

"경찰서 지구대 등에 팀별로 40만 원 정도 정기적으로 납부했다."

취재 과정에서 만난 강남 성매매 업소 주인이 한 말이다. 이 관행은 몇 년 전부터 거의 사라졌다는 말도 했다. 성매매가 이뤄지는 공간의 이면에서 권력과 업자는 오랫동안 끈적하게 공생했다. 취재를 시작한 당시에는 이를 공식적으로 입증할 길은 없어 보였다.

이들의 추한 결탁은 지난 2011년 봄부터 조금씩 언론을 타기 시작했다. 강남의 논현동과 역삼동 일대에서 이른바 '룸살롱 황제'라 불렸던 이경백 씨가 그즈음 사정 당국의 레이더망에 걸려든 것이 계기가 됐다. 처음에는 이 씨도 일부 경찰과의 '연'을 통해 구명을 시도한 것으로 보인다. 그러나 그것이 실패로 돌아가자 이 씨의 입이 판도라의 상자처럼 열리기 시작했다. 이 씨의 말을 듣다 보면, 우리나라에서 성매매가 자라나는 음습한 토양이 어떻게 만들어지는지 짐작할 수 있다.

지난 2011년 4월 19일자 『한겨레』를 보면, 서울중앙지검 강력부는 현직 경찰관 3명을 체포했다. 검찰의 말을 들어 보면, 이들 경찰관 3명은 서울 강남의 논현 지구대에서 룸살롱 단속을 빼 주는 대가로 이 씨에게서 수천만 원의 뇌물을 받은 혐의를 받고 있다.

당시 검찰이 확보한 진술은 다음과 같았다.

"2006년~2008년 논현 지구대 2팀에서 총무 역할을 하면서 관내 유흥업소 30여 곳으로부터 매달 1,500만 원씩을 받아 팀원들에게 50만 원 ~150만 원씩 나눠 줬다. 당시 4개 팀이 있었기 때문에 유흥업소들의 월 상납액은 6천만 원이었다."

한 달에 6천만 원이라면 2년 동안 유흥업소에서 논현 지구대로 상납된 돈은 14억 원이 넘는 것으로 풀이된다. 검찰 관계자는 "유흥업소와 유착이 심한 것으로 알려진 논현 지구대(현 논현파출소)는 문을 닫아야 한다는 말이 나올 정도로 뇌물 사건에 연루된 경찰관이 많다고 한다"며 "뇌물 사건으로 처벌받아야 할 경찰관 수가 적게 잡아도 50명은 될 것"이라고 말했다.

그렇다면, 경찰들이 이 씨로부터만 뇌물을 받았을까. 딱히 그런 것 같지도 않다. 같은 달 『조선일보』 기사 내용이다.

2008년 봄, 서울 강남의 한 룸살롱 앞 도로에 주차한 차 안에서 '룸살롱 황제' 이경백 씨가 서울지방경찰청 여성청소년계 소속 이아무개(42·구속) 경사를 만났다. 이 씨가 보니 이 경사는 A4용지 몇 장 분량의 문서를 갖고 있었다. 이 씨가 흘

긋흘긋 보며 문서에 관심을 보이자, 이 경사는 "당신이 보면 안 되는 것"이라고 잘랐다. 이 씨는 쇼핑백에 든 500만 원을 차에 두고 내렸다. '경찰 상대 뇌물 리스트'와 관련해 수사를 받고 있는 이 씨는 최근 검찰에서 이 문서가 '수금收金 리스트' 같았다고 진술했다고 한다.

'이 아무개 경사'의 활약은 1년 뒤인 2012년 4월 『중앙일보』를 통해 흘러나왔다.

검찰은 앞서 이 경사의 자택을 압수 수색하는 과정에서 정기적인 현금 입금 내역이 명시된 통장 10여 개와 외제차인 랜드로버 디스커버리4, 크라이슬러 300c를 발견했다. 이 경사는 또 같은 혐의로 구속된 다른 3명의 경찰관과 함께 2007년부터 최근까지 중국, 필리핀, 태국 등을 7~8차례나 방문했으며 한 번에 열흘 이상씩 머무른 경우도 4~5차례에 이르렀던 것으로 조사됐다 (…) (검찰은) 이 경사가 상납 받은 돈의 액수가 총 50억 원에 달한다는 단서도 잡고 있다.

부패한 일부 경찰은 업주와 결탁했다기보다는 등쳐 먹은 쪽에 가까웠다. 『조선일보』의 기사 가운데 다른 대목을 보면 경찰과 업주의 유착이 특별하다기보다는 아주 일상적으로 이뤄져 왔다는 것을 알 수 있다. 이 씨 밑에서 '접대 심부름'을 했다는 사람의 증언이다.

"매달 200만 원~500만 원씩 돈을 뿌리는 것은 기본이고, 평소엔 야식용 통닭을 100마리씩 들고 강남 일대 경찰 지구대, 경찰서 생활질서계, 여성청소년계를 돌아다녔고, 심지어 경찰들이 모여서 포커를 치는 논현동 지하 아지트에도 인사를 다녔다."

같은 기사에서 그는 "명절 때는 과일 150상자를 배달하느라 꼬박 6시간 '마와리'(회전의 일본어)를 돌아야 했다"면서 "택배로 부쳐도 되지만 '눈도장'을 찍기 위해서 직접 배달했다고" 말한다. 이런 '관치기'(경찰 등, 단속 관청에 로비를 하는 일의 은어)는 단속이 뜨는 날에 미리 언질을 주는 대가로 되돌아 왔다. 이를 위해 업주들은 경찰들에게 아예 대포폰을 만들어 주기

도 했다고 한다.

여기서 끝이 아니다. 경찰들이 업주들을 아예 먹잇감으로 '사냥'하는 사례도 있었다. 강남 지역의 성매매 업자는 지난 2012년 5월, 한 케이블 채널 뉴스 프로그램과의 인터뷰에서 다음과 같이 말했다.

"(길거리에) 전단지 뿌려서 장사하는 가게는 백 퍼센트 전화가 와요. '나 형산데 너 인사 한 번 할래?' 이렇게 물어봐요. '됐습니다' 하고 끊으면 바로 다음날 단속 나왔어요."

성매매 업자와 공권력의 결탁 혹은 공생이 서울 강남만의 이야기일까? 성매매 업소에 대한 단속권이 강남에서 유독 강할 까닭도 없고, 강남 지역에만 성매매 업소가 몰려 있는 것도 아니다. 추악한 공생이 강남의 유흥가에만 한정된 이야기라고 볼 수 없는 이유다.

# 대한민국 구석구석 없는 곳 없다
## 통계로 본 성매매 1

4,699만.

우리나라 인구가 아니다. 2010년 우리나라 성매매 추정 건수다. 건조한 수치 속에서 사람의 얼굴은 찾기 힘들다. 통계 속으로 한 발짝 더 들어가 보자.

14만 2,248명.

우리나라 성매매 집결지와 알선 업소에 종사하는 성매매 여성 인구의 추정치다. 이 수치 속에서는 사람의 얼굴이 흐릿하게나마 보일지 모르겠다. 버스를 타고 가다가 우연히 차창 밖으로 보이던 집결지 여성의 얼굴이 떠오를 수도 있겠다. 노래방이나 단란주점에서 시들하게 탬버린을 흔들던 여성 도우미의 표정이 연상될지도 모르겠다. 아니면, 텔레비전의 어느 선정적 프로그램에서 변조된 목소리로 넋두리하던 성매매 여성의 목소리가 떠오를지도 모르겠다. 누구든 상관없다. 통계 속에서 그녀들은 2010년 한 해 동안 300번 넘게 성매매를 했다.

필자들은 여성가족부가 지난해 12월 〈서울대 여성연구소〉에 용역을 줘 만든 「성매매 실태 조사 보고서」를 받았다. 최영희 민주당 의원실의 도움을 받았다. 700쪽이 넘는 보고서는 전국 성매매 현장을 크게 다섯 가지로 나눠 샅샅이 분석했다. '집창촌'이라고도 불리는 성매매 집결지, 단란주점과 노래방 등을 아우르는 성매매 알선 가능 업소, 변종 성매매 업소, 인터넷, 해외 성매매 시장이었다. 처음 두 현장에 대해서는 현장 조사를 통해 비교적 상세히 현황을 분석했고, 나머지 3곳에 대해서는 구매자 설문조사 등을 통해 간접적으로 현황을 파악했다.(상자글 참조)

첫째 유형인 전업형 성매매 집결지를 보면, 전국에 45곳이 있는 것으로 집계됐다.(〔자료1〕 참조) 성매매 집결지란 흔히 사창가, 홍등가, 윤락가, 기지촌 등으로 불리는 지역이다. 연구소에서는 '직접적 성매매를 주된 목적으로 하는 업소가 10곳 이상 모여 있는 지역'으로 정의했다. 서울의 청량리 '588', 미아리 '텍사스', 부산의 완월동 등이 대표적 성매매 집결지다.

불법 성매매가 '판을 치는' 집결지는 외부의 합법적 공간과 기묘하게

**어떻게 조사했나?** – 현장과 면접, 그것도 아니면 역추적까지

대상 영역에 따라 조사 방법이 달랐다. 우선 전국 45곳의 성매매 집결지에 대해

서는 상담소 등 단체들의 도움을 받아 현장 조사가 이뤄졌다. 이를테면 서울 용산역 앞 홍등가의 조사는 현장에서 성매매 여성 상담 등의 활동을 벌이는 〈막달레나 공동체〉의 도움을 받았고, 전북의 성매매 집결지 4곳에 대한 현장 조사는 〈전북 여성인권지원센터〉 부설 현장 상담 센터에서 맡았다. 이렇게 전국 25곳 여성 인권 단체들이 힘을 보탠 결과, 성매매 집결지 45곳에 대한 현장 조사가 이뤄졌다. 집결지 현황은 물론, 업주와 여성의 수익 배분 같은 상세한 정보가 모였다.

성매매 알선 업소 조사는 다소 복잡한 과정을 거쳤다. 여러 업종 가운데 가장 사업체가 많은 일반 유흥주점의 예를 보면, 일단 2008년 통계청에 일반 유흥주점업으로 등록된 전국 3만 1,623개 업체의 지역별 분포를 분석한 뒤, 그 분포 비율에 맞춰 지역별로 표본이 되는 업소를 임의로 골라냈다. 이에 따라 서울 130곳, 광역시 214곳, 중소도시 337곳, 농어촌 112곳 등 전체 793곳의 일반 유흥주점이 표본으로 선정됐다. 그 다음 이들 업소를 직접 방문한 조사자가 업소 관계자를 면접 조사하는 방식으로 성매매 알선 여부, 거래 단가, 여성 종사자 수 등을 확인했다. 물론 조사 방법에 한계는 있었다. 보고서는 "솔직한 응답은 곧 법을 어기고 있다는 것을 인정하는 것이 되기 때문에, 업주 등 응답자가 성매매 여부를 사실대로 답변하지 않은 경우가 적지 않았다고 본다. (…) (또 반대로) 손님을 가장해서 실시한 전화 모니터링에서는 업주 등 응답자가 접객원 수를 과장해서 답변했을 가능성이 있다고 판단된다"고 설명했다.

그 밖에 변종·인터넷·해외 성매매 등에 대해서는 성매매 제공 업소를 대상으로 직접 현장을 조사하는 방법 대신, 여성가족부에서 2010년에 실시한 남성 구매자 설문 조사의 내용을 토대로 해당 업종의 규모를 역으로 추산하는 방법을 선택했다. 따라서 해당 분야의 성매매 종사자 수나 관련 업소 수 등의 정보가 추정치로도 제공되지 않았다.

몸을 뒤섞고 있었다. 보고서를 보면, 주변 1킬로미터 반경 안에 주택가가 있는 경우가 34곳(75.6%)이었고, 관공서가 있는 경우도 25곳(55.6%)이었다. 심지어 주변 1킬로미터 거리 안에 학교가 있는 곳도 절반(24곳, 53.3%)을 넘었다. 일부 성매매 공간은 청소년에게도 열려 있었다. 전체 45곳 가운데 청소년 통행금지·제한 지역이거나 내국인 출입 금지 업소 등으로 지정되지 않은 집결지가 9곳이나 됐다.

보고서는 성매매 집결지를 크게 네 가지 유형으로 나눴다. 집결지를 구성하는 가장 주된 업종이 기준이 됐다. 먼저 이른바 '유리방'이 주류를 이루는 성매매 집결지가 있다. 유리방이란 업소의 전면이 유리문이어서 행인이 성매매 여성을 길에서 보고 '고를' 수 있는 업소다. 전체 45개 성매매 집결지 가운데 절반 이상인 23곳에서 유리방이 주종을 이뤘다. 서울의 청량리와 미아리, 부산의 완월동이나 전주의 선미촌 등, 오래된 집결지는 대부분 여기에 속했다.

둘째는 맥주·양줏집/방석집이 있다. 성매매를 주된 목적으로 하지만 주류도 파는 장소다. 서울 동작구 이수역 근처 '팔팔 골목'이나 광주 동구 무등로 등, 9개 집결지에서 흔히 보인다. 셋째로는 여관·여인숙이 주류인 집결지가 있다. 등록되거나 등록되지 않은 숙박업소에서 성매매 영업을 하는 유형이다. 대구 중구 북성로1가나 충북 제천의 여인숙 골목 등, 7개 집결지에서 가장 많이 눈에 띈다. 그 밖에 미군기지 주변에 형성된 기지촌이 경기도 평택과 동두천 등, 6곳에 있다.

전국 45개 집결지에는 모두 4,917명의 성매매 여성이 일을 하는 것으로 집계됐다. 집결지마다 평균 109.3명의 성매매 여성이 있었고, 유형별로는 기지촌(집결지 한 곳 평균 142.7명), 유리방(126명), 맥주·양줏집/방

## 〔자료1〕전국 45개 성매매 집결지*

| 지역 | 약칭·속칭 | 주된 업소 유형 | 성매매 업소 수** | 성매매 여성 수 |
|---|---|---|---|---|
| 1 서울 용산구 | 용산역전 | 유리방 | 102개 | 129명 |
| 2 서울 동대문구 | 청량리588 | 유리방 | 60개 | 117명 |
| 3 서울 영등포구 | 영등포 지역 일대 | 유리방 | 73개 | 140명 |
| 4 서울 강동구 | 천호동 텍사스 | 유리방 | 41개 | 154명 |
| 5 서울 성북구 | 미아리 텍사스 | 유리방 | 106개 | 400명 |
| 6 서울 동작구 | 이수역 팔팔골목 | 맥주·양줏집/방석집 | 14개 | 20명 |
| 7 부산 서구 | 완월동 | 유리방 | 60개 | 220명 |
| 8 부산 부산진구 | 범전동 300번지 | 유리방 | 16개 | 59명 |
| 9 부산 해운대구 | 해운대 609 | 유리방 | 21개 | 50명 |
| 10 대구 중구 | 자갈마당 | 유리방 | 46개 | 234명 |
| 11 대구 중구 | 나룻배 골목, 귀금속 상가 | 여관·여인숙 | 36개 | 76명 |
| 12 인천 남구 | 옐로하우스 | 유리방 | 26개 | 80명 |
| 13 광주 동구 | 대인동, 금남로5가 | 유리방 | 48개 | 220명 |
| 14 광주 동구 | 무등방 | 맥주·양줏집/방석집 | 11개 | 67명 |
| 15 광주 서구 | 닭전머리 | 맥주·양줏집/방석집 | 35개 | 212명 |
| 16 대전 동구 | 중앙동 여인숙, 빽촌 | 여관·여인숙 | 70개 | 100명 |
| 17 대전 대덕구 | 중이동 맥주·양줏집, 카페촌 | 맥주·양줏집/방석집 | 36개 | 85명 |
| 18 경기 수원시 | 수원역전 | 유리방 | 99개 | 181명 |
| 19 경기 성남시 | 중동 | 맥주·양줏집/방석집 | 41개 | 183명 |
| 20 경기 평택시 | 쌈리 | 유리방 | 109개 | 52명 |
| 21 경기 평택시 | 신장동 | 기지촌 | 77개 | 291명 |
| 22 경기 평택시 | 안정리 | 기지촌 | 24개 | 81명 |
| 23 경기 동두천시 | 생연7리 | 유리방 | 24개 | 64명 |
| 24 경기 동두천시 | 보산동 | 기지촌 | 63개 | 345명 |
| 25 경기 동두천시 | 광암동(턱거리) | 기지촌 | 9개 | 32명 |
| 26 경기 파주시 | 용주골 | 유리방 | 71개 | 264명 |
| 27 경기 파주시 | 법원 20호 | 유리방 | 14개 | 27명 |
| 28 경기 의정부시 | 빼벌 | 기지촌 | 8개 | 36명 |
| 29 강원 춘천시 | 난초촌 | 유리방 | 16개 | 39명 |
| 30 강원 속초시 | 금호실업 | 유리방 | 5개 | 8명 |
| 31 강원 원주시 | 회매촌 | 유리방 | 22개 | 27명 |
| 32 충북 제천시 | 제천역 여인숙 골목 | 여관·여인숙 | 46개 | 50명 |
| 33 충북 청주시 | 밤고개 일대 | 맥주·양줏집/방석집 | 54개 | 60명 |
| 34 충남 아산시 | 장미마을 | 맥주·양줏집/방석집 | 26개 | 120명 |
| 35 충남 논산시 | 소쿠리전 | 여관·여인숙 | 21개 | 26명 |
| 36 전북 전주시 | 선미촌 | 유리방 | 46개 | 122명 |
| 37 전북 전주시 | 선화촌 | 여관·여인숙 | 43개 | 56명 |
| 38 전북 군산시 | 아메리카타운 | 기지촌 | 17개 | 71명 |
| 39 전북 정읍시 | 천주교 골목 | 맥주·양줏집/방석집 | 8개 | 36명 |
| 40 전남 여수시 | 여수역 | 여관·여인숙 | 28개 | 26명 |
| 41 경북 포항시 | 중앙대학 | 유리방 | 61개 | 148명 |
| 42 경북 경주시 | 적선지대(300고지) | 유리방 | 7개 | 13명 |
| 43 경남 마산시 | 신포동 꽃동네 | 유리방 | 29개 | 13명 |
| 44 제주 제주시 | 산지천 | 여관·여인숙 | 13개 | 20명 |
| 45 제주 서귀포시 | 중앙시장 과붓집 | 맥주·양줏집/방석집 | 24개 | 25명 |

**출처:** 여성가족부 「성매매 실태 조사 보고서」 (2010년 9월말 기준)

\* 조사 방법에 따라 수치의 오차는 일부 보정 작업을 거쳤다.

\*\* 조사 당시 휴업 중이거나 폐업된 것으로 추정되는 업소의 수는 제외했다.

석집(88.8명), 여관·여인숙(51.9명) 순으로 성매매 여성이 분포했다. 성매매가 '집결'한 공간에서 외국인 여성은 드물었다. 기지촌을 제외한 39개 집결지의 성매매 여성 4,061명 가운데 외국인은 중국 국적의 여성 2명뿐이었다. 반면 기지촌 6곳에서는 전체 여성 856명 가운데 외국 여성이 다수(659명, 77%)를 차지했다. 이들 가운데 절대다수(651명, 99.8%)가 필리핀 여성이었다.

집결지가 살아남으려면 남성 '고객'이 필요하다. 집결지 성매매 여성은 하루 평균 4.92명의 남성과 '거래'를 했다. 집결지 유형마다 여성 한 명이 거래한 남성 수도 제각각이었다. 유리방(6.1명), 여관·여인숙(5.7명), 맥주·양줏집/방석집(3.6명), 기지촌(1.86명) 순이었다. 한 건의 '거래'에 대한 보상도 달랐다. 기지촌(12만 6천 원), 맥주·양줏집/방석집(8만 4천 원), 유리방(7만 원), 여관·여인숙(2만 9천 원) 순이었다. 평균 거래액은 7만 2천 원이었다.

업주와 성매매 여성 사이의 수입 배분 실태도 조사했다. 전체 45개 집결지 가운데 21곳은 업주 몫이 여성보다 컸고, 반대로 나머지 3곳에서는 성매매 여성이 챙기는 지분이 더 컸다. 업주와 여성의 몫이 비슷하다는 집결지도 17곳이었고, 나머지 4곳은 파악이 불가능했다. 보고서는 "현실적으로 (성매매 여성이 선불금을 받으면서 생기는) 채무와 변칙적으로 부과되는 각종 경비, 대금, 범칙금 등이 여성들의 발목을 붙잡고 있는 상황임을 고려할 때, 공식적으로 이런 분배 비율이 적용되더라도 그 수익이 온전히 여성들에게 주어진다고 보기는 어려울 것"이라고 설명했다.

성매매 집결지가 전 국토에 군데군데 섬처럼 떠 있다면, 성매매 알선가능 업소는 온 나라 방방곡곡에 스며들어 있다. 간판은 흔히 노래방이나 미용실 등, 합법의 얼굴을 하고 있지만, 이 가운데 적잖은 곳에서 성매매가 이뤄진다. 보고서는 합법적으로 영업을 하는 것처럼 보이지만 뒤에서는 성매매 알선을 하는 업종을 크게 7개로 나눠 제시했다.((자료2) 참조) 이 업종에 속하는 성매매 여성 인구는 13만 7,0331명으로, 성매매 집결지에 묶인 성매매 여성(4,917명)의 30배에 가깝게 많다. 멀리 있는 집결지보다 실제로는 가까운 동네 골목에 훨씬 더 많은 성매매 여성이 '잠행'하고 있었다. 단란주점 등을 포함하는 일반 유흥주점은 10곳 가운데 5곳 이상(56.5%)에서 성매매가 이루어졌다. 그 다음 나이트클럽 등 무도 유흥주점(53.8%), 마사지 업소(46.4%), 다방 등 비알코올 음료점(35.3%), 노래방(20.1%) 순으로 성매매 알선 비율이 높았다. 이용 업소 가운데는 12곳 가운데 1곳 정도(8.2%)만 성매매를 알선해, 그나마 가장 '건전한' 업종인 것으로 풀이됐다. 성매매를 알선하는 업소만을 대상으로 집계하면, 업소당 성매매 여성 수는 일반 유흥주점(4.38명)이 가장 많았고, 이용업(1.57명)이 가장 적었다.

업종별로 보면, 업소 한 곳을 찾는 성 구매자 수는 마사지업이 하루 평균 5명으로 가장 많았고, 그 뒤로 일반유흥주점(3.4명), 기타 미용 관련 서비스업(3.3명), 이용업(2.5명), 노래방(2.4명) 등의 순이었다. 성적 서비스 구매 비용은 무도 유흥주점(19만 2천 원), 일반 유흥주점(16만 9천 원), 노래방(16만 1천 원) 등의 순으로 나타났다. 평균은 15만 1천 원이었다.

보고서는 이른바 '변종형 업소'에서 이뤄지는 성매매를 비롯해, 그 밖에 인터넷 및 해외 성매매 등에 대한 추계도 담았다. 이를 보면 키스방·대딸방·화상방 등, 전통적 성매매 알선 가능 업소 범주에 속하지 않는 변종 성매매 업소에서는 2010년 한 해 166만 건의 성매매가 이뤄진 것으

〔자료2〕 성매매 알선 가능 업종 현황

| 업종 | 간판 이름(예) | 비고 | 전체 업소 가운데 성매매 알선 가능 업소 비율 | 성매매 알선 가능 추정 업소 수 | 업소 종사 여성 수 |
|---|---|---|---|---|---|
| 일반 유흥주점업 | 룸살롱, 유흥주점, 노래바, 미시클럽 | 접객 요원을 두고 술을 판매하는 유흥주점 | 56.5% | 1만 9,150개 | 8만 3,889명 |
| 무도 유흥주점업 | 카바레, 나이트클럽, 성인 콜라텍 | 무도 시설을 갖추고 술을 판매하는 유흥주점 | 53.8% | 827개 | 2,396명 |
| 비알코올 음료점업 | 다방, 커피숍 | 일부 업소가 티켓을 판매하며 성매매 알선 | 35.3% | 4,973개 | 1만 3,863명 |
| 노래 연습장 운영업 | 성인 노래방 | 일부 업소가 도우미를 고용해 성매매 알선 | 20.1% | 6,706개 | 2만 6,553명 |
| 이용업 | 이발소, 이용원 | | 8.2% | 1,612개 | 2,533명 |
| 마사지업 | 안마시술소, 스포츠 마사지 | 일부 여대생 마사지 등 간판 내걸고 영업 | 46.4% | 2,342개 | 7,468명 |
| 기타 미용 관련 서비스업 | 휴게방, 휴게텔 | | 18.3% | 316개 | 630명 |
| 전체 | | | 32.9% | 3만 5,926개 | 13만 7,331명 |

출처: 여성가족부 「성매매 실태 조사 보고서」(2010년 9월 말 기준)

〔자료3〕 분야별 성매매 추정 거래 수와 성매매 종사 여성 인구(업종별)

| 유형 | 1년 성매매 추정 거래 수 | 성매매 종사 여성 수 |
|---|---|---|
| 전국 45개 성매매 집결지 | 802만 건 | 4,917명 |
| 단란주점 등 성매매 알선 업소 | 3,516만 건 | 13만 7,331명 |
| 키스방 등 변종 성매매 업소 | 166만 건 | 확인 안 됨 |
| 인터넷을 통한 성매매 | 121만 건 | 확인 안 됨 |
| 해외 성매매 | 94만 건 | 확인 안 됨 |
| 전체 | 4,699만 건 | 14만 2,248명+α |

출처: 여성가족부 「성매매 실태 조사 보고서」(2010년 9월 말 기준)

로 추정됐다. 또 온라인 채팅이나 성매매 알선 누리집을 통해 이뤄지는 성매매 건수는 121만 건, 해외 성매매 거래 건수는 94만 건으로 추정됐다.(〔자료3〕 참조)

이 모든 자료를 종합하면, 대한민국 성매매의 대략적인 지도가 그려진다. 대부분의 성매매는 지역적으로 고립된 형태의 집결지에서보다 우리 일상과 매우 가까운 곳에서 벌어지고 있었다. '성매매'라고 했을 때 보통은 유리방이나 맥주·양줏집 형태의 성매매 집결지를 가장 먼저 떠올리지만, 이곳에서 이뤄지는 거래는 단란주점 등 성매매 알선 업소에서 이뤄지는 거래의 4분의 1에도 미치지 못한다. 대한민국에서 매년 4천6백만 건 이상의 성매매가 이뤄진다고 했을 때, 그중 3천5백만 건 이상의 성매매가 우리가 거리를 오가며 매일같이 스쳐 지나가는 룸살롱, 노래방, 다방 등에서 벌어진다고 보면 된다. 성매매는 전국 방방곡곡에서 이뤄지고 있을 뿐 아니라, 우리 생활 곳곳에서도 발견할 수 있을 정도로 흔한 일이 되었다.

일상이 된 성매매는 더 이상 낯선 얼굴을 하고 있지 않다. 앞서 강남의 테헤란로 주변 지역을 탐문 조사한 결과에서 확인할 수 있듯이, 성매매는 때론 지역 상인이 성매매 단속에 반대하고 나설 만큼 지역 경제에서 차지하는 비중이 커졌다. 지하경제가 합법적인 경제의 비호를 받으면서 스스로를 정상화하고 있는 셈이다. 경찰의 단속망을 피하기 위해 키스방이나 대딸방, 최근에는 '귀 청소 방'까지 등장할 정도로 성매매 업소는 스스로 '진화'하고 있기도 하다. 다음 글에서는 이처럼 정상화된 지하경제의 규모가 과연 어느 정도인지 살펴보려고 한다.

# 성매매, 거대한 지하경제
## 통계로 본 성매매 2

2010년 대한민국의 '화대'는 7조 원을 육박했다. 같은 해 우리나라 영화 산업 매출(1조 2천억 원)의 다섯 배를 훌쩍 넘는 수준이다.

여성가족부의 「성매매 실태 조사 보고서」를 보면, 우리나라의 1년 성매매 거래액은 6조 6,258억 원으로 추정됐다. 전국 성매매 집결지와 성매매 알선 업소, 변종 성매매 업소, 인터넷 및 해외 성매매 거래액을 집계한 값이다. 규모별로 보면, 성매매 알선 업소를 통한 성매매 액수가 5조 4,030억 원(81.6%)으로 가장 비중이 높았다. 알선 업소 가운데서도 단란주점 등을 포함한 일반 유흥주점을 통해 이뤄지는 성매매 액수가 3조 5,729억 원(53.9%)으로 전체 성매매 거래액의 절반을 넘어섰다. 노래방(8,459억 원, 12.8%)이나 안마시술소 등 마사지 업소(4,477억 원, 6.8%)의 매출 비중도 높았다. 〔자료4〕에서 성매매 유형별 거래 규모를 세분화해 보았다.

성매매 집결지에서 주고받은 성매매 대가는 5,765억 원(8.7%)이었다.

### 1. 성매매 집결지 거래 규모(5,765억 원)

| | 업소 수(A) | 업소당 연간 성매매 건수(B) | 연간 성매매 건수 (A×B) | 성매매 단가(C) | 전체 거래액 (A×B×C) |
|---|---|---|---|---|---|
| 유리방 | 1,102개 | 5,271건 | 580만 9천 건 | 6만 9,900원 | 4,059억 원 |
| 맥주·양갈/방석집 | 249개 | 3,870건 | 96만 4천 건 | 8만 4,500원 | 815억 원 |
| 기지촌 | 198개 | 2,758건 | 54만 6천 건 | 12만 5,700원 | 686억 원 |
| 여관·여인숙 | 257개 | 2,729건 | 70만 1천 건 | 2만 9,400원 | 206억 원 |
| 전체 | 1,806개 | 4,441건 | 802만 건 | 7만 1,900원 | 5,765억 원 |

### 2. 성매매 알선 업체 거래 규모(5조 4,030억 원)

| | 업소 수(A)* | 업소당 연간 성매매 건수(B) | 연간 성매매 건수 (A×B) | 성매매 단가(C) | 전체 거래액 (A×B×C) |
|---|---|---|---|---|---|
| 일반 유흥주점 (단란주점 등) | 1만 9,150개 | 980건 | 2,117만 건 | 16만 8,700원 | 3조 5,729억 원 |
| 노래 연습장 운영업 (노래방 등) | 6,706개 | 531건 | 527만 건 | 16만 600원 | 8,459억 원 |
| 마사지업 (안마시술소 등) | 2,342개 | 815건 | 385만 건 | 11만 6,300원 | 4,477억 원 |
| 비알코올 음료점업 (티켓다방 등) | 4,973개 | 677건 | 265만 건 | 10만 600원 | 2,661억 원 |
| 이용업(이발소 등) | 1,612개 | 785건 | 132만 건 | 9만 8,700원 | 1,298억 원 |
| 무도 유흥주점 (나이트클럽 등) | 827개 | 1,106건 | 56만 건 | 19만 2,000원 | 1,076억 원 |
| 미용 관련 서비스업 (휴게텔 등) | 316개 | 1,643건 | 35만 건 | 9만 7,800원 | 338억 원 |
| 전체 | 3만 5,926개 | 1,096건 | 3,516만 건 | 15만 1,100원 | 5조 4,030억 원 |

* 전체 업소 가운데 성매매를 알선하는 것으로 추정되는 일부 업소의 수 추정치

### 3. 변종 성매매 거래 규모(2,550억 원)*

| | 연간 성매매 건수 | 거래액 |
|---|---|---|
| 휴게방 | 74만 건 | 1,316억 원 |
| 키스방 | 26만 건 | 326억 원 |
| 대딸방 | 34만 건 | 435억 원 |
| 기타(전화방·화상방·이미지룸) | 33만 건 | 473억 원 |
| 전체 | 167만 건 | 2,550억 원 |

### 4. 인터넷 및 해외 성매매 거래 규모(3,913억 원)*

| | 연간 성매매 건수 | 거래액 |
|---|---|---|
| 인터넷을 통한 성매매 | 121만 건 | 1,718억 원 |
| 해외 성매매 | 94만 건 | 2,195억 원 |
| 전체 | 215만 건 | 3,913억 원 |

* 변종형 성매매와 인터넷 및 해외 성매매 거래는 성매매 공급자를 대상으로 한 조사가 아니라, 남성 성매매 구매자 조사를 통해서 연간 성매매 추정 건수를 계산한 것이다.

출처: 여성가족부 「성매매 실태 조사 보고서」(2010년 9월 말 기준)

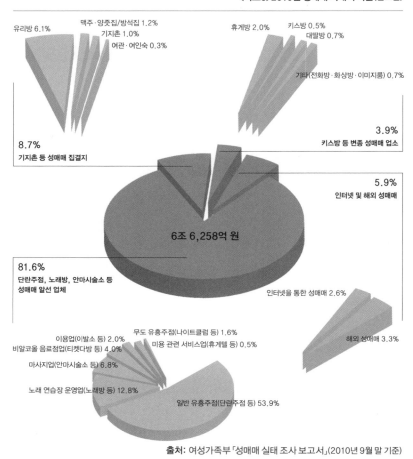

〔자료5〕 2010년 성매매 거래액 비율(업소별)

유리방 6.1%

맥주·양춧집/방석집 1.2%
기지촌 1.0%
여관·여인숙 0.3%

휴게방 2.0%

키스방 0.5%
대딸방 0.7%

기타(전화방·화상방·이미지룸) 0.7%

3.9%
키스방 등 변종 성매매 업소

8.7%
기지촌 등 성매매 집결지

5.9%
인터넷 및 해외 성매매

6조 6,258억 원

81.6%
단란주점, 노래방, 안마시술소 등
성매매 알선 업체

인터넷을 통한 성매매 2.6%

이용업(이발소 등) 2.0%
비알코올 음료점업(티켓다방 등) 4.0%
마사지업(안마시술소 등) 6.8%
노래 연습장 운영업(노래방 등) 12.8%

무도 유흥주점(나이트클럽 등) 1.6%
미용 관련 서비스업(휴게텔 등) 0.5%

해외 성매매 3.3%

일반 유흥주점(단란주점 등) 53.9%

출처: 여성가족부 「성매매 실태 조사 보고서」(2010년 9월 말 기준)

그 밖에 변종 성매매(2,550억 원, 3.9%), 해외 성매매(2,195억 원, 3.3%),
인터넷을 통한 성매매(1,718억 원, 2.6%) 등도 거대한 지하경제를 구성하
는 군소 시장이었다.

사실 7조 원이라는 경제 규모만 놓고 보면 성매매는 하나의 독립된 산업으로 봐도 무방할 정도다. 덧붙이자면 성매매 경제 규모는 연구 방법이나 조사 기준에 따라 큰 차이를 보이기 때문에 실제로는 7조 원을 훌쩍 뛰어넘을 수도 있다. 2002년, 성매매의 경제 규모를 공식적으로 처음 조사했던 〈한국형사정책연구원〉의 자료를 보면 당시 성 산업의 규모는 24조 원에 육박하는 것으로 나온다. 〈한국형사정책연구원〉은 보고서의 소결에서 성매매 관련 산업의 매출액 규모가 2002년 국내총생산의 4.1퍼센트를 차지하며, 20대~30대 여성 인구 가운데 4.1퍼센트가 성매매에 종사하는 것으로 나타난다고 밝혀 사회적 파장을 낳기도 했다. 그렇다면 24조 원과 7조 원 사이의 간극을 어떻게 설명할 수 있을까?

누군가는 "성매매특별법" 제정 등 정부의 단속 의지가 거둔 성과라고 해석할 것이다. 그러나 2002년 자료와 2010년 자료를 단순 비교하는 것은 문제가 있다. 성매매 자체가 불법인 상황에서 관련 자료나 수치가 투명하게 공개돼 있지 않고, 따라서 조사 기관별로 제각기 다른 연구 방법과 조사 기준을 택하고 있기 때문이다. 성매매 관련 산업의 연도별 변화를 파악하거나 유형별 비교를 하는 것이 어려운 이유가 여기에 있다. 성매매 집결지 하나만 놓고 보더라도 조사 기관별로 서로 다른 방법과 기준을 택하고 있었다.

성매매 집결지의 경제 규모에 대한 비교적 신뢰할 만한 최근 집계는 2002년 〈한국형사정책연구원〉과 2007년 〈한국여성정책연구원〉의 연구에서 찾아볼 수 있다. 이들이 조사한 결과를 2010년 〈서울대 여성연구소〉의 조사 결과와 비교하면 다음과 같다.(〔자료6〕 참조)

2002년 〈한국형사정책연구원〉은 우리나라 성매매 집결지의 경제 규

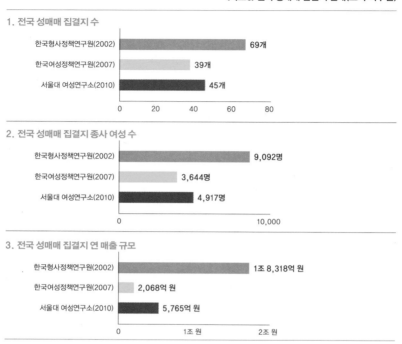

1. 전국 성매매 집결지 수

한국형사정책연구원(2002) 69개
한국여성정책연구원(2007) 39개
서울대 여성연구소(2010) 45개

0  20  40  60  80

2. 전국 성매매 집결지 종사 여성 수

한국형사정책연구원(2002) 9,092명
한국여성정책연구원(2007) 3,644명
서울대 여성연구소(2010) 4,917명

0  10,000

3. 전국 성매매 집결지 연 매출 규모

한국형사정책연구원(2002) 1조 8,318억 원
한국여성정책연구원(2007) 2,068억 원
서울대 여성연구소(2010) 5,765억 원

0  1조 원  2조 원

모를 1조 8,318억 원으로 잡았다. 성매매 집결지도 전국에 69곳이 있는 것으로 집계했고, 성매매 종사 여성도 9,092명에 이르는 것으로 추정했다. 경제 규모는 2010년 〈서울대 여성연구소〉의 연구보다 3배 이상, 성매매 종사 여성 수도 2배에 육박하는 수준으로 높게 나타났다. 반면, 2007년 〈한국여성정책연구원〉의 추정치는 다른 두 조사 기관의 집계보다 상대적으로 매우 낮았다. 성매매 집결지의 경제 규모는 2,068억 원, 성매매 집결지도 전국 39곳, 성매매 종사 여성의 수도 3,644명 수준에 불과하다.

세 연구를 종합해서 보면, 2002년에 '장사'가 잘되던 전국의 성매매 집결지가 2007년을 전후해서는 크게 한풀 꺾인 다음, 2010년에 들어서는 다시 살아나는 조짐을 보인다고 풀이할 수도 있다. 그러나 〈한국형사정책연구원〉와 다른 두 조사 기관의 차이는 집결지를 서로 다르게 정의하고 있기 때문에 발생하는 것일 수 있다. 〈한국여성정책연구원〉과 〈서울대 여성연구소〉가 "성매매가 이루어지는 업소들이 최소 10개소 이상 밀집된 경우"로 집결지를 정의했다면 〈한국형사정책연구원〉은 "전통적 의미에서의 무등록·무허가 성매매만을 의미하는 것이 아니라, 해당 지역에서 성매매가 자주 일어나 소위 '사창가'로 인지된, 이른바 '혼합형' 집결지를 함께 포괄하는" 개념으로 정의했다. 여기서 혼합형이란 기지촌, 홍등가 등 '전통형' 성매매 집결지와 단란주점, 노래방 등 '산업형' 성매매 업소를 포괄한다. 즉, 〈서울대 여성연구소〉가 성매매 알선 가능 업소로 분류한 업소도 〈한국형사정책연구원〉의 성매매 집결지 조사 결과에 포함이 됐다고 보면 된다. 성매매 집결지의 경제 규모나 성매매 종사 여성의 인구 추계가 시기별로 변화했다고 해석하기 어려운 이유가 여기 있다. 〈한국여성정책연구원〉과 〈서울대 여성연구소〉의 자료도 집결지를 정의하는 방식은 같지만 조사 대상과 연구 방법이 일치하지 않아 비교가 어려운 건 마찬가지다. 조사 기관마다 서로 다른 연구 방법과 기준을 사용한다는 것은 그만큼 성매매의 경제 규모를 추산하기 어렵다는 뜻이다. 아마도 여러 가지 추정치 사이쯤에 실제 수치가 있을 것으로 짐작하는 게 더 맞을 것이다.

한편으로는 복잡한 현장 조사 대신 우리의 피부에 와 닿는 간단한 방법으로 성매매의 경제 규모를 가늠해 볼 수 있다. 2002년 산업자원부는 한국의 지하경제 규모가 〈경제협력개발기구(OECD)〉 국가 가운데 최고 수준인 국내총생산 대비 38퍼센트로 나타났고, 이 가운데 유흥업이 차지하는 비중이 40퍼센트~50퍼센트에 이른다고 발표했다. 2012년 최근 국회에 제출된 자료에서도 국내 지하경제 규모는 국내총생산 대비 26.8퍼센트로 10퍼센트 미만인 다른 선진국들과 비교할 수 없을 정도로 높았다. 2011년 국내총생산 추정액이 약 1,200조 원임을 감안할 때, 지하경제 규모를 국내총생산 대비 20퍼센트로, 그 가운데 유흥업이 차지하는 비중을 30퍼센트 정도로 낮춰 잡아도 그 액수는 무려 72조 원에 이른다. 유흥업이 만들어 내는 지하경제의 상당 부분이 성매매와 관련돼 있을 거라 짐작하는 건 어렵지 않다. 성매매는 그 자체가 이미 거대한 산업이 되었고, 지하경제의 가장 큰 몫을 차지하고 있다.

더군다나 최근에는 각종 신·변종 성매매가 기승을 부리고 인터넷을 이용한 성매매도 활개를 치면서 성 산업의 전체 파이를 키우는 건 아닌가 하는 우려를 낳고 있다. 다음 글에서는 성매매의 진입 장벽을 낮추면서 성매매의 정상화와 산업화에 일조하고 있는, 가상공간에서 이뤄지는 성매매 실태에 대해 알아보려고 한다.

# 가상공간에 스며들다
## 낮아진 진입 장벽, 교묘해진 사슬

온라인에서의 성매매는 구체적으로 그 형태와 규모가 추산된 바가 없다. 성매매 피해 여성을 위한 쉼터나 여성 단체 전문가들은 온라인 성매매에 대해 언급할 때 보통 가출, 십 대, 피시방, 채팅 등을 함께 거론한다. 온라인을 통해 성 판매자와 성 구매자가 만나고 이것이 오프라인의 성매매로 이어지는 온라인 성매매는 전국의 인터넷 망만큼이나 널리 확산돼 있고 그만큼 진입 장벽이 낮다. 바로 얼마 전까지 그 안에서 생계를 꾸려가야 했던 하 씨는 온라인 홍등가의 불빛을 증언한다.

하 씨는 처음에는 업자와 계약을 했다. 그렇지만 알고 보면, 업자가 꼭 필요한 것도 아니었다. 인터넷 메신저 프로그램 하나만 있으면 뭐든 가능했다. 인터넷 '장터'에서는 고객의 수요도 보인다. 1년을 보자면 여름이, 하루를 치자면 밤 12시 전후가 가장 호황이었다. 하 씨는 "여름이면 쏟아져 들어오는 성매매 권유 메일도 겨울에는 상대적으로 줄어든다"며 "여름에는 해가 저물면 성매매를 제안하는 쪽지가 넘쳐난다"고 말했다. 여름이나 한밤에는 그나마 조건에 맞는 구매자를 '고를 수 있을' 정도로 성황이지만 겨울이나 새벽이 되면 뚝 끊겨 날을 새다 허탕을 치는 경우도 있다. 그러면 당장 그날의 생계를 걱정해야 한다.

"특히 가출을 해서 하루를 벌어야 끼니를 이을 수 있는 경우에는 몸을 판다는 것에 대한 감각이 무뎌진다. 정신이 없다고 해야 하나?"

이렇게 조금씩 둔감해진다. 때로는 무뎌지는 과정에서 오래 갈등을 거치지도 않는다. 여자 캐릭터로 입장하면 그가 초등학생이건 중학생이건 가리지 않고 쪽지가 쏟아진다. 같은 처지의 가출 동료를 구하는 것도, 업소 소개도, 업소에서 함께 일하자는 제안도 일상적으로 날아오는 쪽지를 통해서다. 그것이 남 일이라고 생각할 때는 무심코 보다가 정작 배가 고프면 절박함에 확인 버튼을 누르기 마련이다.

신박진영 〈대구여성인권센터〉 대표는 "십 대 청소년은 가출을 해서 원조교제라도 하지 않으면 며칠 못 버틴다"며 "가장 저렴하게 버틸 수 있는 방법이 피시방인데 거기에서 당장 할 일을 찾다보면, 성매매로 빠지지 않을 수 없다"고 말했다. 오프라인 성매매 업자들의 현장 '스카우트'도 가능하다. 신 대표의 말이다.

"사실 피시방에 게임을 하고 있는 청소녀들을 보면 바로 어떤 처지인지가 드러난다. 지역 티켓다방 업주가 피시방을 돌 정도다. 그게 아니라면 게임에 들어가서 무작위로 묻는다. '너 돈 없지? 다방에서 일하자. 잘해 줄게' 하고 말한다. 돈이 있는 아이들은 거절하지만 당장 피시방비도, 잘 곳도 없는 아이들은 응하게 된다."

신 대표가 말하는 온라인과 오프라인의 결합은 전국 단위로 이뤄진다. 취재 과정에서 만난 여성 단체 소속 온라인 상담원은 "상담해 본 친구 중에는 강원도 피시방에서 채팅으로 대화해 충남에서부터 찾아온 업주와 만나 그 길로 접어든 경우도 있다. 그런 경우에는 곧바로 미용실 들르고 옷, 휴대전화를 맞춰 주고 나면 수백만 원이 그대로 빚이 되는 것이고, 거기에서부터 업소 생활이 시작된다"고 말했다.

업자들에게 온라인은 자원을 공급받는 창구만이 아니다. 스스로 공급자임을 가장해 공급 자체를 창출하기도 한다. 유복임 〈다시함께센터〉 소장은 "보통 채팅을 하면서 조건 만남을 제시하는 '16살짜리'의 상당수가 남성들이다. 이들은 '일주일 전에 집 나왔다'며 성매매 제의를 하지만, 알고 보면 청소년이 아니라 포주인 경우가 많다"고 말했다. 유 소장은 "이런 사례는 상담 과정에서 쉽게 접할 정도로 흔하다. 구체적으로 집계가 되지 않은 것일 뿐"이라고 설명했다. "업자들은 상대방이 승낙하는 경우 견적을 뽑아 자신이 데리고 있는 성매매 여성들을 내보낸다"며 "흔히 말하는 보도방이 인터넷으로 들어온 것"이라고 말했다. 여기에서 보도방이란 성매매 업소의 요구에 따라 일시적으로 여성을 파견하고 대가를 받는, 일종의 인력 관리·중계 업체를 가리킨다. 물론 대부분이 무허가 업소들이다.

## 인터넷 성매매 왜 문제인가?

인터넷의 그늘은 성매매가 곰팡이처럼 피어날 수 있는 최적의 장소다.

인터넷 공간의 익명성과 광대한 네트워크는 성매매 수요자와 공급자를 '안전하게' 연결하는 고리가 된다. 온라인을 통한 성매매 규모나 형식이 정교한 연구 대상이 된 적은 드물었다. 오프라인의 성매매보다 현황을 파악하는 게 더 어렵기 때문이다. 인터넷 네트워크 분석 전문 업체인 〈사이람〉이 지난 2010년 8월에서 9월 사이 실시한 조사가 아마도 가장 광범위하게 온라인 성매매 실태를 파악한 연구일 것이다. 그 결과는 「성매매 실태 조사 보고서」의 한 장을 차지했다.

〈사이람〉은 온라인에서 성매매 관련 사이트 327곳을 분석해 기능에 따라 '직거래형 성매매 채널 제공 사이트'와 '업소형 성매매 정보 제공 사이트'로 분류했다. 쉽게 말해 첫 번째는 누리꾼들 사이에 성매매 거래를 매개하는 사이트고, 둘째 유형은 오프라인상의 성매매 업소를 소개하는 등의 역할을 맡는다.

첫 번째 직거래형은 다시 두 부류로 나뉜다. 첫째, 역할 대행 서비스 유형이다. 여기에서는 누리꾼이 상대방에게 원하는 역할 및 조건을 제시하면서 사이트에 글을 올리면, 다른 쪽에서 쪽지나 채팅 등의 방법으로 말을 걸어 일정한 흥정을 하게 된다. 애인 대행, 하객 대행, 청소 대행 등, 대행 내용도 여러 가지다. 이 가운데 성매매와 관련된 것은 애인 대행이다. 실제로 인터넷을 검색해 보니, 애인 대행, 남편 대행, 시급 남편, 아내 대행을 알선하는 사이트들이 쉽게 눈에 띄었다. 물론 이 가운데는 이혼 남성들이 공식 행사에 참여할 때 일시적으로 반려자가 필요해서 거래가 이뤄지는 '건전한' 경우도 있을 것이다. 그러나 광고 문구를 통해 추정하자면 상당수는 성매매의 창구로 보였다. "일상에서 뭔가 색다른 만남을 원하는 분"이나 "스피드 애인 대행" 등은 그나마 점잖은 문구였다.

두 번째 유형은 '조건 만남' 서비스 사이트들이다. 여기에서 성 구매자와 판매자는 게시판에 글을 남기거나 채팅을 하면서 '거래' 조건을 주고받고 서로 합의에 이르면 일대일 약속을 잡는다. 매치 메이커나 매니저 등의 이름으로 중개인이 조건에 맞는 당사자를 직접 연결해 주는 경우도 있다. 이곳의 게시물은 전반적으로 애인 대행 사이트보다 더 직접적이고 노골적인 언어로 만남의 목적을 밝히고 있다.

'업소형 성매매 정보 기능 사이트'는 다시 세 가지 하위 유형으로 나뉜다. 첫째는 업소 정보 서비스 유형으로 이른바 단란주점이나 '풀살롱' 등을 홍보하는 사이트다. 둘째는 '유흥 포털 서비스'형으로, 유흥 문화 트렌드 소개, 유형별 업소 소개, 이용 후기 등의 내용을 담고 있으며, 제휴, 광고, 이벤트 등을 통해서 다른 오프라인 업소나 직거래형 사이트들의 허브 역할을 맡고 있었다. 셋째는 '구인 구직 서비스' 유형으로 업소와 구직자를 연결해 주는 역할을 한다.

〈사이람〉의 검색망에 걸린 327개 사이트를 기능별로 분류해 보니, 성매매 알선 업소 홍보 사이트가 103곳으로 가장 많았고, 조건 만남 서비스 사이트(99곳), 유흥 포털(55곳), 애인 대행(53곳), 구인 구직(23곳) 순으로 흔했다. 이들 사이트 대부분(208곳)은 국내에 서버를 두고 영업하지만 일본(4곳)이나 미국(2곳), 프랑스(1곳)나 홍콩(1곳)에 서버를 둔 업체도 있었다.

또 327곳 가운데 '청소년 유해 정보'라는 표시를 한 곳은 177곳(54%)에 불과했다. 나머지 사이트들은 표시 없이 바로 메인 페이지를 노출하거나 로그인 화면만을 제시했다. 이렇듯 성매매 규제의 사각지대에서 온라인 성매매가 기승을 부리고 있다.

## 온라인 성매매 산업의 무서운 확산

2조 3,455억 원.

온라인을 통한 성매매 거래의 추정치다.* 인터넷 네트워크 분석 전문 업체인 〈사이람〉은 성매매 관련 사이트들의 숫자, 사용 인구, 평균 구매액 등을 어림잡은 뒤 이와 같이 추정치를 내놓았다. 계산 과정에서 어쩔 수 없이 어림짐작이 필요했기 때문에 통계의 신뢰도가 아주 높다고 볼 수는 없다. 그렇지만 측량할 길 없었던 인터넷 관련 성매매 규모를 그나마 광범위하게 추적한 연구라는 점에서 의미가 있다.(〔자료7〕 참조)

〈사이람〉의 계산 과정을 따라가 보자. 〈사이람〉의 검색 및 분석 결과에 따르면 인터넷 애인 대행 사이트는 한 곳당 평균 5만 명의 회원을 거느리고 있었다. 이 가운데 실제로 돈을 내는 유료 회원은 10퍼센트, 즉 5천 명(a) 정도로 추정된다. 이 수치는 회원 수 파악이 가능했던 몇 개 사이트의 통계를 참고해서 작성됐다. 그리고 회원 한 명마다 사이트에 내는 회원비는 1년에 15만 5천 원(b)으로 어림짐작했다. 따라서 한 곳의 애인 대행 사이트가 한 해에 벌어들이는 수입은 7억 7,500만 원으로 추정할 수 있다. 여기에 전체 애인 대행 사이트의 수 60곳**(c)을 곱하면 우리나라 애인 대행 사이트들이 벌어들이는 액수가 다음과 같이 나온다.

---

* 〈서울대 여성연구소〉는 「성매매 실태 조사 보고서」를 내면서 두 가지 방법을 통해서 온라인을 통한 성매매 규모 추정치를 냈다. 먼저 남성 성매매 구매자 조사를 통해서 연간 성매매 추정 건수를 계산한 결과, 추산치를 1,718억원으로 산출했다.(57쪽 참조) 이와 별도로 〈사이람〉을 통해서도 인터넷 성매매 규모를 추정했는데, 그 내용이 여기에 소개된 것이다.

| 사이트 기능별 유형 | 애인 대행 | 조건 만남(게시판형) | 조건 만남(채팅형) | 합계 |
|---|---|---|---|---|
| 사이트 수 | 60개 | 15개 | 50개 | 125개 |
| 전체 유료 회원수 | 30만 명 | 45만 명 | 250만 명 | 325만 명 |
| 회원당 연간 성매매 거래 건수 | 3건 | 3건 | 3건 | 3건 |
| 전체 성매매 거래 건수 | 90만 건 | 135만 건 | 750만 건 | 975만 건 |
| 평균 성매매 거래액 | 20만 원 | 20만 원 | 20만 원 | 20만 원 |
| 전체 거래액 | 1,800억 원 | 2,700억 원 | 1조 5,000억 원 | 1조 9,500억 원 |

**출처:** 여성가족부 「성매매 실태 조사 보고서」(2010년 9월 말 기준)

위의 성매매 거래액에 성매매 사이트 이용료 합계 추정치 3,955억 원을 합해 전체 온라인 성매매 규모 2조 3,455억 원의 추정치가 산출되었다. **참고:** 〈다시함께센터〉http://www.dasi.or.kr/shop/book.php

애인 대행 사이트 한 곳의 유료 회원(a) × 회원 1인당 평균 회원비(b) × 전체 애인 대행 사이트 수(c) = 465억 원

애인 대행 사이트보다 규모가 큰 조건 만남 사이트를 대상으로도 같은 방식으로 계산했더니 1년에 3,490억 원의 수입을 거두는 것으로 드러났다. 즉, 성매매 관련 사이트들은 한 해 이용 요금으로만 3,955억 원을 벌어들이고 있는 것이다.

여기에서 끝나지 않는다. 성매매 관련 사이트를 통해서 만난 성 구매자와 성 매수자 사이의 거래액은 규모가 훨씬 더 크다. 다시 애인 대행 사이트를 보자. 먼저, 유료 회원이 1년에 3회 성매매(d)를 했다고 가정했다. 여기에 사이트 한 곳 회원(5천 명)에 관련 사이트 숫자(60곳), 그리고 성매매 한 건당 평균 거래 비용인 20만 원(e)을 곱했다. 평균 거래 비용은 관

---

•• 〈사이람〉에서는 애인 대행 사이트를 53곳을 찾아냈지만, 검색을 통해 일부 찾아내지 못한 사이트가 있을 것으로 추정하고 경제 규모를 추정하는 과정에서는 애인 대행 사이트의 수를 60곳으로 설정하고 추계치를 냈다.

련 사이트에서 누리꾼들이 실제로 제시한 액수들의 평균값을 구한 것이었다. 이에 따라 애인 대행 사이트를 통한 전체 거래액은 다음과 같이 계산된다.

애인 대행 사이트 한 곳의 유료 회원(a)×전체 애인 대행 사이트 수(c)×유료 회원 1년 성매매 횟수 추정치(d)×회원 1인당 성매매 거래 비용(e)=1,800억 원

조건 만남 사이트에서 이뤄지는 성매매 거래 규모도 같은 방식으로 계산했더니 1년에 1조 7,700억 원이라는 액수가 나왔다. 그렇다면 인터넷을 통한 성매매 거래액은 한 해 1조 9,500억 원에 이르는 셈이다.

결국 온라인 성매매의 시장 규모는 무려 2조 3,455억 원에 이른다. 여성가족부가 추정한 2010년 '오프라인' 성매매 산업 규모는 6조 6,258억 원이었다. 온라인 성매매 시장의 규모는 이미 오프라인 산업의 3분의 1을 넘어선 것으로 보인다.

# 풍선 효과는 있었나?

지난 2004년 9월 21일 "성매매특별법"이 시행된 뒤, 이른바 풍선 효과를 둘러싼 논란은 잊을 만하면 올라오는 단골 메뉴가 됐다. '풍선 효과'란, 정부의 단속이 강화되면서 성매매가 음성화, 다양화하는 현상을 가리킨다. 즉, 정부가 규제를 강화하면 가시적인 성매매 건수만 줄어들 뿐, 변칙적인 성매매 업소, 인터넷에 의한 성매매, 해외 성매매 등은 오히려 늘어난다는 시각이다. 법이 강화되면서 풍선 효과가 생겼을까? 이견은 만만찮다.

## 풍선 효과 있다 vs 없다

일단 풍선 효과가 무시 못 할 수준이라는 주장을 들어보자. 『동아일보』는 지난 2012년 7월 사설을 통해서 강남의 기업형 룸살롱이 성장하게 된 배경을 다음과 같이 소개했다.

성매매 업소들의 대형화·조직화는 2004년 시행된 "성매매특별법(성매매 방지 및 피해자 보호 등에 대한 법률)"의 실효성에 의문을 품게 한다. "성매매특별법"은 성매매가 범죄라는 인식을 심어 줬고 미성년자 성매매, 성매매 여성에 대한 감금과 착취 등, 파렴치한 범죄 행위를 줄이는 데 크게 기여했다. 하지만 특별법 도입에 따른 성매매 감소 추세를 뚜렷하게 보여 주는 통계는 없다. 오히려 '풍선 효과'를 초래하면서 일부 부패 경찰관은 이 법을 무기로 자신들의 배를 불렸다.

『동아일보』가 풍선 효과를 주장하는 근거는 '성매매 감소 추세를 보여 주는 통계가 없었다'로 보인다. 아주 단단한 근거는 아니다.

지난 2009년 10월 당시 한나라당 소속이던 손숙미 의원은 풍선 효과를 지지하는 자료를 국회에 제출한다. 자료를 보면, 인천의 경우 성매매 집결지가 80퍼센트 이상 감소했지만, 2004년에서 2009년 사이, 성매매 검거 현황은 10배 이상 증가했다. 손 의원은 당시 자료를 통해 "전통적인 집결지의 업소수와 종업원은 줄어들고 있지만, 오히려 성매매 검거 건수와 인원은 늘어나고 있다"고 밝혔다. 다음 날 『세계일보』는 "대책 없는 성매매, '풍선 효과' 확인"이라는 제목으로 소식을 전했다. 맞는 말일까? 이 대목에도 이견의 여지는 있다.

성매매 단속 및 검거 건수는 실제로 이뤄지는 성매매를 반영하기보다는 경찰의 단속 의지나 단속 강도에 비례한다고 보는 게 맞다. 뒤집어서 말하면, 성매매가 창궐해도 경찰이 단속을 하지 않으면 성매매 검거 건수는 '0'이 될 수 있다. 더욱이 2004년에 "성매매특별법"이 제정됐다는 점을 감안한다면 그 이후 경찰이 단속을 강화했을 것이라 가정할 수 있고, 그렇다면 검거 건수가 늘어나는 게 이상

한 일도 아니다. 이를 두고 성매매 단속이 풍선 효과를 불렀다고 지적하는 것은 논리적으로 앞뒤가 맞아 보이지 않는다.

조금 더 실증적인 분석도 있다. 지난 2006년 10월 〈대구여성회〉 부설 〈성매매여성인권지원센터〉는 "성매매특별법" 시행 이후 유흥가의 변화 양상을 분석했다. 내용을 보면, 대구 지역의 성매매 집결지 7곳의 종업원 수가 2002년 이후 4년 동안 40퍼센트 정도 줄었다. 반면, 유흥주점, 단란주점, 안마시술소 등 이른바 산업형 성매매 업소는 늘었다. 예를 들어, 유흥주점은 1,247곳에서 1,750곳으로, 단란주점도 285곳에서 376곳으로 증가했다. 당시 이 내용을 소개한 기사에서는 명시적으로 '풍선 효과' 탓이라고 설명하지는 않았지만, 변화의 정황은 뚜렷해 보인다.

종합하면, 풍선 효과가 있었다는 주장은 적지 않지만, 그를 뒷받침하는 신뢰할 만한 근거는 쉽게 보이지 않는다. 다만 단속이 상대적으로 쉬운 집결지는 줄어든 반면, 다른 산업형 성매매 업종에서 성매매 건수가 늘어난 현상은 관찰됐다.

풍선 효과를 지지하는 쪽에서는

규제의 부작용도 함께 지적한다. 단속을 강화하게 되면 성 거래 유통 경로가 개별화하고 음성화하면서 오히려 성매매 여성의 인권이 악화되고, 성병 등을 관리할 정부의 능력을 제약한다는 논리다.

다른 쪽 의견을 들어 보자. 풍선 효과에 대한 회의론이다. 먼저 「성매매 실태 조사 보고서」를 보면, 성매매 알선업이 2004년 이후 점차 위축되는 것을 관찰할 수 있다. 일단 성매매 알선 업체 종사 여성 수는 지난 2002년 약 20만 5천 명(《한국형사정책연구원》)에서, 2007년에는 약 14만 6천 명(《한국여성정책연구원》)으로, 2010년에는 다시 14만 명(《서울대 여성연구소》)으로 감소했다. 또 같은 기간 성매매 알선 업체의 매출도 17조 740억 원, 7조 6,207억 원, 5조 7,225억 원으로 위축된 것으로 추정됐다. 물론 〈한국형사정책연구원〉은 나머지 연구 기관과 다른 기준에 따라 통계를 산출했기 때문에 2002년에서 2010년 사이 성매매 알선업이 위축됐다고 쉽게 단정하기는 힘들다. 다만, 2007년과 2010년의 통계는 모두 갤럽이 동일한 기준을 써서 산출했다. 〈서울대 여성

연구소〉도 보고서에서 "성매매 알선 규모의 추정치는 이전 조사와 일관성을 가지는 바, 거래 규모를 비교하면, 건수와 액수 모두 감소하는 것으로 나

**〔자료8〕 전국 성매매 알선업 실태 추이**

1. 전국 성매매 알선 업소 종사 여성의 수

2. 전국 성매매 알선 건수

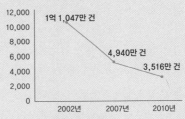

3. 전국 성매매 알선 연 매출 규모

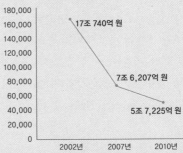

출처: 2002년: 〈한국형사정책연구원〉, 2007년: 〈한국여성정책연구원〉, 2010년: 〈서울대 여성연구소〉

타난다"라고 풀이했다. 이 분석대로라면, 풍선 효과는 적어 보인다.

물론 2000년대 이후 변화된 성매매 풍속도를 반영하려면 알선 업체뿐 아니라 인터넷을 통한 성매매나 해외 원정 성매매까지 모두 포괄해야 한다. 풍선 효과를 강조하는 쪽은 특히 여기에 주목한다. 게다가 이들 성매매 유형이 눈에 띄게 늘어난 시점은 2004년 "성매매특별법" 발효와 시기를 함께 한다. '풍선'이 부풀어 오른 정황은 보인다. 그렇지만 인터넷이나 해외 원정 성매매의 거래량이 시간에 따라 늘었다는 사실은 직관적으로만 추정할 수 있을 뿐, 신뢰할 만한 통계자료로 뒷받침되지는 않는다. 게다가 인터넷을 통한 성매매의 경우, 2000년대 들어서 인터넷이 급속하게 일상화했다는 점도 고려할 필요가 있다. 인터넷이라는 새로운 매체는 개인의 익명성을 보장해 줄 뿐더러 개인 사이의 거래를 쉽게 터주는 '(열린) 장터' 구실을 했다. 은밀한 성매매를 흥정하기에 적합한 공간이다. 그러니까, 규제가 아니라, 기술 발전이 인터넷을 통한 성매매를 이끌었다고 볼 수도 있다. 풍선 효과가 인터넷을 통한 성매매를 살찌웠다고 단언하기는 힘들다는 뜻이다.

해외 성매매도 2000년대 들어 늘어나고 있는 것으로 추정된다. 미국과 호주 정부의 추정치에 따르면, 미국에서 일하는 외국인 성매매 여성 네 명 중 한 명(23.5%), 호주는 다섯 명 중 한 명(17%)이 한국인이다. 미국 등 해외 언론의 한국 여성 성매매 관련 보도도 늘어나는 추세다. 풍선 효과 때문일까? 의견은 엇갈린다. 앞에서 말했듯, 직관은 있지만 그 직관을 근거가 뒷받침해 주지 않는다. 지난 2007년 미국 현지 조사를 한 국회조사단의 윤원호 단장은 당시 워싱턴 특파원단과의 간담회에서 "'성매매특별법' 제정이 미국으로의 성매매 여성 대거 유입을 초래했는지, 즉 '풍선 효과'의 실재 여부에 대해서는 구체적인 통계를 얻지 못했다"고 말했다.

## 풍선의 부피를 보라

현상을 조금 달리 해석할 수 있는 부분도 있다. 풍선 효과가 있느냐 없느냐가 아니라, 풍선 효과가 어느 정도 있었냐는 지적도 있기 때문이다. 예를 들어, "성매매특별법"을 통해서 성매매 100건을 줄였고 단속 때문에 음성화한 성매매가 10건으로 늘었다고 치자. 음성화한 성매매 건수가 늘었으니 풍선 효과는 분명히 있었다고 볼 수 있다. 그렇지만 우리 사회 전체 성매매 건수는 90건이 줄었다. 문제는 풍선 효과의 유무가 아니라, 풍선 효과의 상대적인 규모라는 뜻이다. 신박진영 〈대구여성인권센터〉 대표는 "풍선 효과를 말하는 사람에게는 (풍선의) 부피가 줄지 않는다는 전제가 은연중에 있는 것 같다"고 지적하기도 한다.

정작 규제의 효과는 적고, 풍선 효과만 큰 경우도 가정할 수 있다. 그렇다면 규제의 실효성을 다시 생각해야 한다. 1920년대 미국의 "금주법"이 그런 사례다. 술 제조에 대한 과도한 규제는 결국 밀주만 양산했기 때문이다. "성매매특별법"은 2000년대 이후 한국의 "금주법"일까, 아닐까?

지난 2007년에 나온 「성매매 방지법의 집행 효과에 관한 실증 연구」 논문은 조금 더 분석적인 접근을 시도한다. 저자인 권영상 국무조정실 행정사무관이 실증적인 검증을 통해 내린 결론은 다음과 같다.

첫째, 성매매 사범에 대한 검거율이 높아지면서 성 구매 경험자의 구매 동기가 감소했다. 둘째, 성매매 여성의 탈업소를 유도하고, 업주의 성매매 여성에 대한 인권 침해를 줄었다.

공급과 수요, 양 측면에서 성매매의 규모를 감소시키는 데 성공했다는 뜻이다. 논문이 제시한 근거들을 몇 가지만 살펴보자.

첫째, 수요에서 보면, 여성가족부가 지난 2006년에 벌인 설문 조사에서 '성 구매 유경험자의 성 구매 빈도가 감소했다'고 답한 성인 응답자의 비율이 85.3퍼센트로 나타났다. 또 2005년 여성가족부가 매출액 기준 1,000대 기업 가운데 302곳을 추출해 벌인 설문 조사를 보면, 접대 및 회식 공간에서 성 구매가 '거의 사라졌다'라고 답한 비율이 35.1퍼센트(접대), 54.6퍼센트(회식)였고, '줄었지만 여전히 남아 있다'는 비율도 53.3퍼센트(접대), 28.5퍼센트(회식)였다.

둘째, 공급자, 즉 성매매 업소의 매출도 줄었다. 지난 2006년 정부의 성매매방지대책추진점검단이 내놓은 유흥업소의 신용카드 이용 실적 자료를 보면, 2004년에서 2005년 사이 "성매매특별법" 시행 이후 유흥업소의 카드 매출액이 1년 만에 3.1퍼센트 줄어든 것으로 파악됐다. 특히 유흥주점(-9.4%), 단란주점(-6.6%) 등의 낙폭이 컸다. 반면 안마시술소(22.8%) 등은 오히려 손님이 늘었다. 이를 어떻게 해석해야 할까. 논문은 이렇게 풀이했다.

"성매매특별법"의 제정 이후 이곳(안마시술소)에서 매출액이 증가했다는 점은 이러한 음성적 성매매가 늘었기 때문이라고 추정할 수 있다. 다만 성매매 관련 유흥업소의 전체 매출액 규모는 "성매매특별법" 이전에 비해 감소한 것으로 나타나고 있어, 음성적 성매매의 증가가 성매매 규모 자체를 확대시켰다고 단정하기는 어렵다고 할 것이다.

풍선 효과는 있었지만, '대세'에는 영향을 미치지 못했다는 말이다.
2000년대 이후 성매매 '산업'의 부침을 논할 때 빼놓을 수 없는 변수가 하나 더 있다. 기업 등의 접대 관행이다. 특히 지난 1990년대 말 금융 위기를 겪은 이후 2000년대 들어서 기업 및 공공 기관은 이른바 판공비 혹은 영업비의 회계를 투명화하기 시작

했다. 그러면서 접대비도 상대적으로 줄었다. 국내 대기업의 회계 관계자는 "과거에는 기업 회계에서 빼돌린 돈으로 접대를 하거나 내부 회식을 하는 용도로 쓰던 돈이 많이 줄면서 성매매 알선 업소에 가는 빈도도 눈에 띄게 줄었다"라고 말했다. 기업의 회계 처리 관행과 접대 문화의 변화 역시 성매매 산업의 변화로 이어졌다는 말이다. 따라서 '성매매특별법' 집행 → 성매매 감소'로 이어지는 등식을 그릴 때는 이와 같은 외부 변수도 함께 고려해야 할 것으로 보인다.

종합하면 "성매매특별법"을 둘러싼 '풍선 효과'는 어느 쪽의 손을 들어주기 애매한 면이 있다. 성매매의 지하경제적, 음성적인 성격 탓이다. 그럼에도 정보의 조각을 모아 대략적인 큰 그림을 그려 볼 수는 있겠다.

규제를 강화하면서 성매매 집결지나 성매매 알선업은 전반적으로 위축됐고, 동시에 성매매 여성들이 인터넷 공간이나 해외로 흡수되는 정황이 보인다. 이를 '풍선 효과'로 해석하는 입장에도 일부 설득력은 있다. 그러나 이 풍선 효과가 전체 성매매 건수를 늘렸다고 단언하기는 힘들어 보인다.

2장

불법은 맞지만 범죄는 아니다?

# 세 명에 한 명꼴

## 대한민국 남성의 성매매

"지난해 한국 남자 10명 중 4명(37.9%)이 성매매를 했다."
―「성 매수 실태 조사 보고서」(2010)

믿을 놈 없다. 평생 동안 1회 이상 성매매를 했다고 답한 사람은 절반 (49%)이었다. 필자들은 〈서울대 사회발전연구소〉가 여성가족부의 의뢰를 받아 작성한 「성 매수 실태 조사 보고서」를 입수했다. 한국 남성의 성구매를 대규모 조사로 분석해 체계화한 최초의 연구 결과다. 전국 1천 명의 남성을 대상으로 설문한 내용이 담겨 있다.

보고서는 묵인돼 온 거대한 불법의 실체를 수치로 드러낸다. 수천만 명에 이르는 일상적인 '범법자' 앞에 "성매매특별법"은 위태롭다. 성과 관련된 기존의 통념은 노골적이다. 이 글에 나오는 용어는 보고서의 용법을 따랐다.

## 친구 따라 강남 가는 성 구매 논리

"대학 들어가서 동문회 한 다음 남자들끼리 몰려가기도 하고, 친구 군대 가기 전에 가보자고 해서 가기도 하고. 그러다가 직장 다니면서는 접대하고 접대받고."(김 씨, 30대)

「성 매수 실태 조사 보고서」에서 지난해 성매매를 경험한 대한민국 남성이 10명 중 4명이라는 말은 당신이 아는 남성 친구 3명 중 1명은 최소한 지난해 성매매를 했다는 사실을 폭로한다. 그 남성들이 지난 1년 동안 성매매를 한 횟수는 평균 2.6번이며, 성매매로 지출한 평균 비용은 31만 3천 원이라고 보고서는 말한다. 이 개인별 지출을 모두 합하면 1조 2,907억 원에 이른다. 하지만 이 수치는 성매매 업소 당사자 등 공급자 측면에서 추산된 6조 6,258억 원과 차이를 보인다. 어쩌면 딱 그 차이만큼, 조사에 응한 한국 남성의 양심에 기댄 통계라 할 수 있겠다.

보고서를 보면, 지난 1년 동안 가장 높은 성 구매 비율을 보이는 남성 집단은 30대 대졸 직장 남성이었다. 필자는 이런 조건에 부합하는 지인 한 명을 골라서 인터뷰를 했다. 김 씨는 30대 후반이며 금융계열 대기업 영업 사원으로 일한다. 대학원을 다니다 현재의 직장에 자리를 잡았다. 맞벌이로 아들 하나를 키우고 서울 강남에서 전세를 사는, 스스로를 평범한 중산층이라고 부르는 남성이다. 어쩌면 집 앞 골목에서, 혹은 아파트 엘리베이터에서 흔히 마주치는 표준적인 한국 남성 가운데 한 명일 것이다.

김 씨는 영업을 위해, 또는 성적 욕구를 채우려고 겸업형(룸살롱 등 유

해가 저물면 종로·강남 등, 유흥주점이 몰린 지하철역 부근에는 변종 성매매를 홍보하는 명함 크기의 전단이 깔린다. 2010년 한 해 동안 성 구매 남성 가운데 7.4퍼센트가 변종형을 택했다.ⓒ「한겨레21」박승화 기자

홍주점), 전업형(성매매 집결지), 변종형(안마시술소·마사지 업소 등)을 모두 이용한다. 보고서의 기준으로 보면 적극적 집단에 속한다. 보고서는 성 구매 경험이 있는 남성 가운데 적극적인 집단을 14퍼센트, 일부 업소만 제한해 이용하는 소극적 집단을 51퍼센트, 온라인·해외 구매 집단을 35퍼센트로 분류했다.

"연말에 주로 가요. 인센티브가 나오면 여유(돈)가 있으니까 마음에 맞는 동료나 후배랑 가죠. 그것도 돈이 있어야 가는 거죠."

김 씨가 말하는 성 구매 경험에서 중요한 건 단순히 돈만은 아니다.

김 씨는 영업 사원이어서 접대를 하는 쪽이다. 접대를 할 때 상대방의 성매매 비용을 미리 지불한다. 그때 자신은 성매매를 하지 않는다. 접대는 '일'이라는 생각에서다. 일과 성매매 행위를 구분할 수 없는 상황에서는 성 구매를 자제한다는 것이다. 물론 그 구분은 모호하다.

김 씨가 성을 구매할 때는 인센티브를 받은 뒤다. 흔히 회사 동료와 함께한다. 회식을 일의 연장이라고 보면, 그때의 성 구매도 직장 생활의 연장이다. 김 씨의 습관은 말과 어긋난다. 하지만 조금 들여다보면 그가 "일이냐 아니냐"라고 할 때, 그게 업무의 경중을 따지는 건 아니라는 것을 알 수 있다. 오히려 중요한 것은 성매매 업소에 함께 가는 이들과 성매매를 통해 연대감을 고취할 수 있느냐 없느냐다. 연대감은 일반적인 한국 남성이 성 구매를 합리화하기 위한 자기 논리의 뿌리처럼 보이기도 한다.

"특히 친구 군대 보낼 때 '다 같이 한번 가자' 뭐 그런 식으로 첫 경험을 하게 되죠. 그때 안 간다고 빠지면 안 되는 분위기로 몰고. 아마 한국 남자들 대부분 마찬가지 아닐까 싶은데……."

보고서는 성 구매를 하는 친한 친구가 있는 경우 그렇지 않은 남성에 비해 3.7배나 더 많이 업소를 찾게 된다고 분석했다. 성매매를 둘러싼 남성 문화를 짐작할 수 있는 대목이다. 친구 가운데는 직장 동료도 포함된다. 김 씨도 마찬가지다. 서울대 보고서는 그 관계의 내부를 조금 더 깊게 파고든다. 성 구매 남성 심층 면접을 통해 "면접 대상 남성들의 경험에서 두드러진 행태적 특성은 대부분 남성들이 혼자보다는 다른 남성들과 모임을 갖는 과정과 경로를 통해 성매매를 하러 간다는 것"이라고 풀이했다. "혼자서는 성 구매를 해본 적이 전혀 없거나 한 번뿐"이라고 말하며 "개인적인 출입을 선호하지 않는다"는 진술이 보고서의 심층 면접 대상자 18명에게서 공통적으로 나타난다. 보고서는 "성 구매 행위가 남성들 간의 집단성과 동성 사회성을 발현하고 확인시켜 주는 의미를 갖고 있다"고 분석한다. 동성 사회성은 남성(혹은 여성)이 같은 성을 가진 사람들에게 느끼는 비성애적 매력이라고 풀이된다. 남성성이 발현되는 집단 안에서 한국 남자의 이성은 작동을 멈춘다.

"돈을 지불하니까요. 그리고 저쪽에서도 그걸 원하고."

이런 말 속에는 김 씨를 포함한 남성들이 성매매 여성을 바라보는 단면이 드러난다. 보고서도 이 지점을 지나치지 않는다.

남성들은 '정상적인' 성매매와 '나쁜' 성매매를 구분하거나 자신들이 성매매를 할 수밖에 없는 이유를 설명할 때, 매우 다양한 기준과 조건을 제시했다. 이와는 대조적으로 남성들이 성매매 여성에 대해 생각하는 바는 거의 만장일치에 가까운 결과를 보여 준다. 자신들의 성매매는 상품이나 서비스에 대한 대가를 지불하고 구매하는 일상적인 경제 행위이고, 자신들이 상대한 성매매 여성들도 돈을 벌기 위해, 그것도 '쉽게' 벌기 위해 자신들과 상업적인 거래를 한 사람들일 뿐이라는 것이다.

김 씨는 "(성매매는 간통과 비교할 때 도덕적인, 법적인) 위험에서 자유로울 수 있고, 비용을 절약할 수 있다"고 덧붙였다. '성매매 여성도 원해서 한다'는 식의 발상은 이러한 경제 논리와 더해지면서 자신의 행위를 합리화하는 데 쓰인다.

김 씨는 주로 안마시술소를 찾는다. 유흥주점에 들렀다가도 성매매를 할 때는 굳이 안마시술소를 찾기도 한다. 안마시술소는 존스쿨 대상자(성 구매자 재범 방지 교육을 받는 "성매매특별법" 위반자)가 가장 많이 경험하는 곳(61%)이며, 교육 수준별로 대학원 이상 응답자가 가장 많이 이용하는 곳이기도 하다. 김 씨는 자기가 가는 곳은 유사 성행위 업소라고 하지만 유사냐 아니냐는 개념적인 구분일 뿐 현실에서는 구분이 분명치 않다. 유사 성행위가 이뤄진다고 알려진 곳도 사실상 성행위를 하는 경우가 드물지 않다.

김 씨는 성매매 횟수도 평균치를 훌쩍 넘어선다. 1년을 따지자면 7~8회 업소를 찾는다. 김 씨의 습관은 보고서가 보여 주는 통계와 묘하게 조응한다. 흥미롭게도 교육 수준별 성매매 경향을 보면, 대학원 이상 응답자들이 고졸 이하인 응답자들에 비해 1.74배 더 자주 성매매를 하는 것으로 나타났다. 김 씨는 경기가 좋아 인센티브를 많이 받을 때는 더 자주 간다고 말한다. 특히 연말에는 평균 한 주에 한 번 꼴로 간다. 12월이 되면 접대도 늘고 자신이 안마를 받으러 가는 횟수도 늘어날 것이라고 말한다. 인터뷰는 수위를 조절해야 할 정도로 거침없었다.

"솔직히 일상에서 부담 없이 쿨하게 즐길 수 있는 문화가 없잖아요. 여성과 성관계 한 번 갖기까지 들여야 하는 비용이나 그것이 탄로 났을 때 지불해야 할 대가를 생각하면 그냥 성욕을 풀 수 있는 곳에 가는 게 더 낫죠."

## 한 번 발을 들여놓으면 빠져 나오지 못하는 건 똑같다

물론 성 구매를 하는 데 있어 그 반대편에 서 있는 공급자의 역할도 무시하지 못한다. 남성들이 말하는, 이른바 외부적인 요인이다.

"룸살롱이나 안마에 한 번 다녀와 봐요. 얼마나 문자나 전화가 오는지, '그래, 이참에 한번 갈까?' 하는 생각이 안 들 수 없다니까요."

김 씨의 말은 남성 자신의 욕구에 공급자의 수요 창출 노력이 더해져 낳는 효과를 보여 준다. 한 여성 단체 관계자는 농담처럼 "전 세계에서 한국처럼 불법 행위를 이렇게 적극적으로 마케팅하는 나라가 없다"고 말할 정도다. 일반적으로 "성욕이 왕성하니 (예쁜) 여성의 성을 사서라도 혹은 소비해서라도 반드시 해소해야 하는 것 아니냐"는 논리와 "그것이 공급자들에 의해 부추겨진다"는 명제가 더해져 성 구매를 합리화하는 성채는 더욱 높아져 간다.

다른 외부 요인을 드는 의견도 있다. "성매매를 별로 좋아하지도 않지만 성 접대 관행상 혹은 조직 논리로 어쩔 수 없이 성 구매를 할 수밖에 없다"는 것이다. 말하자면, 한국 남성들의 집단 문화에 대한 항변이다. 보고서는 한국 사회에서 성 구매를 포함한 접대 문화가 '강화된' 집단성을 띠는데 따라서 성 구매에 같이하지 않으면 '이상한 놈'이나 심하면 '배신자 취급'을 받을 수 있다고 지적한다. 이처럼 개인의 호불호와 상관없이 조직 안에서 성 구매를 할 수밖에 없는 상황도 성 구매의 합리화 논리로 자주 사용된다.

결혼 여부는 남성들의 성 구매에 영향을 미칠까? 김 씨는 "행복의 크기를 따져 보면 보통 가족 이상"이라고 자부한다. 하지만 결론부터 말하자면, 김 씨에게 성 구매와 혼인 여부는 관련이 없다. 보고서는 전업형 성매매 집결지, 겸업형 유흥주점, 변종 성매매, 해외 성매매 등, 모든 유형에서 혼인 여부에 따른 성매매 빈도 차이는 없다고 분석했다. 유부남이라고 성 구매를 딱히 자제하지는 않는다는 말이다.

## 노래방에서 해외 출장까지

「성 구매 실태 조사 보고서」는 성 구매 행태도 구체적으로 분석하고 있다. 응답자 1천 명 가운데 최근 1년간 성매매를 하기 위해 얼마나 자주 업소를 찾았는지 답한 내용을 종합하면, 남성들은 노래방(552건)을 가장 선호했다. 일탈은 주로 노래방에서 이뤄진다. 그러나 노래방은 시작일 뿐이다. 남성들의 '동선'을 분석한 업소별 '사회 연결망' 연구를 보면, 노래방에서 시작된 일탈이 다른 업소로 촘촘하게 엮여 가는 것을 볼 수 있다. 노래방을 좋아하는 남성들은 숙박업소, 나이트클럽, 성매매 집결지, 대딸방, 룸살롱, 안마시술소, 심지어 해외도 넘나들었다. 대한민국 성인 남성의 대략 절반은 이렇게 평생에 걸쳐 여러 성매매 업소를 전전한다.

최근 1년간 성매매 경험이 있다고 답한 남성들은 전업형 성매매 집결지(57%)를 가장 선호했다. 1년 동안 19살 이상 남성의 절반에 가까운 수, 다시 그 절반이 넘는 수가 전국의 집결지에서 성매매를 한다는 것이다. 일반의 인식과는 달리, 집결지는 아직 건재하다. 그리고 최근 성매매는 국경을 넘기도 한다. 아직 계량화된 수치는 없지만, 심층 인터뷰를 통해 드러난 해외 성 구매는 국내 기업 회식·접대 문화의 양상을 고스란히 옮겨 놨거나, 현지에서 진화돼 반복·확장되는 양상을 보이고 있다는 게 보고서의 진단이다.

다른 나라의 남성은 어떨까? 「성 매수 실태 보고서」는 2006년 미국에서 이뤄진 일반사회여론조사General Social Survey에 비추어 한국 남성과 미국 남성의 성 구매 실태를 비교하고 있다. 미국의 조사 결과를 보면 조사 시점보다 1년 앞선 시기, 성 매수 경험이 있는 남성의 비율은 4퍼센트였다. 우리와 비교할 때 10분의 1 규모다. 또 평생 한 번이라도 성 매수를 한 남성의 비율은 15퍼센트~18퍼센트로 나타났다. 집단 표본에 대한 추적 조사 방법을 쓴 다른 연구에서는 60퍼센트 이상이 일생 동안 성 매수 경험을 했다고 밝히기는 했지만 우리의 조사 결과와 방법적 차원에서 수평적으로 비교할 수 있는 것은 2006년의 자료다.

합법적으로 성매매가 가능한 오스트레일리아(16%)나 네덜란드(16%)도 수치가 우리의 절반을 밑돈다. 영국과 뉴질랜드는 7퍼센트에 불과했다. 전 세계적으로 우리와 비교가 가능한 곳은 짐바브웨(53%) 정도다.

성 앞에만 서면 이성을 잃어 가는 대한민국 남성에게 적절한 처방전은 없을까? 보고서는 청소년기 교육이 양성평등 인식을 길러 줄 수 있다고 조언한다. 징벌적 차원을 넘어 근본적인 인식 전환이 필요하다는, 멀고도 어려운 얘기다. 단기적으로는 성매매 재범 방지 차원에서 실질적인 처분과 처벌이 이뤄져야 한다는 강경론도 여전히 설득력을 갖는다.

성매매는 그 본질적 논의를 떠나 최소한의 사회적 합의에 의해 '범죄'

로 규정하고 있는 게 현실이다. 지난 1년 동안 절반에 가까운 대한민국 성인 남성들이 그 범죄를 버젓이 저질렀는데도, 우리는 실효적 대책을 세우지 못한다. 대책을 세우는 주체 가운데 절반이 바로 남성이기 때문이다. 거대한 인구가 성매매를 일상화하는 상황에서, 이를 범죄로 규정하는 것은 순진하거나 잘못된 판단이라는 논리가 암묵적으로 힘을 얻는다.

오늘도 셀 수 없이 많은 '확신범들'이 1조 2,907억 원이라는 돈을 들고 비열한 밤거리를 누빈다. 그곳에는 국경도 없다.

# 누가, 언제, 왜 성 구매 남성이 되나?
### 존스쿨 수강생에게 듣는다

어떤 남성들이 여성의 몸을 살까. 그리고 그들은 언제, 왜, 어떻게 성매매 업소를 찾게 될까?

쉽게 답이 나오지 않을 질문이지만 「성 매수 실태 조사 보고서」는 우리에게 실마리를 던져 준다. 이 보고서는 존스쿨(98쪽 부록 참조)을 이수한 남성 5,278명에 대한 설문 결과를 담고 있다. 법무부가 2006년 ~2009년 존스쿨 이수생들을 대상으로 실시한 설문조사 내용을 추려 다시 분석한 것이다. 말하자면, 성매매 현장에서 덜미를 잡힌 경험이 있는 남성들이 '실토'하는 성 매수 이야기다.

〔자료9〕 성 매수하다 적발된 남성의 특징(5,278명)

### 1. 30대가 절반

|  | 16세 이상 남성 인구 | 성 매수 적발 남성 |
|---|---|---|
| 10대(16~19세) | 8.7% | 0.1% |
| 20대(20~29세) | 17.2% | 24% |
| 30대(30~39세) | 20.1% | 50% |
| 40대(40~49세) | 20.6% | 20.9% |

| | | |
|---|---|---|
| 50대(50~59세) | 16.2% | 3.6% |
| 60세 이상 | 17.1% | 0.4% |
| 무응답 | | 1% |

## 2. 주로 대졸

| | 30대 교육 수준 | 성 매수 적발 남성 |
|---|---|---|
| 초등학교 졸업 이하 | 0.3% | 0.9% |
| 중학교 졸업 | 2.4% | 2.5% |
| 고등학교 졸업 | 37.1% | 27.4% |
| 대학교 졸업 | 52.1% | 61.2% |
| 대학원 이상 | 7.9% | 7% |
| 무응답 | 0.2% | 0.4% |

## 3. 주로 미혼

| | 20세 이상 결혼 관계 | 성 매수 적발 남성 |
|---|---|---|
| 미혼 | 29% | 50.7% |
| 배우자 있음 | 64.5% | 43.7% |
| 이혼 및 사별 | 6.4% | 4.6% |

## 4. 사무직·전문직이 절반

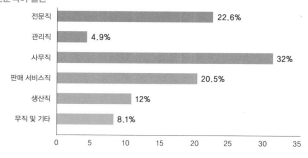

## 5. 월 평균 소득 수준

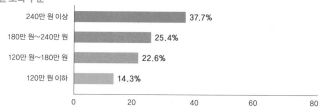

## 6. 한평생 성 구매 횟수

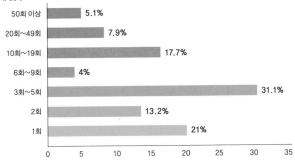

| 구분 | 비율 |
|------|------|
| 50회 이상 | 5.1% |
| 20회~49회 | 7.9% |
| 10회~19회 | 17.7% |
| 6회~9회 | 4% |
| 3회~5회 | 31.1% |
| 2회 | 13.2% |
| 1회 | 21% |

## 7. 성 구매 계기(3가지 복수 응답)

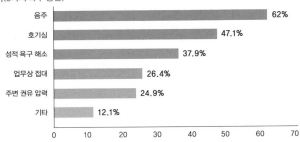

| 구분 | 비율 |
|------|------|
| 음주 | 62% |
| 호기심 | 47.1% |
| 성적 욕구 해소 | 37.9% |
| 업무상 접대 | 26.4% |
| 주변 권유 압력 | 24.9% |
| 기타 | 12.1% |

## 8. 가장 선호하는 업소 유형

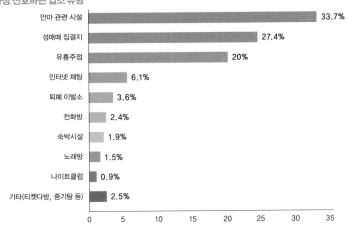

| 구분 | 비율 |
|------|------|
| 안마 관련 시설 | 33.7% |
| 성매매 집결지 | 27.4% |
| 유흥주점 | 20% |
| 인터넷 채팅 | 6.1% |
| 퇴폐 이발소 | 3.6% |
| 전화방 | 2.4% |
| 숙박시설 | 1.9% |
| 노래방 | 1.5% |
| 나이트클럽 | 0.9% |
| 기타(티켓다방, 증기탕 등) | 2.5% |

## 9. 한 번이라도 경험해 본 업소 유형(복수 응답 가능)

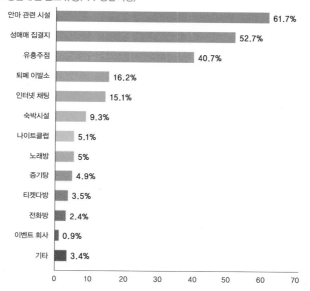

| 업소 유형 | 비율 |
|---|---|
| 안마 관련 시설 | 61.7% |
| 성매매 집결지 | 52.7% |
| 유흥주점 | 40.7% |
| 퇴폐 이발소 | 16.2% |
| 인터넷 채팅 | 15.1% |
| 숙박시설 | 9.3% |
| 나이트클럽 | 5.1% |
| 노래방 | 5% |
| 증기탕 | 4.9% |
| 티켓다방 | 3.5% |
| 전화방 | 2.4% |
| 이벤트 회사 | 0.9% |
| 기타 | 3.4% |

## 10. 성 구매 비용

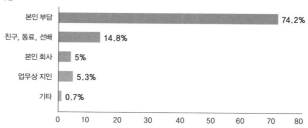

| | |
|---|---|
| 본인 부담 | 74.2% |
| 친구, 동료, 선배 | 14.8% |
| 본인 회사 | 5% |
| 업무상 지인 | 5.3% |
| 기타 | 0.7% |

## 11. "성매매처벌법" 인식 여부

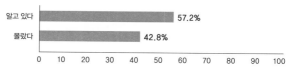

| | |
|---|---|
| 알고 있다 | 57.2% |
| 몰랐다 | 42.8% |

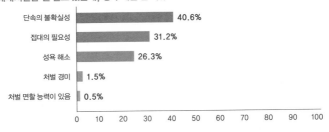

12. "성매매처벌법"을 알고 있는데, 성 구매를 한 이유

| | |
|---|---|
| 단속의 불확실성 | 40.6% |
| 접대의 필요성 | 31.2% |
| 성욕 해소 | 26.3% |
| 처벌 경미 | 1.5% |
| 처벌 면할 능력이 있음 | 0.5% |

0  10  20  30  40  50  60  70  80  90  100

## 20대~30대 고학력 화이트칼라

일단 성 구매 남성은 30대 대졸 학력의 사무직 남성으로 표준화할 수 있다. 나이가 파악된 5,226명의 연령대를 보면, 30대(2,639명, 50%)가 전체의 절반을 차지했다. 성매매 업소에서 덜미를 잡힌 남성 2명 가운데 1명은 30대였다. 지난 2006년에서 2009년 사이 우리나라 16세 이상 남성 전체 인구 가운데 30대의 비율이 20.1퍼센트인 점을 고려하면, 모든 연령대 가운데서도 30대가 가장 빈번하게 성을 구매하는 세대라는 점을 확인할 수 있다. 그 다음에 20대(24%), 40대(20.9%), 50대(3.6%)가 뒤를 잇고, 60대 이상(0.4%), 10대(0.1%)도 간간이 눈에 띄었다.(표1 참조)

학력별로는 대졸 남성의 비율이 61.2퍼센트(3,231명)로 압도적으로 높았다. 그 다음으로 고졸(27.4%), 대학원 이상(7%), 중졸(2.5%) 등의 순으로 이어졌다. 대졸 이상 학력을 가진 남성이 전체 성 구매 남성 10명 가운데 7명이었다. 통계청 자료를 보면, 우리나라 30대 남성 가운데 대졸 이상 학력을 가진 비율은 정확히 60퍼센트였다.(표2 참조) 인구 비율을 놓고 비교해도, 학력이 높을수록 성 구매를 할 확률이 상대적으로 높다는 의미다.

결혼 여부를 보면, 미혼 남성의 비율이 50.7퍼센트(2,674명)로 가장 높았지만, 배우자가 있는 남성의 비율(43.7%)도 만만찮게 높았다. 그 밖에 이혼이나 사별 등으로 혼자 사는 남성은 4.6퍼센트 정도였다. 통계청 집계를 보면, 전국의 20세 이상 남성 가운데 배우자가 있는 비율이 64.5퍼센트로 가장 높고, 미혼이 29퍼센트, 이혼 등의 이유로 혼자 사는 비율이 6.4퍼센트였다.(표3 참조) 전체 남성 분포만을 고려하면, 미혼 남성이 성매매 업소를 찾는 빈도가 상대적으로 더 높은 것을 확인할 수 있다.

직업별로 보면, 사무직(32%)과 전문직(22.6%)이 전체 직업군 가운데 절반 이상을 차지했다.(표4 참조) 소득 기준으로 나누어 보면, 월평균 소득이 241만 원을 넘는 비율이 37.7퍼센트였고, 120만 원 이하인 비율이 14.3퍼센트였다.(표5 참조) 보고서는 "고학력에 비교적 젊은 20대~30대의 미혼·독신자들로, 소득도 상대적으로 높은 전문직·사무직 등 화이트칼라 집단들이 성 구매 사범으로 존스쿨 대상자가 될 가능성이 높은 것으로 판단된다"고 풀이했다.


## 성 구매 천태만상

이들의 성 구매 행태는 어떨까? 해당 설문 문항에 응답한 5,060명이 평생 동안 성을 구매한 횟수는 1인당 13.8회였다. 3회~5회 성 구매를 했다는 응답자가 31.1퍼센트로 가장 많았고, 그 밖에 단 1회(21%), 10회~19회(17.7%) 등의 순이다. 50회 이상이라고 답한 응답자도 5.1퍼센트였다.(표6 참조) 물론 응답자들은 성매매 행위에 대해 징벌적 교육을 받으러

온 처지이기 때문에 성 구매 횟수를 실제보다 낮춰 기록했을 가능성도 있다.

성매매를 하게 되는 주된 계기로는 음주(3,224명, 62%)의 비율이 가장 높았다.(응답자들은 3가지 문항에 중복 응답할 수 있었다.) 다음으로는 호기심(2,451명, 47.1%), 성적 욕구 해소(1,970명, 37.9%), 업무상 접대(1,374명, 26.4%), 주변의 권유·압력(24.9%) 등이 있었다.(표7 참조)

존스쿨에서 교육을 받은 남성들이 가장 자주 찾은 성매매 업소 유형으로는 안마 관련 업소(1,696명, 33.7%), 성매매 집결지(1,381명, 27.4%), 유흥주점(1,008명, 20%), 인터넷 채팅(308명, 6.1%), 퇴폐 이발소(179명, 3.6%) 등이 꼽힌다.(표8 참조) 인터넷 채팅을 꼽은 남성의 수가 네 번째로 많은 점이 눈길을 끌었다.

이들에게 성매매를 위해 한 번이라도 들른 적이 있는 업소 유형을 모두 체크해 보라고 요구했다. 그랬더니, 10명 가운데 6명꼴(3,221명, 61.7%)로 안마 관련 시설을 이용한 경험이 있는 것으로 나타났다. 안마 시설이 성매매로 이어지는 가장 흔한 경로인 셈이다. 그 다음이 성매매 집결지(2,750명, 52.7%), 유흥주점(2,122명, 40.7%), 퇴폐 이발소(846명, 16.2%), 인터넷 채팅(789명, 15.1%) 등이었다. (표9 참조) 앞서 제시된, 가장 흔히 찾는 성매매 업소와 비교해도 순위에서 큰 차이점은 없었다. 다만, 존스쿨 통계는 경찰의 단속이 어려운 단란주점보다 상대적으로 단속이 쉬운 안마 관련 업소를 주 대상으로 한다는 점을 고려해야 할 필요는 있다.

성 구매의 비용은 본인이 부담한다고 답한 비율이 74.2퍼센트(3,837명)로 가장 높았다. 그 다음이 친구·동료·회사 선배(763명,

14.8%), 본인 회사(260명, 5%), 업무상 지인(274명, 5.3%) 등이었다.(표10 참조) 또 응답자 가운데 "성매매처벌법"이 제정되고 시행되고 있다는 사실을 알고 있었다는 비율이 57.2퍼센트(2,988명)였다.(표11 참조) "성매매처벌법"을 알고 있음에도 성 구매를 하는 이유에 대해서는 40.6퍼센트 (895명)가 '단속의 불확실성'을 들었다. 나머지 이유로는 '접대의 필요성' (688명, 31.2%), '성욕 해소'(581명, 26.3%), '처벌 경미'(33명, 1.5%) 등이 있었다.(표12 참조)

거주 지역은 경기도가 31.3퍼센트(1,653명)로 가장 많고, 그 다음이 서울(1,305명, 24.7%)이었다. 그렇지만, 지역별 분포는 해당 지역 경찰의 단속 빈도 및 경향에 따라 달라질 수 있으므로 큰 의미는 없다고 본다.

# 존스쿨은 생색내기인가?

다른 여성의 몸을 사다가 걸리는 남성들이 가는 곳이 '존스쿨'이다.

존스쿨 제도는 1995년 미국 샌프란시스코에 처음 도입됐다. 성 구매를 하다가 적발된 남성들이 흔히 '존 John'이라는 가명을 쓴다는 데서 유래했다. 대부분의 사람들에게는 익숙하지 않은 이름이다. 지난 2005년부터 성 구매 남성들은 초범에 한해 '성 구매자 재범 방지 교육', 이른바 존스쿨을 수강하는 데 동의하는 조건으로 기소유예 처분을 받았다. 지난 2005년 7월 서울보호관찰소의 성 구매자 교육을 시작으로 교육 장소는 점차 늘어나 2012년 1월 현재 전국 39개 장소에서 실시되고 있다.

성을 구매하다 걸린 남성은 가까운 보호관찰소나 보호관찰지소를 찾아 하루 8시간씩 교육을 받게 된다. 교육 프로그램은 성범죄의 문제점을 알리는 강연이나 전직 성매매 종사 여성의 강연 등으로 짜여 있다. 강연 장소에 따라 프로그램 내용에도 차이가 난다.

우리나라에서는 지난 2005년 한 해 동안 2,214명이 교육을 이수했고, 2009년에는 무려 3만 4,762명이 교육을 받았다. 지난 2011년 상반기에는 2,522명으로 교육 이수자 수가 감소했다. 경찰의 성매매 단속 상황에 따라 교육생 수는 해마다 들쭉날쭉한 실정이다.

존스쿨은 성 구매 초범들을 전과자로 만들기보다 인식 개선을 통해 왜곡된 성 문화를 바로잡겠다는 취지로 시작됐지만, 최근에는 존스쿨이 오히려 성 구매 남성의 '방패막이' 구실을 한다는 비판도 적잖게 나오고 있다. 지난 2011년 9월 정갑윤 한나라당 의원이 법무부로부터 넘겨받은 자료를 보면, 2009년부터 2011년 8월까지 미성년자를 상대로 성매매를 한 남성 409명이 존스쿨을 통해 기소유예 처분을 받았다. 또 2005년 8월부터 2011년 7월까지 2회 이상 교육을 이수한 사람은 933명, 3회 이상 교육 이수자도 11명인 것으로 나타났다. 재범 방지 교육이라는 취지를 무색하게 하는 결과다.

존스쿨 교육 내용에도 개선점은 많아 보인다. 무엇보다, 많은 남성에게 교육 효과가 전혀 없었던 것으로 드러났다. 〈서울대 사회발전연구소〉에서 지난 2006년에서 2009년 사이 존스쿨 교육 수료자 가운데 5,278명의 설문을 분석한 내용은 주목할 만하다.

보통 존스쿨에 참석한 남성들은 교육을 전후에 비슷한 문항의 설문에 답을 한다. 교육의 효과를 점검하기 위해서다. 이 가운데는 '성 구매자로서 처분을 받게 된 것에 대해 잘못을 인정하는지'를 묻는 항목이 있다. 서울대의 분석에서 전체 응답자의 반응을 보면, 교육을 받기 전에는 2.76이던 지표가 2.83으로 이동해서 '책임을 인정한다'는 쪽으로 변화한 것을 확인할 수 있다. 그러나 설문 분석의 대상

이 된 20개 기관 가운데 9개 기관(서울 서부, 서울 북부, 수원, 안산, 청주, 대전, 부산, 울산, 전주)에서는 이러한 변화가 통계적으로 드러나지 않았다. 교육의 효과가 의심된다는 말이다. 심지어 서울 북부와 울산에서는 지표가 '책임을 인정하지 않는다'는 쪽으로 이동했다. 수치만 보면, 교육이 역효과를 낳았다는 말이다.

또 자신이 받은 '조건부 기소유예 처분'이 적절하다고 보는지 묻는 항목에 대해서도, 응답자 전체 평균은 2.22로, 2점 (적절함)과 3점(과중함) 사이에 위치했다가, 교육 이후에는 2.11로 이동했다. 자신의 잘못을 인정하는 미세한 변화 양상이 보인 것이다. 그러나 서울 북부, 수원, 대전, 울산 등 4개 기관에서는 교육이 남성들의 마음을 움직이지 않는 것으로 나타났다. 심지어 '앞으로 성매매의 의사가 있는가'라는 항목에 대해서도 서울 북부, 청주, 울산, 광주, 전주 등 일부 기관에서는 유의미한 변화를 이끌어 내지 못한 것으로 나타났다. 이처럼 기관별로 교육이 그저 세금만 축내는 경우도 있었다.

왜 그럴까? 교육의 질이 기관에 따라 들쭉날쭉하기 때문이다. 현행 존스쿨 프로그램은 엄밀히 따져 법적 근

거는 없다. 즉, "성매매처벌법"에 근거 규정이 있는 게 아니라 법무부 지침에 의해 시행되고 있다. 따라서 법적·형식적 정당성을 확보하기 쉽지 않다. 재원 및 인프라 구축도 달린다. 게다가 현장에서 프로그램을 구성하고 내용을 채우는 것을 각 기관장에게 일임하고 있다. 교육의 질을 보장하기 위한 표준화된 교육 내용이나 강사 선정 지침도 마련되어 있지 않다. 교육 내용에 대한 체계적인 모니터링 작업도 없다. 그러다보니 기관에 따라 성과도 들쭉날쭉할 수밖에 없다. 「성 구매 실태 조사 보고서」에 실린 존스쿨 교육 관련 실무자들의 말이다.

"강사료가 적어서 실력 있는 분들 모시고 싶어도 예산이 한정되어 있으니까"(실무자 1)
"강사 섭외는 보호관찰소마다 담당하시니까. 저랑 같이 (존스쿨) 강사 하시는 분이 있는데, 그 분은 존스쿨만 하시는 게 아니라, 학교에도 나가기 때문에 시간이 겹칠 수도 있고……, 만약 단속된 인원수가 많으면 막 겹쳐서 어느 보호관찰소에서는 섭외가 힘든 경우도 있다고 들었습니다."(강사 1)

"전혀 보상이 없다는 거죠. 혼자 열심히 하고 있는데 알아 주는 사람도 없고, 보상도 없고, 물어볼 사람도 없고. 저 혼자 다 하고 있어요."(강사 2)
"강의에 대한 피드백은 구체적으로 주셨으면 하는 바람이고, 사전-사후 설문지의 결과를 전혀 모르고 있죠. 저도 시간이 허락하면 제 시간에 대한 평가도 수강자에게 듣고 싶은데, 주어진 한 시간으로는 늘 부족해요."(강사 3)

존스쿨 교육 프로그램의 참가가 징벌적인 성격보다는 계도적인 성격이 강해서 나타나는 한계도 있었다. 현장 담당자들의 얘기를 들어보면, 성인 남성들은 존스쿨 교육을 마지 못해 참가하는 민방위 교육 정도로 인식하는 듯하다.

"이왕 위탁해서 교육할 거면 보호관찰소의 입지가 더 강해져야 하지 않을까요? 본인이 '연기를 하겠다' 그러면 전화로 두 차례까지 소명 자료 없이 (가능합니다). 물론 절차 간소화는 맞는 방법이지만, 이건 아니다 싶습니다."(실무자 2)

"수강생에게 교육비를 내게 해야 형평성이 맞죠. 왜냐면 이분들은 벌금 개념이 없고, 오히려 자기들이 피해자라고 생각하고, 강사들에게 돈 얼마 받냐, 이러기도 하고. 외국에서는 (본인이) 돈 내고 다 하는데, 왜 우리나라는 죄인한테 돈까지 주면서 (하는지 모르겠습니다). 오히려 피해자에게 돈을 써야 하는데."(강사 4)

"이 사람들 벌금도 내야 돼요. 우리가 담배꽁초 버려도 5만 원 내는데. 교육 명령 받고 집행해서 왔는데, 담배꽁초에 비하면 큰 거라고 생각하거든요. 돈을 못 내면 사회봉사라도 해야죠. 실제 이 사람들이 능력이 없는 사람들이 아니거든요."(강사 5)

답은 무엇일까? 보고서가 제시하는 제언 가운데 몇 가지를 간단히 짚어보자. 첫째, 존스쿨 교육에 대한 법적인 근거를 마련할 필요가 있다. 법적인 근거를 "성매매처벌법"에 명확히 두면, 부족한 재원이나 들쭉날쭉한 교육 프로그램을 손볼 수 있는 근거가 잡힌다. 둘째, 교육 대상 선별 기준을 엄격히 할 필요가 있다. 현재 존스쿨은 초범뿐 아니라 재범, 3범에게까지 면죄부를 주는 역할을 하고 있다. 셋째, 존스쿨 운영 방식의 체계화다. 강사 선정 기준이나 교육 내용, 교육 대상 적정 인원에 대한 기준을 마련할 필요가 있다. 그러면 기관별로 들쭉날쭉한 교육의 질도 개선될 수 있다. 넷째, 교육을 받는 사람이 일정한 부담을 지도록 해야 한다. 교육 효과를 높이고, 이를 통해 모인 돈은 성매매 피해자를 위해 쓸 수 있다.

정부도 귀가 근질거리긴 했나 보다. 법무부는 지난 2012년 3월부터 '존스쿨' 이수 시간을 1일 8시간에서 2일 16시간으로 늘려 운영하고 있다. 교육 태도 불량자에 대한 대처 기준도 강화했다. 수강생이 강의 시간에 졸거나 강의실을 무단이탈 하는 등, 태도가 불량하면 현장에서 경고하고 2회 경고를 받으면 교육에서 탈락하도록 했다. 뒤집어 말하면, 지금까지 이런 기초적인 징계조차 없었다는 뜻도 된다. 그나마 강화한 교육 내용의 효과를 다시 지켜볼 일이다.

# 그들만의 성性

## 20대~40대 남성 열 명에게 물었다

아마 대부분 좋은 아들이고, 좋은 남편이고, 좋은 아버지일 것이다. 동시에 그들은 어느 성매매 업소의 회전문을 미는 '소비자'이기도 하다. 한국의 성매매 산업은 거대한 이중성의 그늘에서 기생하고 있다. 이런 음습한 모순은 어디에서 오는 걸까. 우리는 성매매 경험이 있는 20대에서 40대 사이 남성 열 명과 대화를 나눴다. 남자들 사이에서도 성매매의 기억은 터부다. 따라서 인터뷰는 개별적으로 이뤄졌다. 성매매라는 '범죄'를 모의한 자들 사이에는 흔히 '침묵의 카르텔'이 형성된다. 은밀한 기억은 오직 절친한 동성 집단 사이에서만 공유된다.

불편할지 모르겠다. 거칠게 뱉은 이들의 말 안에는 온갖 콤플렉스와 공격성이 똬리를 틀고 있다. 이들의 말을 풀어 남성의 성매매를 에둘러 변호하거나 정당화하려는 것이 아니다. 오히려 그 반대다. 이들의 말을 통해, 남성이 성매매에 대해 가진 거대한 편견을 그려 보이려 한다. 골목길까지 침투한 한국 성매매의 배경에는 남자들이 드러내 놓고 말하지 않는 집단적 '공범 의식'이 스며 있을 터였다. 때론 그들의 거친 말 속에 결코 무시할 수 없는 현실의 모순과 냉엄한 이치가 스며 있는 것도 사실이었다. 그래서 몇 마디 말들은 목에 걸린 가시처럼 마음 속을 불편하게 만들었다. 이런 대목에서는 해석의 몫을 많은 부분, 독자들에게 맡기는 수밖에 없다. 이들과의 길었던 인터뷰를 짧게 요약한다.

## 질문 순서

① 성매매의 시작은?

② 성매매의 빈도 및 유형은?

③ 성매매에 대한 인식은?

④ "성매매특별법"에 대한 인식은?

⑤ 성매매 여성에 대한 인식은?

### 남성1 (20대 중반 대학생, 미혼)

① 군대 가기 전에 한번 새로운 경험을 하려고 갔다. 대구 '자갈 마당'(성매매 집결지)에 가서 성을 샀다. 요즘에는 6만 원인데, 그때는 5만 원이었다. 성 행위를 할 때는 좋았지만, 끝내고 나오면 허무했다. 군대에서 휴가 나와서도 몇 차례 갔다.

② 군대 가기 전에는 그런 식으로 몇 번씩 (성매매 업소에) 갔다. 군대에서도 휴가 나와서 갔다. 요즘에는 거의 안 간다. 선배들이 돈 대주고

가자고 하면 가끔 간다. 내 돈 주고 하면 아깝다.

③ 여자 친구랑 하면 죄책감을 느낄 때도 있는데, 업소 여성이랑 관계할 때는 별로 미안한 감정이 없다. 여자 친구한테 억지로 요구해서 (성행위를) 하는 건 아니다. 여자 친구도 원한다. 그런데 미래가 불확실하니까. 내가 여자 친구랑 어떻게 될지도 모르는데 이래도 되나, 그런 생각이 든다.

④ 호기심이 불법(을 저지르는 것)에 대한 두려움을 이기는 것 같다.

⑤ 좀 그런, 싼 여자라고 생각한다. 그래서 별로 죄책감을 안 느낀다.

**남성 2 (20대 중반 대학생, 미혼)**

① 군대 가기 전까지는 별로 관심 없었다. 여자 친구가 있기도 했고. 군 생활하다가 여친이랑 깨지고, 선임이랑 같이 한번 가 봤다. 선임이 돈 대줬다. 죄책감을 느낄 여유가 없었다. 여자 친구랑 헤어지고 난 다음이었다. 정신이 없을 때였다. 그때는 아무 생각도 안 났다.

② 제대하고는 안 간다. 일단은 돈이 아깝다. 여자 친구도 있고. 뭐 별로 충동이 생기지 않는다.

③ 성매매를 처음 할 때, 애초에 내가 정상적인 상태는 아니었다. 여자 친구랑 헤어지기도 했었고, 군인이기도 했고, 불법이고 뭐고 따질 그런 생각은 없었다.

④ 솔직히 친구들 이야기 들으면, 그런 데(성매매 업소) 가면서 자기가 걸릴 거라고 생각하는 사람은 없는 것 같다.

⑤ 그냥 왜 이런 데서 일하고 있을까 싶었다.

여자 친구랑 하면 죄책감을 느낄 때도 있는데,
업소 여성이랑 관계할 때는 별로 미안한 감정이 없다.

### 남성3 (20대 후반 취업 준비생, 미혼)

① 군대를 제대하고 유학 가기 전에 아는 형들과 서울 강남의 룸살롱에 갔다. 여자 친구를 만나는 느낌과는 달랐다. 전혀 감정적인 게 아니다. 그런 면에서 편한 부분도 있다. 내 돈을 낸 적은 한 번밖에 없다. 내 돈 내고 하면 아깝다.

② 외국에서 공부할 때, 방학하면 국내에 와서 사람들과 만날 때 가끔 갔다. 친한 친구들이랑은 안 간다. 오히려 좀 덜 친해도 나이 들어서 친해진 사람들과 간다. 같은 남자라도 어려서부터 안 친구들에게 그런 데서 노는 모습을 보이기 창피하다. 이렇게 말하는 게 웃기기는 한데, 나한테 돈을 줄 테니까 집창촌을 가라 그러면 집창촌에는 안 갈 거다. 거기에는 왠지 얽매인 애들이 있다는 느낌이 드는데, 룸은 그런 이미지가 덜하다. 아무래도 '돈도 벌면서 즐기기 위한 애들'이 있는 곳이라고 생각한다.

③ 성매매가 좋은 건 아니다. 어차피 성매매 업소를 맨 정신으로 가지는 않는다. 술 마신 뒤 다른 사람들에게 휩쓸려서 간다. 다른 사람들도 그럴 거다. "할 거 없냐?" 이런 식으로 하다가 누군가 한 명이 "갈

까?" 하는 식으로 선동하면 가게 된다. 그렇게 휩쓸리는 거다. 평소에는 그런 데 가면 잘못되지 않을까, 그런 생각을 한다. 하지만 술을 마시면 다르다. 이성적인 것, 대의적인 것 보다는 이기적으로, 감정적으로 생각하게 된다. 음주 운전하는 것과 비슷한 것 아닐까?

④ "성매매특별법"에 대해 알고는 있다. 궁금한 게 있다. '룸살롱'이라는 말 자체가 인터넷뿐만 아니라 기사에도 공공연히 나온다. 그런데 단속이 이뤄지지 않는다. 연예인이 룸살롱에서 폭행을 했다는 기사가 나오지만 그곳을 간 것이 문제는 안 된다. 불법인지 아닌지 모르겠다. 성매매 자체는 불법인 건 알지만, 모호하다. 잘 모르겠다.

⑤ 여성들도 여러 부류가 있는 듯하다. 업소가 쉽게 돈을 벌 수 있는 곳이라는 생각을 하는 여성이 많은 것 같다. 예를 들어 룸살롱은 (여성을) 붙잡아 두는 곳도 아니고, 일하기 싫으면 안 해도 되지 않나? (룸살롱의 여성들은) 돈 쓰는 습관을 안 고치잖나. 명품 백 같은 걸 들고 다니는데, 그러다 보니 씀씀이가 커지는 것 같다. 말하다 보면 그런 분위기가 묻어난다. 자기가 돈을 많이 번다는 자부심은 있는 것 같다. 그러니 나도 업소에 가서 가볍게 여성이 원하는 거(돈) 주고, 즐기는 거다. 여성한테는 감정이 전혀 없다. 그냥 클럽에서 만난 여자 같은 느낌이다.

/

술을 마시면 다르다. 이성적인 것, 대의적인 것 보다는
이기적으로, 감정적으로 생각하게 된다.
음주 운전하는 것과 비슷한 것 아닐까?

/

### 남성4 (30대 중반 대기업 직장인, 기혼·자녀 있음)

① 우리 또래는 비슷하지 않은가? 친구를 군대에 보내며 처음 (성매매 업소에) 갔다. 학교에서 가까운 곳(청량리 성매매 집결지)이었다. 6만 원을 낸 것 같다. 처음엔 좀 위축됐다. 면박 주면 어떻게 하나, 하는 생각도 했다. 그런데 나한테 아주 친절해서 놀랐다. 그 뒤로도 친구들 군대 갈 때, 휴가 나와서 가곤 했다. 1년에 두어 번씩 갔다.

② 지금은 1년에 한두 번 업소에 간다. 연말에 회식이 몰리니까, 많이 간다. 내 돈은 잘 안 쓰고, 판공비나 접대비로 간다. 요즘은 '인센티브'가 나오면 간다.

③ 사실 이런 얘기 하는 게 싫다. 사상 검증받는 거 같아서 기분이 나쁘다. 이 문제를 남성들에게 뒤집어씌우는 것도 그렇다. 술집에 가 보았나? 아니 집결지에 가 보았나? '애들'이 왜 거기 있는지, 직접 물어보면 얼마나 꼬박꼬박 말대답하는데. 덕분에 죄의식이 별로 안 들 때도 있다. 달리 보면, 성매매도 그들의 경제 행위다. 공짜가 어디 있나. 일종의 기회비용이고 선택의 문제 아닌가. (성매매 여성도) 성 노동자라는 관점에서 보면 나는 정당하게 노동의 대가를 지불하는 거고 그들은 서비스를 주는 거다. 물론 각자의 사정이 있겠지만 그것도 일률적으로 평가하지 않았으면 좋겠다. 내 경우는 안마받고 싶어서 업소에 가고, 그 대가를 지급한다. 돈이 없는 우리나 안마나 '집창촌'으로 가지, '있는 놈'들은 다 '텐프로나 쩜오(고급 룸살롱을 이르는 말)'로 간다. 호텔에서 안전하게 (성매매를 하면서) 말이다. 우리는 뭐냐. 괜한 죄의

간통이냐, 성매매냐. 둘 중에 걸리면 어느 게 더 사회적으로 매장되는가? 간통 걸리면 큰 문제가 된다. 성매매하다가 걸리면 한 번 실수할 수 있는 거라고 생각한다.

식이나 강요당하고. 회사 주변에서는 영업에 그것을 '엮는' 경우도 있다. 계약 따오기 위해서 업소 데려가서 영업을 하는 거다. 나는 그렇게 안 한다. '아랫도리' 얘기하면서 '대사'는 엮지 않는다.

가정생활을 하다 보니 다 해소가 안 되는 부분들이 있다. 차라리 바람을 피우는 것이 감정의 교류도 있고, 더 낫다고 생각할 수도 있다. 그렇지만, 생각해 보라. 간통이냐, 성매매냐. 둘 중에 걸리면 어느 게 더 사회적으로 매장되는가? 간통 걸리면 큰 문제가 된다. 성매매하다가 걸리면 한 번 실수할 수 있는 거라고 생각한다. 그 사이에서 결정을 하게 된다.

④ 법으로 일도양단하지 말라고 얘기하고 싶다. 우리가 범죄자처럼 된다. "성매매특별법"은 낙태 관련법이나 국가보안법처럼 사문화된 거 아닌가. 자본주의에서 성매매는 자연 발생적인 거고, 여자들도 돈을 버는 거다. 내가 돈을 훔친다면 양심상 엄청나게 꺼려질 거다. 근데 성매매는 돈을 내는 거 아니냐. 상대가 돈을 벌려고 나왔고, 그래서 돈을 지급했다. 그래서 불법이 아닌 느낌을 갖는 것이다.

⑤ 솔직히 (마음이) 복잡하다. 고마운 마음도 있고, 미안한 마음도 있다. 그래도 뭔가 (업소에 가면) 쌓인 게 풀리는 것 같다. 내가 대우를 받고 있다는 느낌도 든다.

남성5 (30대 중반 전문직, 기혼·자녀 없음)

① 대학교 1학년 때 동아리에서 회식한 뒤 선배들이랑 자취방에 들어가는 길에 처음 했다. 과외비를 썼다. (선배들이) 하도 같이 가 보자고 졸라서 갔다. 물론 나도 호기심이 있었다. 그때는 괜찮은 척했는데, 잔뜩 주눅이 들어 있었다. 무시당할까 봐 그랬다. 돈도 없고, 학생이었으니까. 군대 가기 전후로는 더 자주 갔다. 뭔가 해소할 게 필요했다. 일탈이 필요했던 거 같다. 나를 못 살게 굴고 싶은 기분도 있었고. 폭행을 당하는 상황 같기도 하고, 내가 폭행하는 상황 같기도 했다. 그때도 여자 친구가 있었는데 같이 자자는 말을 못 했다. 그 대신 성매매 업소를 찾았던 것 같다.

② 직장에 들어간 뒤 룸살롱에 간다. 연말에 좀 많이 간다. 실적이 나올 때마다 분기별로 가기도 한다. 1년이면 10번은 더 간다. 영업하는 과정에서 접대를 받을 때도 있고 할 때도 있다. 접대할 때는 성매매를 안 한다. 결혼을 했으니까.

③ 저쪽도 돈을 받고 하는 일이니까. 별 느낌 없다. 그냥 가는 거지 뭐. (성매매에도) 나름 타당성이 있다고 생각한다. 사채를 벗어날 수 있는 방법으로는 마지막 수단 아니겠나. 그렇다면 정당하지는 않지만, 나름 합리적인 선택이라고 본다. 그 이면에는 우리처럼 기꺼이 돈을 내는 사람이 그만 한 도움을 주는 거고.

④ 법이 원칙이지만, 현실은 다르다. 누가 신경 쓰나. 호텔로 경찰이 쫓아온다고? 사귀는 사이라고 하는데 누가 처벌할 수 있을까? 고급

술집이면 굳이 남자들이 나서지 않아도 다 알아서 처리해 준다. 경찰 단속 뜨면 방마다 다 연락이 온다. 법을 의식하기는 한다. 망신을 당하는 거니까. 성매매가 불법인 줄 알지만, 사실 (성매매) 현장에서는 그런 생각을 별로 안 한다. 다들 (성매매 업소를 일컬어) '좋은 데'라고 부르지 않나.

⑤ 감정은 복잡하다. 옛날에는 좀 미안해했다. 그게 진심은 아니었던 것 같기도 하다. 성매매를 하러 2차를 나오면 (성매매 여성과) 이런저런 얘기도 한다. (성매매를) 좋아서 하는 여성은 없다. 겉으로는 기가 센 척하지만, 다들 사정이 있다. 듣다 보면 안타깝기도 하다. 잠깐이지만 감정의 교류를 느끼려고 한다. 그들도 그런 거 같기도 하다. 불쌍한 거다. 한마디로 말하면. 하지만, 상대도 필요에 의해 하는 거니까. 어떤 의도에서든. 경제적으로 도움을 주는 건 맞다고 생각한다. 내가 누릴 수 있는 거를 누리는 거고.

## 남성6 (30대 후반 대기업 직장인, 기혼·자녀 있음)

① 군인 시절 휴가를 나와서 처음 갔다. 그 다음에는 거의 가지 않다가, 취직한 이후 많이 가게 됐다. 회사 초년병일 때는 여자들에게 감정 이입을 했다. 외롭던 시절이었다. 성매매 여성을 따로 만나기도 했다. 낮에 만날 때는 느낌이 다르다. 하지만 그것처럼 세상에 쓸데없는 짓이 없다.

② 업무 때문에 외부 거래처로부터 자주 접대를 받는다. 지방에서 근

무하던 시절에 자주 갔다. 요즘에는 많이 줄었다. 1년에 서너 번 정도 간다. 옛날에는 우리 업계에 월급이 많지 않았다. 그래서 회사에서는, 혹은 상사들이 부하 직원들의 '충성'을 사려고 업소에 데리고 갔다. 과거에는 업계에서 좋은 회사의 기준이 "1년에 상사가 업소에 몇 번 데려가느냐"에 달렸다는 식으로 농담을 주고받기도 했다. 요즘에는 뜸하다. 회계가 투명해지면서 '공돈'이 줄었다. 그래서 상사들도 이제는 자기 돈으로 데리고 가야 한다. 그러니 업소에 갈 일이 줄었다. 나도 이제는 후배들과 업소에 잘 안 간다. 같이 포커를 치거나 스크린 골프를 한다. 그래도 후배들 분위기 봐서, 가끔 가줘야 하나 싶다. (여직원들이 늘어난 것도 영향을 미치지 않나?) 전혀. 어차피 과거에도 여직원들은 있었다. 남자들끼리 따로 알아서 간다. 여직원이 늘어난 건 사실이지만 영향은 크지 않다.

③ 인간 대 인간으로 할 수 없는 짓이다. 그렇다고 그 상황을 쉽게 벗어날 수 있는 것이 아니다. 회사 일의 일부다. 상사부터 다 같이 가는데 나만 안 간다고 할 수도 없다. 물론 동료 가운데는 '2차'에 가서도 얘기만 주고받거나, 담배만 피우고 오는 사람도 있다. 그렇지만 개인적으로는 그렇게 안 되더라. 그래도 개인적으로 혼자 업소를 찾은 적은 없다. 우리 세상에서 금기시하는 것은, 그 다음날 (전날의 성매매를) 얘기하는 것이다. 주변 여성들에게 알려질까 봐도 그렇지만, 무엇보다 어디 가서 대접받는 게 결국 이권이 얽히고, 사람들 사이의 결탁이 이뤄지는 자리다. 성매매 업소에 같이 갔다고 말하는 것은 그걸 떠들고 다닌다는 뜻이다. 그런 사람과는 다음에 술 마시지 않는다.

④ 눈에 보이는 성과는 있다. "성매매특별법"보다는 '낯 뜨거운 광경'

인간 대 인간으로 할 수 없는 짓이다. 그렇다고 그 상황을
쉽게 벗어날 수 있는 것이 아니다. 회사 일의 일부다.
상사부터 다 같이 가는데 나만 안 간다고 할 수도 없다.

방지법이 아닐까. 그러니까, 집창촌이나 어린이들 보기에 문제가 있는
업소나 거리는 사라진 것 같다. 대신 눈에 안 보이는 곳으로 사라진 것
이 아닌가. 예를 들어 인터넷이나 오피스텔 등에서 하는 성매매로 음
성화하지 않았나.

⑤ 옛날에는 성매매 여성에게 감정 이입을 했는데, 요즘엔 나이가 들
어서인지, 그들을 봐도 그냥 '여자구나' 싶다. 그냥 '용건만 간단히' 하
게 된다. '꼰대'가 되고 있구나, 싶다.

### 남성 7 (30대 후반 일반 기업 영업직, 기혼·자녀 있음)

① 군대에서 휴가 나와 처음 갔다. 그 이후로는 거의 가지 않는다. 채
팅이나 다른 방법으로 여성들을 만나는 것을 선호한다. 상대와 교감
이 필요하기 때문이다. 그래서 업소는 별로 좋아하지 않는다.

② 업소를 찾지 않고, '아르바이트 사이트'를 자주 사용한다. 거기서는
자발적인 의지로 나오는 여성들을 만나게 된다. 물론 빚이 있다든지
사정이 있는지 모르겠지만. 그렇게 만나면 상대방과 같이 술 마시고,
충분히 대화할 수 있다. 물론 대가도 지불한다. 따라서 문제가 없다.

성을 사는 부류는 두 가지가 있다고 생각한다. 첫째는 그저 자신의 욕구를 해소하고 싶은 부류다. 그래서 여성의 몸을 대상으로만 본다. 그런 사람은 안마시술소를 좋아한다. 교감 같은 게 필요 없기 때문이다. 두 번째는 상대 여성과 정서적인 교류를 원한다. 그래서 대화를 하면서 느끼는 교감을 즐긴다. 그런 식으로 결핍을 해소하고 싶어한다. 나는 두 번째 부류다. 또 영업을 하기 때문에 업소에 가는 경우도 있다. 접대할 상대가 여성이 나오는 업소를 좋아하면 맞춰야 한다.

③ 거래로 하는 일 아닌가. 그만큼의 대가를 지불하기 때문에 문제가 없다고 생각한다.

④ 상대방이 내 행위로 피해 보는 건 아니잖나. 유명무실한 법이다.

⑤ 옛날처럼 여성들이 인신매매를 당한다면 죄책감이 있을 것이다. 그렇지만 요즘에는 많은 여성들이 자발적으로 성매매에 나서지 않나. 게다가 술집에서 2차를 나가면 여성이 손님을 선택하기도 한다.

### 남성 8 (40대 중반 공공 기관 직장인, 기혼·자녀 있음)

① 군대 갔다가 휴가를 나와서 처음 갔다. 서울 미아리였다. 군대 가기 전이나 군대 휴가 때 친구들과 갔다. 정상적 코스라고 생각했다. 처음에 막상 가니, 황당했다. 멀쩡한 애들이 왜 여기 왔나, 생각했다. (성관계를) 하지 않고 그냥 나왔다. 윤리적으로 문제가 있다기보다는, 정서적 거부감이 들었다. 그냥 충격적이었다. 그래서 흔히들 술김에 업소에 가는 것이라고 생각한다. 군대 갔다 와서는 총각 때는 그래도 한

두 달에 한 번씩은 갔다. 친구하고 술 먹고 나면 할 게 없었다. 당구 치거나 아니면 성매매 업소에 갔다. 그때 ("성매매특별법" 같은) 법이 있었나? 단속도 없었던 것 같다. 다만 미성년자 출입금지 구역이 있어서 청소년은 들어가지 못했을 뿐이다. 그러니까, 지금처럼 단속이 될지도 모른다는 거리낌이 없었다.

② 결혼한 뒤에는 특별한 경우가 아니면 가지 않는다. 친구들과 만나서 술을 많이 마시면 어쩌다 간다. 1년에 한 번 정도? '집창촌'은 불안해서 가지 않는다. 단속에 걸리면 어떡하나. 과거에는 단속에 걸리면 업주만 처벌했지만, 요즘에는 손님도 처벌하지 않나. 그래서 단란주점만 간다. 단란주점은 상대적으로 안전하다고 생각한다.

③ 도덕적으로 보면, 사람의 장기를 파는 것과 비슷하다. 물론 차이점이 있겠지만, 비슷하다. 성행위를 하는 것은 근본적으로 사랑이 전제다. 그렇지 않은 상태에서 성을 사고파는 것은 문제가 있다. 그에 대해서는 죄책감이 있다. 그런데 그걸 고민하고 괴로워하면 가지 않겠지. 그런 생각을 항상 하지는 않으니까, 그러니 술 마신 뒤 누가 주도를 하면 기분 내서 가게 된다. 맨 정신에 가는 사람은 거의 없지 않나. 예를 들어 친구들끼리 모여서 초저녁부터 "야, 오늘은 성매매하러 가자" 하는 경우는 없다. 술 마시다가 발동이 걸리면 가는 것 아닌가? 한편으로 생각하면, 안마니 성매매도 결국 용역을 제공하고 대가를 받는 것 아닌가 그런 생각도 든다. 게다가 성매매가 없어지면, 성추행이나 성범죄도 많이 늘어날 것 아닌가?

④ 근본 취지에는 동의한다. 그렇지만 현실과 괴리가 있다. 성매매란 인류의 역사와 함께해 온 것인데, 이걸 제도로 억누를 수 있을지 모르

> 도덕적으로 보면, 사람의 장기를 파는 것과 비슷하다. (…)
> 그런데 그걸 고민하고 괴로워하면 가지 않겠지.

겠다. 차라리 어느 정도 양성화해 법으로 관리해야 하지 않을까 생각한다. 그래서 과거의 방식이 낫다고 본다. 원칙적으로 금지하되, 음지의 공간을 허용해서 관리하는 방식이다. 과거에 보면, 집창촌 여성들을 정기적으로 보건소에서 관리했다. 그게 더 세련됐다. 그렇게 하는 것이 국민 건강을 위해서 성매매 업소들을 통제하는 방식으로 낫다고 본다. 지금 방식으로는 성매매가 음성화해서 누가 어떻게 얼마나 하는지 모르게 된다. 업소들의 자금 추적도 안 된다. 차라리 제도의 테두리 안에 두면서 관리하는 것이 낫다.

⑤ 술 마시고 가서 잘 모른다. 제정신일 때 간 적이 없으니까.

### 남성9 (40대 중반 일반 기업 직장인, 기혼·자녀 있음)

① 군대 가기 전에 술을 많이 마신 뒤 선배들 손에 끌려갔다. 정신을 차리고 보니, 서울 청량리 집창촌의 낡고 추레한 방이었다. 다음날 아침 10시쯤이었다. 느낌이 안 좋았다. 바보된 것 같았다. 한편으로는 '나도 이런 데를 와 봤구나' 하는 생각이 들었다.

② 1년에 한 번 갈까 말까 정도다. 가장 최근이 지난해 2월이다. 선배랑 둘이 술 마시다가, 선배가 돈을 낼 테니 한번 가자고 했다. 웬만해

서는 잘 안 간다. 특히 친하지 않은 사람들과는 안 간다. 성매매가 불법이라서. 나의 숨기고 싶은 부분이다. 잘 모르는 사람과 그 비밀을 공유하기 싫다.

③ (잠시 생각한 뒤) 예전부터 나쁜 것이라는 교육을 받지 않았나. 성매매를 하고 나면 굉장히 찜찜하다. 내가 왜 이러고 살아야 하나, 하는 기분. 기분이 나쁘다.

④ 법이 무용하다고 본다. 법 때문에 성매매가 줄어들 것 같지는 않다. 그래도 성매매를 막고 예방하기 위한 사회적 장치는 필요하다고 생각한다.

⑤ 안쓰럽다. 무슨 할 일이 없어서 그러나 싶다. 나이를 먹고 나서 업소에 가면, 여성들에게 연유를 물어본다. 개개인의 사정은 다르다. 결론은, 하고 싶어서 하는 성매매 여성은 못 봤다. 그 친구들을 보면 연민이나 동정이라기보다는, '내가 나쁜 짓을 했다'는 느낌이 든다.

 **남성10 (40대 후반 학계, 이혼·자녀 없음)**

① 30대 초에 대기업에 들어가 해외 근무를 했다. 당시 사람들이 이른바 '백마(백인 여성을 이르는 말)'를 탄다고 업소에 많이들 갔는데 나는 잘 안 갔다. 도덕적으로 문제가 있다고 생각했다. 그때까지만 해도 도덕적으로 보수적이었다. 위생에도 문제가 있다고 생각했다. 그래도 조직에서 집단주의에 휩쓸리다 보니 안 가면 바보가 되는 분위기였다. 국내에 돌아와서도 미아리(성매매 집결지)에는 안 갔다. 거기에 가면

> 우리는 자본주의 사회에서 살고 있다. 누구든 돈에서
> 자유로울 수 없다. 우리는 무언가를 팔아야 살아남는다.
> 누군가는 정신을 팔고, 누군가는 자존심을 팔고,
> 누군가는 몸을 판다.

더럽고, 병 걸릴 것 같다고 생각했다. 간혹 가게 되면 룸살롱에 갔다. ② 1년에 한두 번 갔다. 사실 딱히 성매매할 필요가 없었다. 항상 여성들이 주변에 있었다. 돈 주고 하는 경우보다 '꼬셔서' 하는 경우가 많았다. 그렇다고 바람둥이는 아니다. 주변 여성과 잠자리를 하게 될 일이 많았을 뿐이다. 이혼하고 나서는 가끔 업소에 가게 됐다. 내 발로 간 것은 아니다. 선배들이 술 사주면서 얘기하다가, 외롭지 않냐면서 업소에 데리고 갔다.

③ 옛날에는 성 문제를 도덕적으로 그다지 많이 몰고 가지 않았다. 사회적으로 민주화하면서 직장에서 성희롱, 성추행의 문제가 이슈가 됐다. 분명히 그것들은 사회문제. 그런데 성매매는 폭력이 동반되지 않고, 거래로서 합법적인 거래가 될 수 있다. 개인적으로는 합법적인 거래를 보장하는 공창제가 필요하다고 본다. 게다가 우리는 자본주의 사회에서 살고 있다. 누구든 돈에서 자유로울 수 없다. 우리는 무언가를 팔아야 살아남는다. 누군가는 정신을 팔고, 누군가는 자존심을 팔고, 누군가는 몸을 판다.

④ 성매매 여성을 일방적인 피해자로 몰아가는 것은 문제가 있다고 본다. 남자가 여성의 성을 사는 것은 문제가 되고, 여성이 남성의 성을 사는 것은 문제가 안 되나? 남성 가해자, 여성 피해자 도식에서 벗어

나야 한다. 호스트바를 봐라.

⑤ 성매매 여성에 대해서는 최대한 존중해 줘야 한다. 나도 성매매 여성에게 그렇게 대한다. 성매매 여성이라고 깔보거나 폭력을 휘두르는 것은 분명히 문제다. 돈을 줬다고 해서 성매매 여성에 대해서 남성 구매자가 일방적인 권력을 쥐었다고 생각하면 안 된다. 그들을 직업인으로 인정하고 존중해야 한다.

## 넘치는 욕구가 문제라고?

술과 군대, 회식, 접대…….

성매매에 관한 남성의 심층 면접 속에서 개인은 보이지 않았다. 한국 남성은 집단으로 술을 마시고, 집단으로 성매매 업소에 몰려갔다. 우리나라 남성의 성매매를 이해하는 핵심 열쇳말을 꼽자면 앞의 네 단어로 수렴되는 듯했다.

우리는 성매매 경험이 있는 남성 열 명을 심층 인터뷰하기로 했다. 필자들과 직·간접적으로 인연이 닿는 남성들 가운데 성 구매 경험이 있고, 인터뷰에 응할 의사를 표시한 이들이다. 그들에게 처음 성매매 업소를 찾은 계기를 묻자 열 명 중 7명이 '군대 입대' 혹은 '군대 휴가'를 들었다. 모두 또래집단 혹은 선배들과 함께 성매매 업소를 찾았다. 대부분 술자리가 매개였다. 학생인 20대를 제외한 7명 가운데 4명은 '회식 혹은 접대를 통해 성매매 업소를 찾는다'고 했다.

성매매에 대한 이중적인 태도, 혹은 복합적인 감정도 동시에 엿보였다. 10명 가운데 6명은 '성매매 행위에 죄책감을 느끼거나, 성매매 여성에게 미안함을 느낀 적이 있다'고 했다. 일부는 '사람의 장기를 파는 일과 비슷하다'라거나 '인간 대 인간으로서 할 수 없는 짓'이라고 말했다. 한편에서는 성매매 역시 대가를 주고받는 여러 가지 거래 가운데 하나일 뿐이라는 의견도 적지 않았다. 10명 가운데 5명이 대체로 이런 의견을 제시했다.

「성 구매 실태 조사 보고서」를 작성한 배은경 서울대 교수(사회학)는 "연구를 시작하기 전에 생각했던 여러 가지 가설 가운데 하나는, 상대적으로 사회·경제적 위치가 낮거나 매력이 없는 남성이 주로 성매매를 할 것이라는 것이었다. 그렇지만 실제 연구 결과를 보면, 학력과 수입이 높은 남성의 성매매 빈도가 높았다. 또 배우자가 있는 남성이 독신 남성보다 성 구매 빈도가 낮지 않았다. 이를 보면, 남성의 성매매는 개인적인 성적 욕구보다 오히려 군대나 회식, 접대로 이어지는 남성 집단의 문화와 더 깊이 연관된 것으로 보인다"고 말했다. 개인이라면 하지 않을 행동이, 집단적으로 이뤄졌다는 의미다. 이 과정에서 죄책감은 희석될 여지가 컸다.

배 교수는 "성매매 여성은 성을 팔기 위해 자발적으로, 기쁜 표정으로 남성을 맞는 경향이 있다. 마치 연예인들이 무대 위에서 자신의 감정을 숨기는 것과 비슷하다. 이런 성매매 여성을 접하며 남성은 점차 성매매에 대한 두려움이나 죄책감을 잊게 되고, 나아가 성매매를 일상적인 거래와 비슷한 것으로 착각하는 경향이 나타나는 듯하다"고 덧붙였다.

「성 구매 실태 조사 보고서」는 성을 구매하는 남성의 심리를 분석하면서 다음과 같이 덧붙였다. "한국 사회의 뿌리 깊은 가부장성, 남성 중심성에 더해 언제부터인가 사람들의 의식 속에 상식으로 각인된 돈 중심의 사고는 남성들로 하여금 자기 성찰적인 태도로 자기와 타인, 그 관계를 바라보고 이해함으로써 성매매 문제에 대해 진지한 고민과 문제 의식을 갖도록 하는 것을 어렵게 만들고 있다."

**3장**

보이지만 보지 않고 들리지만 듣지 않는

# 이년아 빚은 갚고 죽어야지
## 은경이의 이야기

어떤 여성은 왜 몸을 팔게 되는가? 날마다 몸을 내줘야 하는 여성들의 몸과 마음에는 무슨 일이 생길까?

성매매를 논할 때는 성매매 여성에 대한 이해가 필수적이다. 그렇지 않고서 성매매는 무조건 근절해야 한다느니 공창제만이 답이라느니 말하는 것은 알맹이 없는 요란한 말잔치에 그칠 우려가 있다. 한편, 성매매 여성들의 삶은 가장 많은 편견과 왜곡에 휩싸여 있는 것도 사실이다. 이글은 그 편견과 왜곡에서 벗어나기 위한 시도다. 여기, 전직 성매매 여성의 이야기를 통해 성매매 유입 경로와 실태를 훑는다. 물론 한 사람의 이야기를 일반화할 수는 없는 노릇이다. 부족한 부분은 〈서울대 여성연구소〉와 〈한국여성인권진흥원〉의 연구 자료로 메웠다.

1991년 늦가을이었다. 강원도의 작은 도시에 살던 15살 여중생 은경이는 집을 나왔다. 친구와 함께였다. 아버지는 딸에게 관심이 없었다. 아버지의 폭력을 견디다 못한 엄마는 그해 봄, 은경이보다 먼저 집을 떠났다. 오랜 시간이 지났어도 은경이는 그날 아침을 기억한다. 엄마는 은경이의 손을 잡고 "나 없어도 오빠와 동생에게 잘해 줘"라고 부탁했다. 어린 딸은 엄마를 잡지 않았다. 아빠한테 맨날 맞기만 하는 엄마는 차라리 떠나는 편이 나을 거라고 생각했다. 학교에 가서도 계속 엄마 생각만 했다. 서둘러 돌아온 집에, 엄마는 없었다. 외로웠다. 속마음 터놓는 친구가 유일하게 기댈 곳이었다. 친구의 엄마는 성매매 여성이었다. 친구는 대부분의 시간을 집에서 혼자 보냈다. 기댈 곳 없는 두 여중생은 도시를 떠나기로 결심했다. 돌아올 차비도 없이 서울로 향했다.

## 어린 중학생이 갇힌 '빨간 불빛'

서울의 공기는 찼다. 두 여중생은 서울역 앞에서 이틀을 노숙했다. 배가 고팠다. 3일째, 키가 작은 '가죽 점퍼'가 다가왔다. 밥을 사줬다. 낯선 호의였다. 일자리도 구해 준다고 했다. 법원 근처 어디에 있는 식당이라고 했다. 함께 택시를 타고 1시간 넘게 이동했다. 대도시를 벗어난 외진 곳에 이르니 '빨간 불빛이 나오는 집들'이 있었다. 고향에서도 그런 곳을 본 적이 있었다. 나중에야 그곳이 경기도 파주 법원리 성매매 집결지라는 것을 알았다. 낯선 곳에서 어린 중학생들은 잔뜩 위축됐다. 아이들은 작은 방으로 인도됐다. 잠시 기다리니 나이 든 여인이 따뜻한 밥상을 차려 왔다. 가죽 점퍼는 보이지 않았다. 늙은 여인에게 애원했다. 식당인 줄 알고 왔으니 집에 보내 달라고 했다. "이년들아, 진즉에 얘기했어야지. 몸

값으로 얼마를 냈는데." 그렇게 성매매가 시작됐다.

몸값은 한 명에 250만 원씩이었다. 여기에 은경이가 묵는 방에 새로 들여 놓은 침대와 가구, 텔레비전 가격도 빚이 됐다. 단숨에 빚은 750만 원으로 불어났다. 할머니는 자신을 '엄마'라고 부르라 했다. 할아버지는 자연스럽게 '아빠'가 됐다. 아빠와 엄마에게는 함께 사는 '진짜' 아들과 딸이 있었다. 딸은 보육 교사였고, 아들은 서울에 직장이 있다고 했다. 이들은 마루와 복도를 공유했다. 딸과 아들은 가게 뒷문으로 출퇴근을 했다. 은경이의 '일터'와 한 가정의 보금자리는 기괴하게 뒤섞였다.

첫 구매자를 지금도 기억한다. 왁자지껄한 일군의 남자들이 우르르 업소로 몰려왔다. 술로 만신창이가 된 한 명만 업소에 남았다. 남자들은 "우리 친구 군대 가니까 잘 해달라"며 떠났다. 남자는 방에 들어오자마자 곯아떨어졌다. 은경이는 방구석에 숨죽이며 옹크리고 앉았다. 밤이 무척 길었다.

나이가 어린 것은 전혀 문제가 되지 않았다. 엄마는 누가 물어보면 스무 살이라 말하라고 가르쳤지만, 누구도 그렇게 믿지 않았다. 남자들은 "더 어린 거 같은데?" "어려도 괜찮아" 따위의 말만 했다. 누구도 은경이의 실제 나이를 문제 삼지 않았다. 업소에 있는 동안 은경이는 단 한 번도 밖으로 나가지 못했다. 영업시간이 지나면 업소의 모든 문은 잠겼다. 모든 물품은 전화하면 배달이 됐다. 화장품이나 생리대, 음식 등, 직접 나가서 살 일이 없었다. 아니, 사러 나가는 것이 금지됐다. 주변에는 하나의 상권이 맞춤형으로 짜여 있었다.

벌이는 좋았다. 한 달 수입이 800만 원을 넘기도 했다. 하루에 열 명 넘게 '손님'을 맞기도 했다. 수입은 5 대 5로 나눴다. 그러나 정작 은경이에게 떨어지는 돈은 없었다. 방세와 세탁비, 식대, 가재도구 등, 비용을 대고 나면 실제 남는 돈은 70만 원 정도였다. 그 돈은 빚을 갚는 데 쓰였다. 결국 은경이의 월급은 고스란히 엄마의 주머니로 들어갔다. 1년이 지나서 빚을 간신히 갚았다. 엄마에게 집에 다녀오겠다고 거짓말을 했다. 이번에는 엄마도 은경이를 잡을 명분이 딱히 없었다.

## 성매매는 어느 순간 선택이 아니었다

고향에 돌아와도 할 일은 없었다. 아버지는 여전히 무심했다. 친구 어머니의 권유로 다방에서 배달 일을 시작했다. 월급이 40만 원이었다. 1년쯤 지나자 '티켓'을 팔라는 권유가 들어왔다. 16살 때부터였다. 미성년자에게도 성매매 유혹은 지뢰처럼 깔려 있었다. 이후 '일터'는 다방, 단란주점, 룸살롱 등으로 바뀌었다. 직업소개소의 '소개쟁이'가 업소들을 알선했다. 이들의 권유에 따라, 업종과 지역을 달리해 떠돌았다. 23살이 되던 해에 몸이 이상을 보였다. 일로 먹는 술과 커피는 위를 갉아 먹었다. 술을 안 마시고도 영업할 수 있는 곳을 찾았다. 그래서 흘러들어간 곳이 인천 숭의동 '옐로하우스', 이른바 '유리방'(업소의 전면이 유리로 돼 있어 행인들이 성매매 여성을 '고를' 수 있는 업소)이 밀집한 성매매 집결지였다.

한번 들어간 업소는 떠나기 어려웠다. 빚이 가장 컸다. 도망가게 되면 '해결사'가 붙었다. 성매매 여성들은 일을 시작하며 업소에 신분증을 맡겼다. 신분증에 적힌 주소는 해결사들에게 '해결'의 실마리가 됐다. 해결사가 알음알음 추적을 했다 하면 도망간 여성들은 어김없이 다시 끌려 들어왔다. 해결사에게 붙잡혀 온 여성에게는 자리를 비운 기간의 월급만큼이 채무로 돌아왔다. "섬에 팔아 버리겠다"는 협박도 무서웠다. 업주의 구타도 두려웠다.

그래도 은경이는 업주에게 맞아본 적은 없었다. 더 무서운 쪽은 성 구매 남성들이었다. 강원도 횡성의 다방에서 일할 때였다. 티켓을 끊은 남성이 밤에 은경이를 다짜고짜 산으로 끌고 갔다. 영문은 알 수 없었다. 공포는 본능적으로 다가왔다. 남성에게 저항하자, 매질이 시작됐다. 간신히 그를 피해 도망쳤다. 야밤에 피투성이가 된 채로 길을 걷는 은경이에게 아무도 차를 세워 주지 않았다. 그렇게 4시간을 걸었다.

성매매 업소에 와서 마약을 하는 남성들도 있었다. 눈앞에서 남성의 표정이 형언할 수 없이 변하는 모습을 바라보는 것은 두려운 일이었다. 동료 중에는 업소를 찾아온 지역의 형사에게 '기분 나쁘게 쳐다본다'는 이유만으로 팔이 부러질 정도로 구타를 당한 이도 있었다. 이루 말할 수 없는 변태적 행위를 강요하는 남성들도 있었다. 자신도 함께 미쳐 가는 것 같았다. 업주도 딱히 성매매 여성의 편이 아니었다. 성 구매 남성과의 분쟁은 종종 여성 탓으로 간단히 돌아왔다.

성매매를 그만둘 수는 없었을까? 말처럼 쉽지 않았다. 배운 것도 적고, 할 수 있는 것도 없었기 때문이다. 평범한 아내이자 엄마가 되고 싶었지만 꿈은 아무래도 멀어 보였다. '이렇게 죽을 때까지 살아야 하는구나' 하고 생각했다. 빚의 굴레도 무서웠다. 일은 고됐지만 돈은 모이지 않았다. 23살 때 2,800만 원이던 빚은 인천 성매매 집결지에서 일한 5년 동안에도 족쇄처럼 떠나지 않았다. 액수만 650만 원으로 줄었을 뿐이다. '지옥'에서 벗어날 수 있는 방법이 있긴 했다. 어느 날, 강원도 여관방에서 혼자 술을 마시며 울다가 벽에 걸린 못에 줄을 걸었다. 줄이 목에 닿는 순간, '이 대로 모든 것이 끝나는구나' 하는 생각이 들었다. 덜컥 겁이 났다. 그렇게 죽음의 문턱에 잠시 올라섰다가, 다시 지옥으로 돌아왔다. 수면제를 한 움큼 먹은 적도 있었다. 그래도 다음날은 또 시작됐다. 나중에 얘기를 전해들은 업주는 "빚은 갚고 죽어야지" 하고 타박했다.

2004년 업주가 건강 때문에 업소를 닫았다. 머물 곳이 없어지자, 은경이는 아는 사람의 집에 잠시 몸을 의탁했다. 그게 계기가 됐다. 성매매 여성을 위한 상담소가 떠올랐다. 상담소 문 앞까지 갔다. 그리고 세 번을 그냥 돌아섰다. '누구세요?' 하고 물으면 도대체 뭐라고 답할지 용기가 나지 않았다. 네 번째로 상담소를 찾은 날, 간신히 문을 열었다. 상담사는 은 누구냐고 묻지 않았다. 말보다 눈물이 먼저 쏟아졌다. 처음 보는 이들 앞에서 은경이는 오래 울었다. 지난 11월 30일 기자와 마주 앉은 박은경(35·가명) 씨는 "그동안 쌓인 게 많았나 보죠"라고 담담히 말했다. 이제 은경 씨는 자신의 이름도 갖게 됐다. 성매매 업소에서 일하는 14년 동안, 그는 한 번도 본명으로 불린 적이 없었다. 소라, 지선 따위가 은경 씨의 가명이었다.

### 성매매 여성 자활 도우며 새 삶 찾아

은경 씨에겐 이제 가정이 있다. 딸도 둘 있다. 남편은 은경 씨의 과거를 알지만 문제 삼지 않는다. 물론 결혼 뒤에도 위기는 있었다. 은경 씨는 새 살림에 뭐라도 보태야 할 것 같았다. 노래방 도우미 자리를 알아보려 했다. 남편이 말렸다. "죽기보다 싫었다면서 왜 또 하려고 하냐. 그냥 쉬어" 라고 했다. 성매매 집결지를 나오고 처음 잡은 직장은 식당이었다. 보름도 안 돼 잘렸다. 사회생활에 도무지 서툴렀다. 계산도 매번 틀렸다. 사람들이 알아볼까 봐 두려웠다. 아무것도 하지 못하는 스스로에 대해 자괴감이 들었다. 은경 씨는 "대인기피증과 우울증에 시달렸다"고 했다. 오래 머물던 성매매의 늪에서 마음까지 헤어 나오는 데는 시간이 필요했다.

성매매 여성 자활 지원 단체의 도움이 컸다. 2005년 7월 12일, 은경 씨는 지금도 이날을 기억하고 있다. 자활 단체를 통해 처음 일거리를 잡은 날이었다. 은경 씨는 "다시 태어난 날"이라고 했다. 은경 씨는 지금 인천 지역 성매매 여성 지원 단체인 〈인권희망센터 강강술래〉에서 일하고 있다. 성매매 여성들을 상담해 주고, 자활을 돕고 있다. 그동안 검정고시로 고등학교를 졸업했고, 지금은 사이버대학교에서 사회복지학을 전공하고 있다. 은경 씨는 "본의 아니게 성매매를 하게 됐거나 성매매에서 벗어나려는 여성들에게 롤모델이 되고 싶다"고 말한다.

은경 씨는 오랜 굴곡에서 마침내 벗어난 운 좋은 경우다. 〈서울대 여성 연구소〉의 「성매매 실태 조사 보고서」를 보면, 성매매 집결지와 성매매 알선 업소에 종사하는 여성은 전국에 14만 명이 넘을 것으로 추산된다. 그만큼 많은 수의 '박은경'이 여전히 성매매 여성으로 남아 있다.

# 비슷하거나 같거나

"성매매특별법", 그 이후

2004년 "성매매특별법"이 성매매 현장에 어떤 영향을 미쳤을까? 「성매매 실태 조사 보고서」는 성매매 여성을 심층 인터뷰한 내용도 담고 있는데, 여기서 현장의 변화를 엿볼 수 있다. 성매매 여성과 성매매 상담 기관 관계자들의 말을 들어 보면, 변화는 크게 두 가지다. 첫째, 성매매 업소 가운데 전통적 집결지는 타격을 받고 뚜렷이 줄어들었다. 둘째, 폭력이나 감금과 같은, 성매매 여성에 대한 인권 침해 사례가 감소했다. 두 가지 다 긍정적인 변화로 보이지만 구체적인 맥락을 보면 다른 해석의 여지도 남는다.

첫째, 성매매 집결지의 업소 및 여성 종사자 수는 감소한 경향이 나타난다.

"성매매특별법 직전에는 80개 업소, 900명의 여성이 집결지에 있었다. 법 제정 직후 단속이 강화되자 불을 끄고 영업을 하지 않는 등, 50개 업소로 확 줄었다."(상담 기관 관계자 1)

"성매매특별법이 제정되고 시행되던 당시 약 100여 개 업소, 200명의 여성이 있었다. 2005년 경에는 업소와 여성 수가 32개소~33개소, 90명으로 감소했다."(상담 기관 관계자 2)

"아가씨들도 많이 나갔고, 손님도 중~말 많이 줄어들고."(집결지 여성 1)

물론 이런 경향도 정부의 강력한 단속 결과라는 의견도 많다. 단속이 느슨해지면서 업소들이 다시 슬그머니 문을 여는 시나리오도 예상 가능하다. 실제로 위에 성매매 업소가 감소했다고 말한 상담 기관 관계자들도 증언 당시에는 성매매 업소가 소폭 늘어났다고 말했다. 단속이 완화된 결과였다. 애당초 큰 변화가 없었다는 의견도 있다. 더욱이 성매매 집결지를 제외한 다른 알선업에는 거의 영향을 미치지 못했다는 지적도 있다.

"2004년 법이 터지기 전에 2002년, 2003년 이때부터 단속이 엄청 심했어요……. 거기에 (군산) 화재 사건이 터졌잖아요……. 그때 단속이 되게 심해진 거예요. 그래서 불이나 간판 불을 하나도 켤 수가 없었어요. 그런데도 손님이 끊이지는 않았거든요. 아예 여관을 통째로 빌려서 거기서 장사를 하기 시작했어요."(집결지 여성 2)
"법 제정 이후 똑같았고, 오히려 더 했으면 더 했지 전혀 변화를 느낄 수 없었다."(티켓다방 종사 여성 3, 4)
"현재까지도 겉으로 보이는 것이 달라졌을 뿐 아가씨들이 느끼기에는 똑같다. 손님도 줄어들지 않고 업주도 달라지지 않았다."(집결지 여성 3)

성매매 집결지 업소가 줄어든 데는 다른 경제적 원인이 있다는 의견도 있다. 재개발이다. 실제로 2000년대에는 서울 지역을 중심으로 뉴타운 개발 붐이 일었다. 성매매 집결지도 자유로울 수 없었다. 대표적인 집결지인 청량리와 미아리에도 재개발 바람이 불었다. 성매매 상담소의 한 관계자는 "집결지가 규모가 줄어들었으나 단속이 심해졌기 때문이라고 보기 어려우며, 오히려 재개발 등, 경제적인 논리에 좌우되는 경향이 있다"고 설명했다. 지역에 따라 성매매 집결지의 변화 양상과 원인이 각각 다르게 나타나는 것으로 보인다.

둘째, 성매매 여성에 대한 인권 유린 사례도 감소하고 있다. 폭력이나 감금과 같은 인권 침해는 줄었고, 통제도 상대적으로 완화됐다.

"(수익) 분배 방식은 그대로지만 예전에 불가능했던 집결지 안에서의 업소 이동이 가능해졌고, 출퇴근이 허락되는 등, 생활이 조금 자유로워졌다."(집결지 여성 4)
"업주와의 돈거래(분배)가 나아졌고 몸이 아파 일을 쉬거나 출퇴근하는 것 등이 다소 자유로워졌다."
(집결지 여성 5)

통제와 감시는 완화되었지만 한편에서는 우회적인 압박의 수준은 높아졌다는 해석도 있다. 예를 들어 선불금을 중심으로 하는 '거래' 방식이 바뀌었다. 과거에는 업주가 성매매 여성에게 직접 선불금을 건네주고, 이를 구실 삼아 성매매 여성을 옥죄는 방식을 주로 택했다. 그러나 "성매매특별법" 시행 이후에는 성매매 여성이 사채업자나 대부업체 등으로부터 직접 대여금을 받도록 주선하는 업주들이 늘었다. "성매매특별법"에서 선불금을 불법화한 게 원인 가운데 하나였다. 성매매 여성들과 법적 분쟁에 휘말리게 될 경우, 업주 입장에서는 선불금을 되돌려 받지 못할 '리스크'가 커졌기 때문이다.

"업주의 수익 창출과 (성매매 여성에 대한) 통제 방식이 상당히 교묘해졌다. 업주가 직접 선불금을 주는 대신 사채와 대부업체 등, 제 2·3금융권 등을 활용해서 법적인 분쟁에 대비한다."(상담 기관 관계자 3)

"걔(성매매 여성)가 원래 빚이 있어서 그거 갚으려고 이렇게 (성매매를) 한 거지, 내(성매매 업주)가 여기서 일하라고 한 건 아냐(라고 둘러대려고 한다.)"(상담 기관 관계자 4)

업주가 아예 성매매 여성에게 영업권을 넘기거나 업소를 임대하는 경우도 있다. 성매매라는 불법 행위에 따르는 '리스크'를 모두 떠넘기고, 영업 소득을 임대료나 이자 등의 형태로 챙기는 경우다.

"성매매 여성이 업소를 임대해서 직접 업소를 운영하는 사례가 늘어났다. 업주는 영업권을 넘겨주고 임대료나 투자 수익을 챙긴다."
(상담 기관 관계자 4)

인터뷰에 응한 전직 성매매 여성은 실제로 주인으로부터 영업권을 넘겨받아 업소를 운영하다가 1억 원에 이르는 빚을 지기도 했다.

"2003년부터 단속이 심해지니까, 저희한테 조건을 제시하더라고요. 니들이 한번 장사를 맡아보지 않겠냐고. 조건이 뭐였냐면 그 가게세

5백만 원에, 현관 월급 백만 원에, 그 주방 이모 2백만 원 그렇게 1천만 원. 거기에 공과금, 수도세, 물세, 전기세, 그 다음에 식비 등을 합해 한 달에 2천만 원이 들더라고요. 우린 이제 만날 적자, 벌어 갖구 다 가게세 갖다 주고 막 이러니까. 그리고 그 집은 또, 업주 집, 자기 집이었거든. 그러니까. 주인은 앉아서 편안히 돈 벌고, 대신에 조건이 그거였어요. '만약 경찰이 와서 사고가 생기거나 (하면) 니네가 다 책임을 져라. 니네가 업주니까.'"
(집결지 여성 6)

지금까지 성매매 집결지를 중심으로 "성매매특별법"이 현장에 미친 영향을 살펴봤다. 그러나 성매매 집결지를 제외한 다른 성매매 알선 업체에 미친 영향은 가늠하기 쉽지 않다. 이를 두고 이른바 '풍선 효과'를 주장하는 의견도 있다. 단속에 따라 눈에 띄는 성매매 집결지가 줄어든 대신, 오히려 성매매가 인터넷 공간이나 주택가 골목으로 숨어들었다는 의견이다. 그러나 아직까지 풍선 효과를 확증하거나 반박할 근거는 보이지 않는다. 1장에서 잠깐 언급했듯 이를테면 인터넷 공간을 통한 성매매가 늘었더라도 그 원인이 풍선 효과 때문인지, 아니면 인터넷 사용 증가에 따른 것인지 해명하기 쉽지 않기 때문이다. 따라서 이 부분에 대해서는 아직 더 많은 분석과 검증 작업이 필요하다.

# 창살과 자물쇠가 사라진 자리에 남은 것

### 성매매 여성들의 삶을 기록하다

〈서울대 여성연구소〉는 지난 2010년 4개월에 걸쳐 여성 22명을 대상으로 심층 인터뷰를 진행했다. 이 내용은 여성가족부의 「성매매 실태 조사 보고서」의 한 장을 차지했다. 22명은 연령대와 지역, 업태별로 고루 분포돼 있다.(〔자료10〕 참조) 이들의 얘기를 들어 보면, 성매매를 하는 여성들의 삶의 굴곡뿐 아니라 우리나라 성매매의 현실까지 거칠게나마 그려 볼 수 있다.

**무엇이 이들을 성매매로 떠밀었나?**

먼저 성매매 유입 시기를 보면, 22명 가운데 20살 이전에 성매매로 유입된 여성이 무려 10명이었다. 이 가운데 2명은 14살에 성매매를 시작했다고 답했다. 20살에 성매매를 시작했다고 답한 여성도 5명이나 됐다.

[자료10] 22명의 (탈)성매매 여성이 말하는 성매매(성매매 유입 당시 연령을 기준으로 나열)

| 구분 | 연령(종사 기간) | 성매매 이전의 학력(현재 학력) | 성매매 유입 연도(당시 연령) | 가출경험 | 성매매 업태 | 탈성매매 여부** | 탈성매매 경로 및 특이 사항 |
|---|---|---|---|---|---|---|---|
| 1 | 23살(10년) | 고퇴 | 2001년(14살) | × | 나이트클럽, 다방, 룸살롱, 해외 원정 등 | × | 업주에 의해 일본으로 팔려 갔다 돌아옴 |
| 2 | 15살(2년) | 중퇴(중졸) | 2009년(14살) | ○ | 인터넷 조건 만남, 보도방 | △ | 법원 처분으로 청소년 보호 위탁 기관에 들어가면서 탈성매매 결심 |
| 3 | 26살(12년) | 중퇴(중졸) | 1999년(15살) | ○ | 보도방, 다방, 유리방, 해외 원정, 맥주·양줏집 | △ | 성매매 과정에서 빚이 불어 탈성매매 결심 |
| 4 | 29살(11년) | 중퇴(중졸) | 1996년(15살) | ○ | 유흥주점, 유리방, 다방 | ○ | 선불금이 지나치게 늘어나 업주를 신고하면서 탈성매매 |
| 5 | 34살(13년) | 중퇴(대재) | 1992년(16살) | ○ | 유리방, 다방, 단란주점 | ○ | 상담소 통해 탈성매매 |
| 6 | 29살(11년) | 중퇴(중졸) | 1997년(16살) | ○ | 다방, 카페, 룸살롱, 유리방 | ○ | 남자친구의 도움으로 탈성매매 |
| 7 | 19살(3년) | 고퇴 | 2008년(17살) | × | 인터넷 조건 만남 | △ | 동성 친구가 성매매 강요, 임신 뒤 탈성매매 |
| 8 | 24살(8년) | 고퇴 | 2003년(17살) | ○ | 다방 | △ | 탈성매매과 재유입 3차례 반복 |
| 9 | 20살(3년) | 고퇴 | 2008년(18살) | ○ | 안마시술소, 대딸방, 키스방 | △ | 남자친구가 성매매를 강요했으나 탈성매매 결심 |
| 10 | 59살(41년) | 초퇴 | 1970년(19살) | ○ | 유리방, 여인숙, 집결지 | × | 1970년대 구인 광고를 보고 사기당해 성매매 유입 |
| 11 | 34살(13년) | 고졸 | 1993년(20살) | ○ | 유리방, 방석집 | ○ | 경찰과 상담소 통해 탈성매매 |
| 12 | 40살(21년) | 고졸 | 1990년(20살) | × | 맥주·양줏집, 다방, 유리방 등 | × | 탈성매매했으나 카드 빚으로 재유입 |
| 13 | 24살(3년) | 대퇴 | 2006년(20살) | ○ | 마사지 업소, 성인 오락실, 룸바, 다방, 보도방 | △ | 여성 쉼터 안내문을 보고 탈성매매 결심 |
| 14 | 46살(27년) | 초졸 | 1984년(20살) | ○ | 유리방, 마사지 업소 | × | |
| 15 | 32살(13년) | 고퇴 | 1998년(20살) | ○ | 룸살롱, 룸나이트, 유리방 | × | 남자친구와의 만남을 계기로 탈성매매 계획 |
| 16 | 25살(2년) | 고졸 | 2009년(24살) | × | 다방 등 | △ | 선불금이 늘어나 탈성매매 결심 |
| 17 | 26살(3년) | 중졸 | 2008년(24살) | × | 마사지 업소, 유리방 | △ | 빚을 갚으려 성매매를 시작했으나, 빚이 오히려 늘어 탈성매매 시도 |
| 18 | 29살(5년) | 고졸 | 2006년(25살) | −* | 룸살롱, 유리방 | × | 가족 부양의 책임을 지고 있음 |
| 19 | 26살(2년) | 대퇴 | 2009년(25살) | × | 기지촌 미국 클럽 | △ | 미군과 결혼(필리핀 여성) |
| 20 | 34살(4년) | 고졸 | 2007년(30살) | − | 룸살롱, 유리방 | × | |
| 21 | 43살(12년) | 고졸 | 1997년(30살) | × | 기지촌 미국 클럽 | ○ | 미군과 결혼 |
| 22 | 43살(5년) | 고졸 | 2006년(37살) | × | 다방, 노래방, 안마시술소 | △ | 이혼 뒤 성매매 유입, 업주의 협박에 시달리다 탈성매매 결심 |

출처: 〈서울대 여성연구소〉, 「성매매 실태 조사 보고서」(2010년 9월 말 기준)

\* − : 가출 여부 확인 안 됨
\*\* ○: 탈성매매 완료, △: 탈성매매 진행 중, ×: 성매매 업소 취업 중

미성년을 간신히 넘자마자 성매매를 시작했다는 뜻이다. 혹은 과거에 미성년자로 성매매를 했다는 사실을 숨기기 위해 그렇게 답을 했을 가능성도 배제할 수 없다.

청소년 여성을 성매매로 떠미는 계기는 무엇이었을까? 이들 사이에서 뚜렷하게 나타나는 특징은 가정 불화나 가출의 경험이었다. 20살 이전에 성매매를 시작한 15명 가운데 가출 경험이 있는 여성은 12명(80%)이었다. 반면 21살 이후에 성매매에 뛰어든 7명 가운데 가출 경험이 있는 것으로 확인된 경우는 없었다. 또 십 대에 성매매를 시작한 15명 가운데 10명이 성장기에 가족 폭력 혹은 성폭력을 겪었지만, 나머지 12명 가운데 폭행을 경험한 여성은 1명에 불과했다. 보고서는 "최초 유입 연령이 높은 사례들은 성장기에 가출이나 폭력 피해를 당한 경험이 상대적으로 적은 것을 알 수 있다. 이들에게는 오히려 경제적인 요인이 컸다"고 풀이했다.

14살에 성매매를 시작한 여성 1은 가정 상황을 이렇게 묘사했다.

"부모 이혼 후 아버지와 생활했다. 아버지의 폭력이 심해 도망 나왔다. 어머니와 함께 살지 못하고 친할머니 집과 친구 집을 전전했다."

그는 "엄마가 참 나를 다리라도 하나 부러뜨려 가지고 집에 나뒀으면 가만 있었을 수도 있는데……"라고 회고했다. 부모의 관심이 있었다면 그의 인생 궤적은 달라졌을 가능성이 높았다.

마찬가지로 14살에 성매매를 시작한 여성 2도 어두운 가정 형편을 회고했다.

"엄마가 소리 지르고 물건을 쾅쾅 내려놓고 하면, 제가 할 수 있는 것은 아무 것도 없어요. 엄마한테 소리 지르고 똑같이 할 수는 없잖아요. 그래서 저는 그냥 가출해서 사고 치면 엄마가 알게 되니까 그러면 엄마가 속상할 거 아니에요. 그게, 그런 식이 유일하게 제 엄마에게 복수하는 방식이 됐나?"

여성 3은 자신이 접한 다른 성매매 여성들의 성장 배경에 대해서 이렇게 설명했다.

"집안이 멀쩡한데 일하는 아가씨들은 거의 없어요. 다 뭐, 친아버지한테 성폭행을 당했거나 막 정말 있을 수 없는 일들을 당한 아가씨들이 대부분 밖에서 이렇게 생활을 했을까 하는데, 저도 그런 케이스죠. 저는 새아버지한테 그런 일이 있고 나서부터 밖으로 돌았으니까."

가정이 유복했고 성폭력의 경험이 없다고 위기로부터 완전히 안전한 것은 아니다. 집안의 경제가 기울면 일부 여성들은 성매매로 무기력하게 이끌리기도 한다. 여성 17이 그런 경우였다. 여성 17의 아동기는 유복했지만 급격히 기운 가정 형편 때문에 학업을 계속할 수 없는 처지에 놓였다. 그의 학력은 중학교에서 멈췄다.

"두 분(부모님)이 몸도 원체 약하셨고, 그래서 스무 살이 넘으면서는 좀 보태 줘야 되겠다, 그런 생각이 좀 있었어요."

변변한 기술이 없는 그가 찾은 곳은 마사지 업소와 유리방 등이었다.

비교적 늦은 25살에 성매매를 시작한 여성 18도 '생계형 성매매'로 유입된 경우다.

"회사 경리도 해 봤고, 다, 이것저것 다 했어요. 다 하다가, 집에서 제가 가장이다 보니까 동생들에게 학비를 대주고 해야 되니까, 밖에서 해 봐도 돈벌이가 안 되고 하니까. 이제 유흥업소 나가게 돼서……."

## 성매매 연쇄의 출발점과 종착역

설문 대상 여성 22명이 성매매로 유입된 경로는 과거에는 주로 유리방, 여관, 티켓다방, 유흥주점, 기지촌으로 한정됐지만, 최근으로 올수록 유입 경로는 다양하게 나타났다. 이를테면 룸살롱, 노래방, 보도, 티켓다방, 안마시술소, 마사지 업소, 인터넷 조건 만남 등이었다. 과거에는 인신매매 등을 통해 유리방 집결지로 팔려가는 경우(여성 5, 14)도 있고, 티켓다방에서 성매매를 시작한 경우도 자주 있었다(여성 1, 6, 8). 그러나 최근 성매매를 시작한 청소년 3명은 모두 인터넷 채팅을 통해 조건 만남을 경험한 것으로 나타났다.

과거 연구도 이와 같은 경향을 증명한다. 보건복지부 아동청소년정책실 중앙점검단이 지난 2008년 한 해 동안 단속한 결과를 보면, 성매매를 한 청소년 가운데 가출 청소년이 80.8퍼센트였고 성매매 접촉 경로의 95.4퍼센트가 인터넷을 통한 것으로 나타났다. 인터넷은 청소년을 성매매로 이끄는 거대한 블랙홀이었다. 성매매 상담 기관 관계자의 증언이다.

"경로로만 얘기하면 인터넷이 많이 늘어났죠. 1970년대, 1980년대랑은 확실히 차이가 많이 나죠. 접촉할 수 있는 도구의 변화로 유입 경로가 변하는 거지, 성매매 현장의 변화가 그걸 만든 것은 아니라고 봐요. 사회적인 변화에 따라 가는 거죠."

성매매 유입 과정에서 전문적인 소개소보다 지인이나 친구의 영향이 크게 작용했다.(여성 3, 6, 11, 13, 15, 16, 17, 22) 보고서는 "학력이나 별다른 기술이 없는 여성들이 각종 아르바이트를 하면서 벌 수 있는 돈의 액수는 지극히 적다. 이런 상황에서 친구나 주변 지인들로부터 듣는 노래방이나 술집의 이야기에 마음이 흔들리기 쉬우며, 이것은 성매매를 시작하는 결정적인 계기가 되기도 한다"라고 풀이했다. 특히 미성년자들에게 지인과 인터넷은 성매매로 이끄는 복합적인 요인이 된다. 여성 3은 "저희처럼 미성년자 때는요, 열다섯 살부터 열아홉 살 때까지는 아는 지인을 통해서라든가 아니면 인터넷을 통해서 대부분 일을 해요. 소개소 같은 것도요……. 저는 스무 살이 되고 나서야 소개소를 알았거든요"라고 말한다.

그렇다면 여성들이 성매매에서 벗어나게 되는 계기는 무엇일까?

성매매 과정에서 불어난 선불금(빚)이 계기였다는 여성이 7명이었다.(여성 3, 4, 5, 11, 16, 17, 21) 적지 않은 수의 여성이 경제적인 이유 때문에 성매매에 유입되는 것을 고려하면 아이러니다. 다수가 빚 때문에 유입됐고, 빚 때문에 떠난 셈이다. 또 성매매에서 벗어나는 과정에서 연애나 동거 등도 주요한 이유가 됐고(여성 6, 12, 19, 21), 원하지 않은 임신이나 보호처분과 같은 외부적인 요소도 작용했다.(여성 2, 7, 16)

보고서는 여성들의 탈성매매를 도울 수 있는 요인을 세 가지로 나누어 설명했다.

첫째, 성매매 유입을 전후해서 사회적 경험 및 활동의 폭이 넓었던 여성은 그렇지 않은 여성들보다 탈업소 및 탈성매매의 가능성이 높았다. 성매매 여성 상담소 관계자의 말이다.

"성매매 업소에서 생활했던 여성들은 사회적으로 고립되어 있었기 때문에 일반적인 사람들하고의 대화, 일상적인 생활, 이런 것들에 대해서 익숙하지 않은 경우가 많아요. 일반인들을 상대하는 일을 찾거나 심지어 이야기를 나누는 것에 대해서도 부담을 느끼고 대인관계에서 자신감을 갖지 못하거나 기피하는 경향이 있어 탈성매매와 자활에 곤란을 느낍니다."

둘째, 정서적 지지자는 탈성매매의 성패를 좌우하는 요인이었다. 성매매 여성들은 가족의 유대가 약한 경우가 많은 데다 성매매에 유입된 이후에는 더욱 가족 및 지인과 연락을 끊는 경우가 많다. 따라서 탈성매매 과정에서 마음이 흔들리거나 힘들 때 도움 받을 정서적인 지지자를 찾기 어려운 경우가 많다. 다른 성매매 여성 상담소 관계자는 이렇게 설명했다.

"(성매매 여성이 아닌 다른 사람들은) 힘들면, 예를 들어서 실연을 당했거나, 아니면 직장문제라든지 여러 가지로 힘들면, 가족한테고 친구한테고 얘기할 사람이 있잖아요. 그런데 이 사람들은 없는 거예요. 그런 것들도 탈성매매를 어렵게 하는 요인이 되는 것 같아요."

성매매 여성 12의 증언도 보고서의 설명을 뒷받침한다.

"지금 암만 자활 지원 사업을 해준다, 어떤 금액을 지원한다, 이래도, 큰 도움은 안 된다고 봐요. 정서적인 지원이 크다고 보고. 왜냐하면 계속 관계를 구축하고, 전화를 해 주고 독려해 주고, 그런 것들도 중요하다고 봐요."

셋째, 탈성매매의 성패를 좌우하는 또 다른 요인은 해당 여성이 주거와 생계비를 해결할 수 있는 자립의 가능성이다. 보고서의 설명이다.

탈성매매 과정에서 여성들은 현저히 줄어든 수입으로 생활하는 것을 감수하고 적응하려고 애쓴다. 하지만 적어도 주거 문제가 해결되지 않는 한, 업소를 나오거나 탈성매매의 상태를 지속해 나가는 것은 지극히 어렵다.

성매매 여성 상담소 관계자의 다음과 같은 말은 탈성매매를 가로막는 경제적인 변수에 대한 입체적인 시각을 제시해 준다.

"저희하고 상담할 때는 굉장히 의지가 높으세요. 근데 가서 보니까 당장 생활비가 필요하잖아요. 당장 필요한 생활비, 움직이려면 교통비가 필요하잖아요. 그래서 다시 업소 뛰면, 언니들 입장으로서는 가장 편하게 잘할 수 있는 거잖아요."

애써 성매매의 굴레에서 빠져 나온 여성들이 다시 성매매의 강력한 인력으로부터 벗어나려면 개인의 의지만이 아니라 외부의 여러 가지 변수들을 함께 고려해야 한다는 지적이다.

# 폭력의 시간들

외상 후 스트레스에 시달리는 여성들

기자가 인터뷰하기 어려운 대상 가운데 하나가 성매매 피해 여성이다. 인터뷰 자체가 당사자에게 상처를 줄 수 있기 때문이다. 어떤 질문이 상처를 건드릴지 모른다. 전문적인 의료진이 상처를 치유하고 재활하도록 도운 뒤에도 피해 여성은 힘겨워하기 마련이다. 예상하고 만났음에도 그 아픔의 결을 감지하기 힘들다. 그 고통의 형태를 알 길이 없다. 때로는 그런 '벽' 때문에 성매매 여성들을 온전히 이해하기는 힘들 거라 지레 짐작해 버린다.

〈한국여성인권진흥원〉이 펴낸 「성매매 피해 여성의 정신 건강 및 지원 욕구 조사」(2011)는 바로 그 '벽'의 유래를 짐작할 수 있는 단서를 조금이나마 제공해 준다. 이 논문에는 성매매 피해 여성들의 내밀한 상처가 담겨 있

다. 전국에 있는 성매매 피해자 지원 시설에 입소한 여성 405명을 조사한 결과를 엮었다.

## 마음에 새겨진 상처

정상이라고 말하기 힘들 만큼 여성들은 '불안'하고 '우울'하다고 보고서는 진단한다. 일상적인 대인 관계에서 심각하게 '예민'하고 '적대적'인 경우가 일반적이라는 것 또한 특징이다. 자활 1년 차인 20대 여성은 쉼터에서 보낸 자활 기간 동안 "정신적인 고통이 제일 컸다"고 고백한다. 같은 상처를 입은 서로가 함께 살면서 치유의 과정을 거쳐야 한다는 것도 쉽지 않다. 이 여성은 "처음에는 순순히 규율을 따르지만 대개는 2주쯤 지나면서부터 예민해지고 갈등이 시작된다"며

"그 갈등이 실제 시설 내에서의 대인 관계 때문인 경우도 없지 않지만 과거 경험했던 일들의 기억과 상처가 되살아나면서 그에 대한 반작용으로 주변 사람들을 받아들이기 힘들기 때문인 경우가 더 많다"고 말했다. 이 여성은 실제로 기억력 상실과 함께 우울증을 경험하기도 했다. "하지만 이게 특별한 것은 아니다"며 "대개의 경우 자신이 경험했던 것을 제대로 기억하지 못한다. (…) 우울증이 왔을 때 적극적으로 치료를 하면 되지만 이도 쉽지는 않아 나와 비슷한 상황에서 (시설을) 뛰쳐나간 친구도 꽤 있다"고 말했다.

피해 여성이 쉼터를 찾기까지는 결단이 필요하다. 보고서를 보면 피해 여성들은 자신들이 치료받아야 할 상황이라는 것을 자각하고 있다. 피해 여성 스스로 "전문가의 상담 및 진료가 필요하다"고 응답하는 비율이 절반을 넘는다. 그리고 대부분은 적극적인 치료를 원한다.

피해 여성이 겪는 정신적인 고통은 장기간 반복적으로 정신적인 피해를 입을 만한 환경에 노출돼 있었다는 것이 주된 이유다. 성폭력을 경험한 입소자가 405명 가운데 159명(39%)이다. 이들 가운데 성매매 종사 기간 중 폭력 피해를 당한 경험은 80퍼센트에 이른다. 신체 학대, 정서 학대, 성 학대 등, 이 가운데 둘 이상의 학대를 받은 경우도 절반(54%)을 넘었다.

성매매 여성들이 아동기에 경험하는 학대의 양상도 조금씩 다르다. 일반적인 아동 학대는 정서적 학대(35%)가 가장 많지만, 성매매 피해 여성을 대상으로 한 조사에서는 신체적 학대(41%)가 가장 많다는 사실도 특징적이다. 어린 시절 학대를 경험한 이들이 215명(53%)으로 절반을 넘는다. 이 가운데 성적 학대 경험 비율이 10퍼센트에 이른다. 보건복지부가 펴낸 「전국 아동 학대 현황 보고서」(2010)에 타나난 일반적인 아동 학대 경험자 비율(4.7%)의 두 배를 넘는 수치다.

이들이 입은 정신적 상처를 적나라하게 보여 주는 다른 지표는 약물 복용의 경험이다. 절반이 넘는 수가 수면제(55%)와 신경안정제(59%)를 먹은 경험이 있다. 마약류나 환각제, 각성제 등을 복용한 경우도 21.5퍼센트에 달했다. 흡연율은 70퍼센트로 일반 여성과 비교해 볼 때 스무 배 정도 높다. 약물을 경험하는 비율은 성매매 기간이 길어질수록 급증한다. 1년 이하의 경우 26퍼센트에 불과하

화재로 숨진 성매매 피해 여성의 노제 장면. 죽음은 자주 그들의 곁을 서성인다. 「성매매 피해 여성 정신 건강 및 지원 욕구 조사」를 보면 자살을 시도해 본 경험이 있는 여성이 10명 중 7명이다. © 「한겨레」 김태형 기자

던 것이 5년 이상으로 가면 65퍼센트로 증가한다.

## 치유의 길은 **요원하다**

상황이 이렇지만 조사 대상 피해 여성 가운데 적절한 진료를 받은 비율은 절반 정도에 불과하다. 특히 일반 지원 시설(62%)과 청소년 지원 시설(39%)에 비해, 외국인 지원 시설에서 성매매 여성이 치료를 받는 경우는 12퍼센트 정도밖에 되지 않는다. 지역마다 지원 시설과 연계할 만한 정신 보건 센터가 있어도 예산 편성 등의 준비가 부족해 교류가 미미한 형편이다. 그나마 존재하는 의료 서비스도 워낙 부실한 탓에 만족도가 낮다. 성인의 경우 절반(52%)정도만이 진료에 만족한다고 답했다. 청소년(39%)은 그마저도 미치지 못한다.

지적장애, 지체장애 등, 장애인으로 등록돼 있는 여성의 비율을 보면 전문적인 치료에 대한 필요성은 더욱 커 보인다. 장애인으로 등록된 입소자는 36명(11.5%)에 이른다. 특히 신체장애는 7명에 불과하고 나머지는

지적장애 등 정신장애다. 보고서는 장애 특성에 따른 정부 지원이 필요하다고 밝히고 있다.

현실은 냉엄하다. 피해 여성이 정신과 진료를 받으려면 여러 가지 현실적인 어려움을 넘어야 한다. 먼저, 입원을 요하는 중한 상태임에도 보험이 적용되지 않는다. 상담 비용도 부담스럽기는 마찬가지다. 어렵게 상담과 진료를 받더라도 의료진이 피해 여성에 대해 가지고 있는 편견이 치료를 어렵게 하기도 한다. 이 모든 걸 극복하고 치료에 들어간다고 해도, 피해 여성들에게는 또 다른 험난한 과정이 기다리고 있다.

일단 피해 여성의 70퍼센트 이상이 학습화된 무기력 증상을 갖고 있다. 이 무기력은 피해 여성들에게 '해도 안 된다'는 의식을 주입시킨다. 결국 치료가 실효를 거두기 쉽지 않은 상황이 만들어지는 것이다. 학습화된 무기력은 피해 여성의 자활에 가장 큰 걸림돌이다. 이 모든 정신 건강상의 문제는 탈성매매 이후 시설 생활에 적응하는 것 자체를 어렵게 만든다.

피해 여성들에게 삶은 어떤 의미일까? 보고서에는 "사는 게 사는 게 아니다"라고 말하는 여성들의 목소리가 곳곳에서 드러난다. 10명 중 8명에 가까운 여성들(77%)이 자살 충동을 경험했다. 그리고 그에 못지않은 여성들(71%)이 실제로 자살을 시도했다. 일반적인 수치의 두 배 이상이다. 숫자는 이들의 삶이 사실상 죽음과 맞닿아 있음을 방증한다. 보고서는 "본 조사 응답자의 자살 시도 수치는 매우 심각하다"고 밝히고 있다.

이들이 왜 이런 고통을 받아야 하나? 누가 그 고통에 책임을 져야 할까? 성매매에 유입된 이유를 묻는 질문에 생활비를 마련하려고 성매매를 했다고 답한 비율이 64퍼센트였다. 십 대의 경우 수치는 더 올라간다.(10명 중 약 7명) 이들의 절박함을 방치하거나 외면한 채 성매매로 내몬 이 사회가 다시 이들을 감싸 안아야 한다.

# 뭉쳐야 산다

### 성매매, 현장의 목소리

뭉치?

〈성매매문제해결을 위한 전국연대〉(이하, 〈전국연대〉)에는 성매매 경험 당사자 조직인 〈뭉치〉가 있다. 힘없고 소외된 이들은 아마도 '뭉치'는 것이 최선의 생존 방식일 터였다. 2011년 봄, 이들이 모여 집담회를 가졌다. 그리고 그 기록을 남겼다. 〈전국연대〉의 도움을 받아 집담회 기록을 요약해 소개한다.

집담회에는 전·현직 성매매 경험 여성 29명이 참석했고 이들은 자기 정체성에 대한 고민에서부터 시작해 업소에서 겪었던 일들, 성 구매 남성에 대한 생각들을 솔직하게 풀어냈다. 정부의 엇나간 정책에 대한 고언도 쏟아졌다. 이들의 말을 최대한 여과 없이 옮긴다.

집담회에 참여한 여성들은 각자 별명을 썼음을 밝힌다.

## 호명, 우리를 불러 '제끼는' 말들

성매매 여성들은 대부분 가명을 쓴다. 가짜 이름 뒤로 자신을 숨기는
것이다. 다른 이름 속에서 자신은 또 다른 사람이 되기도 한다. 자칫 그
과정에서 정체성의 혼란을 겪기도 한다.

**영구:** 업소에서 이름을 밝히기 꺼림칙하니까 대부분 가명을 써요. 나도 한 4년
을 (가명을 쓰고) 살았는데 그렇게 사니까 정말 그 사람으로 사는 것 같았죠.
**마루:** 우리가 이 일을 그만뒀을 때 성매매 할 때의 나를 진짜 나와 동일화시
키고 싶지 않은 게 사실이에요. 가명이 주는 안정감도 있고요. 내가 아닌 다
른 사람으로 살 수 있는 그런 게 있죠. 하지만 그러다 보니 나와서는 내 이름
이 더 어색하고 오히려 업소에서 쓴 이름이 더 익숙하고 친숙해서 처음엔 내
가 나를 부르는데도 실명이 어색하게 느껴지기도 했어요. 가명이 압도하는
삶을 사실은 살다가 다시 내 이름을 찾는 게 쉽지 않았어요. 다른 사람에게
는 그깟 일일 수 있겠지만 나에게는 굉장히, 참, 대단한, 큰일이었어요.

'노동'시간 동안만 다른 이름으로 사는 게 아니다. 최소한 그 '직업'을
가지고 있는 동안에는 가명이 자기 정체성의 전부다. 그리고 기존의 이름

/

솔직히 주민등록증을 보고 '내 이름이 있었나' 놀랄 때가
있을 만치, 내 이름조차 잊어버리고 살았어요.
내가 이런 이름이었네, 싶었어요. 나라는 존재를 잊은 거죠.

/

을 갖고 살던 자신은 잊는다.

> **영구:** 친구의 친구와 밥을 먹고 소개를 하는데 나도 내가 모르게 그 가명을 얘기한 거예요. 얼마나 황당했는지 정말 황당해서 "아, 내 별명이야" 하고 웃고 얼버무렸어요.
>
> **꿈:** 솔직히 주민등록증을 보고 '내 이름이 있었나' 놀랄 때가 있을 만치, 내 이름조차 잊어버리고 살았어요. 내가 이런 이름이었네, 싶었어요. 나라는 존재를 잊은 거죠. 나중에 내 실명이 불리게 됐을 때 나 스스로가 놀라고 황당했어요. 사실 업소에서는 나라는 존재를 잊게 되죠. 업주나 구매자들도 내 존재를 인식하지 않죠. 밑바닥에 숨기는 느낌이죠.
>
> **엠케이:** 가게를 옮길 때마다 이름을 바꿨는데 한 가게에서 언니들을 다시 만났는데 언니들 이름도 다 바뀐 거예요. 넌, 그리고 난 누군지 정체성에 혼란이 스스로 생기는 상황이 된 거죠. 사실 일부러 점집 가서 돈 주고 가명 지어오는 언니들도 많아요. 이렇게까지 해야 하나 싶기도 하고요.
>
> **샤방이:** 시간이 흘러서 누가 날 불러도 못 알아먹기도 했어요. 업소를 나오고 나서 내 본명을 부른다는 게 왜 그런지 모르지만 부담이 생겼어요. 이십 년 가까이 내 이름 안 쓰고 살아서 그런가 봐요. 지금은 괜찮아졌지만 처음에는 남의 옷 입은 것 같은 느낌이었죠. 가명을 썼던 게 한 사람의 존재 자체를 흐리게 했던 것 아닌가 그런 생각도 들어요.

때로는 집단적 호명이 이들에게 상처가 되기도 한다. 특히 그것이 외부의 언어로 만들어질 때다. 성매매 여성들은 시민단체 등에서 흔히 탈성매매 여성을 가리킬 때 쓰는 '생존자'라는 표현부터 '성매매 피해 여성'

이나 '현장 활동가' 같은 호명에도 거부감을 표시했다.

> **꿈:** 생존자라는 말을 활동가에게 처음 들었어요. 그 말이 그렇게 싫더라고요. 그냥 다른 삶을 살았을 뿐인데. 그냥 이름이 다른 채로 살아갔을 뿐이거든요. 10년이라는 시간 동안 우물 안 개구리여서, 몰라서 거기 있었을 뿐인데 말이죠. 그런 의미에서 활동가가 아니라 현장 활동가나 동료 활동가라고 부르는 것도 싫더라고요. 활동가면 그냥 활동가지요.
>
> **마루:** 계급으로 따지면 성매매 여성은 가장 낮은 계급에 있는 것 같은 느낌이에요. 우리가 지원을 받고 있긴 하지만 용어들이 우리들한테는 또 다른 낙인으로 느껴져요. 생존자라는 말이 주는 상처. '세상이 우리를 보고 싶지 않았구나'하는 느낌도 들고요. 탈성매매, 성매매 이런 말들, 솔직히 우리가 성매매 경험한 것 자체를 부정하지는 않거든요. 부정은 않지만 계속 그 이름에 묶여 있는 것을 원하지도 않아요. (성매매) 피해 여성이라는 말도 마치 힘이 없고 아파야 되고 약해 보여야 하는 느낌을 주게 되고. 그래서 우리가 평소대로 얘기하면 "쟤는 피해 안 받았잖아" 하고 뭐라고 하는 상황이 벌어지기도 하죠. 피해라는 말의 한계도 있고요. 성매매 경험 여성은 어떨까요. 과거에 경험을 했을 뿐이지 지금까지 그 경험이 계속되지는 않는다는 뜻에서요.

이들에게 가장 큰 상처를 주는 집단은 아이러니하게도 경찰, 검찰 등 사법기관이다. '성매매 (피해) 여성', '생존자' 등 사법기관에서 그들을 규정하는 다양한 언어들은 속박이자 상처가 된다.

솔직히 우리가 성매매 경험한 것 자체를 부정하지는
않거든요. 부정은 않지만 계속 그 이름에 묶여 있는 것을
원하지도 않아요.

**몽실:** 예전에 경찰서에 가서 증인으로 섰는데 꼭 죄인이 된 기분이었어요.
죄인으로 만드는 느낌이 낙인으로 느껴져서 많이 울었어요.

**샤방이:** 성매매 여성이라는 말을 들은 건 경찰서가 처음이에요. 평소에는
몸 파는 년, 창녀라고 하면서 갑자기 또 성매매 여성이라고 하고 피해자라고
하는데 마음에 와 닿지 않더라고요. 생존자라는 말도 싫어요. 내가 죽다 살
아났나요, 왜 생존자라고 불러?

자신들을 규정하는 언어가 남성과 여성 사이에 균형감을 잃고 있다
는 것도 불만이다. 대부분의 용어가 남성의 시각에서 만들어졌다는 것이
다. 그 안에서 종종 여성은 배제된다. 급기야 자신들을 규정하는 용어를
스스로 만들자고 나서기도 한다.

**영구:** 성매매를 떠올렸을 때 여자가 아니라 (성을 구매하는) 남자들이 떠오르
는 말이라야 되지 않을까요. 그러기 때문에 용어에 대한 것을 우리가 우리
식으로 다시 한 번 정의를 내려야 한다는 생각이 들어요. 매매라는 행위를
가리키는 단어의 초점을 여성에게 두지 않고 남성 또는 국가로 옮겨 가야 우
리가 좀 더 자유로울 것 같아요.

외부의 낙인에 대한 거부감이 때로는 내부 언어에 대한 성찰로 이어지기도 한다.

> **엠케이:** 룸에서 초이스 같은 거 할 때는 번호를 부르기도 해요. 이름이 물건처럼 불리죠. 참 기분이······."
>
> **여사:** "우리 밥줄인데 조심히 다뤄라", "우리 새로운 상품이다", "신상이다" 이러기도 하죠. 물건처럼.
>
> **샘물:** 이제는 가명을 쓰지 않아도 된다는 것은 좋죠. 이제 이게 내 운명이라면, 어쩔 수 없는 낙인이라면, 인정하고 가자는 생각이 커졌어요. 입장이 바뀌어 나처럼 탈성매매하는 여성들을 보면 다 똑같은 단계를 거쳐 올 것 같아요. 우리를 머릿속에서는 뭔가 예쁘게 포장하고 싶은데 그럴 만한 게 없다는 거예요. 피해자라는 말이 싫지만 피해자라고 지칭을 하지 않으면 이 상황까지 올 수 없는 것 같아요. 차라리 당당하게 받아들이는 게 우리 운명이지 않을까 이런 생각도 들어요.

### "성매매특별법"은 누구를 위한 법인가?

이들은 "성매매특별법"이 자신들을 보호한다고 생각하지 않는다. 오히려 법에 대한 거부감을 갖고 있다. 성매매가 생존을 위한 수단일 수 있다고 생각하기 때문이다. 오히려 "성매매특별법" 집행 과정에서 또 다른 폭력을 당하는 경우도 있다. 이들에게 삶은 현실이다.

**샘물:** 제일 어려운 건 탈성매매 할 메리트가 없다는 것, 우리 아이에게 양육비를 보내 줘야 한다는 등의 현실적인 문제도 있고요.

**달님:** 돈은 다 없어요. 매달 내는 휴대폰 요금만 30만 원이에요. 우리만 해도 빚 땡기지 않고는 생활이 힘들어요. 유지하기 위해 드는 돈이 너무 많은 거예요. 사회가 변해 필요한 것도, 가지고 싶은 것도 달라지는 것 같아요.

**마루:** 경찰서에(서 단속이 있어서 걸려들어) 가면 "성매매 몇 번 했냐"는 항상 물어보는데 그건 왜 묻는지 모르겠어.

**달님:** (경찰이) 신체적 특징을 물어보는데 수치스러웠어요.

**동네언니:** 2차를 한 구매자들은 니가 나랑 잤으면 내 몸의 특징을 알아야지 이런 식이죠. 몸의 특징을 모르면 자신들은 2차를 안 나간 거고.

**콜라:** 내가 성매매를 했다고 백 퍼센트 까발리지 않는 한, 내게 도움을 줄 수 없는 법이죠. 그런 때는 업주를 위한 건지 우리를 위한 건지 모르겠어요. 우리가 스스로 잘못을 까발리면서 성매매를 고발할 수 있다고 믿는 것인지……

**꿈:** "성매매특별법"은 옛날 일을 다 뒤집어 꺼내서 나이, 주소, 이름, 주민번호를 모두 알려 줘야 사건을 해결할 수 있어요. 우리한테 저 법 좋으니 써먹으라고 하지만, 글쎄.

/

내가 성매매를 했다고 백 퍼센트 까발리지 않는 한,
내게 도움을 줄 수 없는 법이죠. 그런 때는 업주를
위한 건지 우리를 위한 건지 모르겠어요.

/

여성들은 지금의 성매매 관련 법률이 성 구매자나 업주만이 아니라 성매매 여성까지 처벌하기 때문에 여성들을 성매매의 굴레에서 벗어나게 하는 데는 한계가 있다고 분명히 말한다. 그러나 "성매매특별법"이 때로는 유용한 도구가 될 수 있다는 사실을 부인하지는 않는다. 법 자체를 몰라 이용하지 못하는 여성들이 있다는 현실도 잘 알고 있다. 부족한 법이나마 도움이 된다는 것을 인정할 수밖에 없을 만큼 성매매 현장은 여전히 업주의 착취가 판치는 곳이다.

사실 "성매매특별법"이 있기에 국가는 성매매 실태를 조사하고 성매매 피해 여성들을 위한 지원 시설을 만들 법적 의무를 진다. 또 수사 기관의 협조와 치료비 등의 지원도 이 법률에 근거한다는 점에서 "성매매특별법"이 아예 무용한 법은 아니라고 말할 수 있다.

**욱쓰:** 내 입장에서는 "성매매특별법"이 성매매 여성에게는 (성 구매 남성을 불법으로 몰아넣을 수 있는) 최고의 방어 수단이에요. 힘든 언니들 입장에서는 이게 생계 수단을 막아 버리는 장애물처럼 느껴질 수도 있지만요.

**여사:** 아직도 모르는 여성들이 너무 많아요. 시급히 빨리 퍼져야 하는 법이죠.

**엠케이:** 나도 "성매매특별법" 자체를 몰랐어요. 나는 그때만 해도 그 법이 나를 범죄자 만든다는 생각이 들었어요. 업주들이 교육을 시키는데 "너희들 이거 갖고 잡혀가면 빨간줄 그인다"고 그러더라고요. 그 말을 그대로 믿었죠. "너희들이 피해자가 아니고 가해자 된다" 이런 식으로 세뇌를 시켜요. 경찰들이 와 가지고 우리 보고 "여러분이 피해자"라는 말은 안 하니까. 그런데 친구 일로 경찰서에 갔는데 형사가 내가 알아 온 내용이랑 정반대 내용을

말하는 거예요. 나 같은 사람이 더 많겠다고 느꼈어요.

**샤방이:** 특별법이라는 게 제2의 인생을 시작하게 하는 법인데. 여성 단체에서 한 명에 얼마씩 받고 정부에 판다는 둥, 난 그때만 해도 친구가 여성 단체에 날 소개시키고 얼마를 받을까 생각했어요.

"성매매특별법"으로 실질적인 도움을 얻은 여성도 있다. 그럴수록 법을 옹호하는 목소리도 크다.

**마루:** 2004년 "윤락행위등방지법"을 보완해서 "성매매특별법"이 제정됐는데 나는 사실 손쉽게 선불금이 없어지는 것을 보면서 법의 효력을 느끼기도 했어요. 쉼터에 들어오고 또 다른 2차적인 고민을 하기는 했지만 다른 삶을 열어 주는 계기는 맞는 것 같아요.

## "어디든 쫓아와서 괴롭히는 귀신"

성매매 피해 여성에게 업주는 삶의 일부다. 업주는 여성들에게 기생해 삶을 꾸려 가는 주변인이자 여성들의 경제활동을 보조하는 역할을 하지만 때로는 감시자도 되고 탈성매매에 장애가 되기도 한다.

> **마루:** (업소 안팎에서 일하는 사람들의 업종을 들며) 가방 모찌, 방판 이모, 상무, 새끼 마담, 업주, 소개쟁이, 사채쟁이, 매니저, 아는 언니, 아는 오빠 등, 참 다양하죠. 친언니나 사촌언니를 통해 소개받는 경우도 있으니까.
>
> **영구:** 찌라시가 빠졌네요. 인터넷 구인 광고도.
>
> **몽실:** 미용실이 빠졌고……. 주방 이모도 있네요.
>
> **마루:** 새끼 마담도 보면 아가씨 출신이 많아요. 아가씨를 아가씨가 통제하도록 하는 거죠. 해 봤기 때문에 아가씨들이 어떻게 할지를 다 아니까. 사실 우리가 하는 일이 어떤 노동보다도 더 힘들어요. 그들은 우리 옆에서 손쉽게 돈을 벌죠. 그래도 비난은 우리만 사죠.
>
> **꿈:** 업소 쪽은 매니저, 상무 이런 용어를 많이 쓰고 집결지는 삼촌, 마담, 새끼 마담, 이모 이런 말을 많이 쓰고 그런 거 같아요. 용어만 다를 뿐 역할은 같아요.
>
> **깜냥:** 알선업자를 한마디로 하면, 어디든 쫓아와서 괴롭히는 귀신.
>
> **마루:** 가방 모찌나 화장품 이모 등, 우리한테 물건을 대는 사람들이 정보력이 뛰어나서 업소에 있는 아가씨들을 줄줄 꿰기도 해요. 이 업소에서 이 아가씨가 도망갔다 싶으면 어디에 가 있는지를 알아요.
>
> **샤방이:** '빨이꾼'도 있어요. 평택 쌈리는 주인들이 남자가 많아요. 앞에서 기도 보는 사람보고 빨이꾼이라고 해요. 길 가다가 가출한 애 같고, 업소 가다가 잘나가는 애 같고 그러면 마치 애인처럼 접근하죠. 그렇게 만나고 나면 소개해서 다른 곳에 넘기는 역할을 하죠.
>
> **엠케이:** 사채쟁이가 전국적으로 연결돼 있기도 하죠. 그 사채쟁이들이 다른

지역을 소개시켜 주기도 하고.

**욱쓰**: 마담은 나한테는 귀찮은 존재였어요. 찍히면 룸을 안 넣어 주니까. 마담이 2차 테이블에 세 번 넣어 주면 "너 나 때문에 돈 많이 벌었지, 술 사라"고 하죠.

한편 여성들은 고단한 삶을 업주들에게 의지하기도 한다. 인질처럼 묶인 몸이면서도 인질범에게 의지한다. 말하자면, '스톡홀름 신드롬'이다.

**뚱이**: 나는 좋게 보기도 했어요. 좋게 본 이유가 있다면 우선은 나한테 잘해 줬어요. 힘든 것 이야기하면 들어 주고 말상대 해 준 거예요. 정이 많이 들어서 내 생활이 익숙해졌던 거 같기도 하고.

**샤방이**: 어떻게 보면 가족한테서 받지 못한 그런 것을 그 친구가 오랜 시간 나한테 챙겨 주고 하니까.

업주에 대한 이야기는 경찰과 공무원에 대한 이야기로 자연스럽게 이어진다.

**여사**: 숙제 검사 맞듯 업주가 접대하는 사람들 있죠. 일선 경찰, 공무원, 시의원들 다 포함되더라고요. 한 가게에 새 아가씨들이 오면 그 사람들이 제일 먼저 오죠.

업주에 대한 이중 감정과 달리 업소라는 장소에 대해서는 부정적인 감정이 고스란히 드러난다.

엠케이: 아물지 않은 상처죠. 언젠가 아물겠지만 흔적은 남겠죠.

뚱이: 천국과 지옥 사이라고 할까. 처음에는 모든 걸 다할 수 있을 줄 알았는데 알고 보니 모든 걸 다 갚아야 하는 곳이었죠.


## 왜 그게 범죄인지를 알려 줘야 한다

성 구매자에 대한 여성들의 인상 비평은 말잔치를 이룬다. 가장 많이 등장한 단어는 '진상'이라는 말이다.

엠케이: 노래 진상, 술 진상, 2차 진상, 종합 진상. 짐승, 사자.

마루: 정말 우리를 위협할 수 있는 사람. 마약중독자도 있고. 그리고……, 우리 아빠(포주를 가리키는 듯), 우리 아빠 친구, 산부인과 의사, 검사, 경찰, 운동선수. 지금 나와서 보니 그 안에 있었던 시간이랑 밖에서의 시간이 달라요. 성매매를 계속 가능하게 했던 건 성 구매자들이에요.

여성들은 남성들의 변화를 요구한다. 그게 쉽지 않다는 것은 스스로 안다.

꿈: 구매자들이 처음에는 두려움의 대상이었는데 지금 거길 나와서 생각해 보면 그 사람들이 나쁜 사람들이라기보다는 그 사람들에게도 변화를 줘야 한다는 생각이 들어요.

마루: 구매자에 대한 다른 전략이 필요해요. 지금 성 구매자들을 다 범죄자

> 천국과 지옥 사이라고 할까. 처음에는 모든 걸 다할 수 있을
> 줄 알았는데 알고 보니 모든 걸 다 갚아야 하는 곳이었죠.

로 몰아가는 식이죠. 그렇게 되면 성매매하지 않는 남성들은 '나는 아니다'
라며 반항하고, (성 구매) 하는 사람들은 그 사람들대로 '안 한다'고 거짓말
하고. 이제는 사람들을 살살 녹여 가면서 성매매를 반대하는 사람들로 만
들어야 해요.

**꿈:** 그런 의미에서도 존스쿨 여덟 시간은 너무 짧죠. 존스쿨만이 아니라 왜
그게 범죄인지를 보여 주는 방법을 찾았으면 좋겠어요.

4장

어쩌면, 이 모든 문제의 시작

# 할 수 있는 게 없었어요

## 상담사가 된 경미 씨 이야기

네 번째 이야기의 주제는 '청소년 성매매'다. 청소년 성매매는 그 심각성에도 불구하고 전체 규모가 수치로 환산돼 있지 않다. 가출 청소년이 20만 명에 달한다는 일부 언론 보도로 그 규모를 짐작할 뿐이다. 물론 이런 추정이나 단정은, 가출 청소년에 대한 낙인 효과를 불러온다는 측면에서 온당치 않다.

2011년 12월 중순 청소년 성매매 현황을 알려고 대표적인 청소년 쉼터를 찾았다. 거기서 상담사로 일하고 있는 경미 씨(가명)를 만났다. 경미 씨의 이야기를 듣고 싶었다. 인터뷰는 두 시간에 걸쳐 이루어졌고 인터뷰가 끝난 뒤에는 경미 씨의 제안으로 청소년 대상 온라인 상담에도 동참했다. 다음의 글은 인터뷰를 바탕으로 경미 씨의 2010년과 2011년을 재구성해 본 것이다. 과거의 이야기를 재구성할 때는 존칭을 생략했다.

새벽 2시. 아무것도 기억나지 않았다. 방금 벌어진 일이다. 그 짓을 마친 그 '놈'이 돈을 주지 않고 갑자기 달아났다. 쫓아서 거리로 나갔다. 그런데 갑자기 그 얼굴이 기억나지 않았다. 정말, 거짓말처럼 아무것도 기억나지 않았다. 머리끝부터 발끝까지 느낌조차 기억이 나지 않았다. 발을 뗄 수 없었다. 눈물이 왈칵 쏟아졌다. 주저앉았다. 2010년 여름. 가출 6개월 째. 너무 배가 고파서 시작한 일이었다. 두들겨 맞을까 봐 집으로 돌아갈 수 없었다. 아빠가 술을 마신 날에는 아빠한테 맞았다. 게임 중독이던 오빠가 게임이 제대로 풀리지 않는 날도 맞는 날이었다. 아빠를 미워하던 오빠는 아빠를 닮았고, 아빠를 넘어섰다. 무서워서, 아파서 집으로 돌아갈 수 없었다. 이제 더는 갈 곳이 없다. 여기가 끝이다. 바닥을 쳤다. 대리석 바닥을 두들겨 주먹에 피가 맺혔다.

## 먹고살려고 시작한 성매매

이 날만 두 번째였다. 두 번 모두 도망간 얼굴이 기억나지 않았다. 처음은 당황해서 그런 거라고 생각했다. 한 번 더 당하고 나니 눈물밖에 나지 않았다. 죽고 싶었다. 그것도 마음대로 되지 않았다. 친구 보영이의 몸 안에 생명이 자라고 있었다.

'나를 이해해 주고 아껴 주는 보영이와 어떻게든 살고 싶다.'

보영이가 임신을 한 것도 조건 만남을 하다가 생긴 일이었다. 둘이 함께 살려면 그 방법밖에 없었다. 경미는 친구가 품고 있는 그 생명 앞에서 그냥 눈 감을 수 없었다.

"그만두자."

보영이에게 말했다. 가출한 지 5개월 만이다. 무작정 집으로 찾아갔다. 가족들은 할 말을 잃었다. 6개월 만에 돌아온 딸은 임신한 친구의 손을 잡고 있었다. 경미의 당당한 모습에 가족은 둘을 받아들였다. 하지만 불안한 동거는 오래가지 못했다. 우선은 아이를 낳을 수 있는 환경이 아니었다. 그래서 다시 인터넷을 뒤졌다.

"왜 이걸 이제야 안 거야!"

미혼모 쉼터를 발견하고 두 사람은 얼싸안았다. 보영이와 먹고살기 위해 처음 인터넷을 뒤졌을 때를 떠올렸다.

처음부터 성매매를 한 것은 아니었다. 대형마트 주차장 관리 요원 자리를 얻었다. 가장 행복한 시절이었다. 하지만 경미와 보영이는 가출한 처지였고 주차장 관리 요원이 받는 일당만으로 찜질방과 하루 음식 값 대기도 버거웠다. 찜질방 대신 피시방 커플석을 전전했고, 밥 대신 컵라면으로 끼니를 때웠다. 그러다 입성이 눈에 띌 만큼 허름해졌다. 관리자는 늘 잔소리를 해댔고, 결국 그만둘 수밖에 없었다.

다시 피시방에 나란히 앉아 아르바이트를 구했다. 보증금 80만 원에 월 80만 원의 원룸을 구해 주고, 대신 노래방에서 노래만 부르면 된다는 아르바이트 제의를 받았다. 채팅 사이트 '버디버디'에서 새벽에 방을 개설하면 그 정도 아르바이트 제안은 쏟아져 들어왔다. 지금까지는 막연하게 '이건 하면 안 돼'라는 생각에 애써 무시했지만 이젠 어쩔 수 없었다.

보영이가 먼저 나섰다. 그런데 보영이는 술 마시고 노래 부르는 일 말고 '애인 대행'이라는 걸 하겠다고 했다. 노래방 도우미로 받는 돈으로는 생활비와 방값을 내기가 버거웠기 때문이다. 1회에 20만 원이니 일주일에 두세 번만 해도 집세와 보증금으로 빌린 돈을 갚을 수 있다고 생각했다. 하지만 일은 생각처럼 풀리지 않았다. 한 번 다녀오면 모욕감과 무력감이 쌓여 다시 나가기까지 며칠이 걸렸다. 결국 월세를 내지 못하고 쫓겨났다. 두 사람은 다시 피시방 커플석으로 돌아갔다. 거기서 애인 대행과 조건 만남을 시작했다. 하루 일과는 저녁부터 시작된다. 돈을 벌어오면 모텔에 가서 목욕을 하고 낮잠을 잘 수 있다. 그리고 밥을 먹을 수 있었다. 하루 허탕을 치면 피시방비도 내지 못하고 쫓겨나야 했다.

그렇게 하루하루 쌓이다 보니 두 달이 흘렀다. 보영이의 배가 불러오기 시작했다. 임신이었다. 그때부터 경미가 나섰다.

"보영이가 나를 위해, 나랑 같이 살려고 그렇게 한 거니까요. 제가 그가 한 만큼 하는 게 당연하다고 생각했어요."

인터뷰를 하다가 경미 씨는 입이 마르다며 자리를 비웠다. 5분 뒤 돌아와 그 경험을 쏟아 냈다.


"사람들이, 아니 어른들이 내 몸을 그렇게 쓰라고 부추겼죠. 그렇게 쓰면 집에 돌아가지 않고도 내가 사랑하는 사람과 살 수 있다고. 그런 나를 원했으니까요."

"그때는 내가 도구였어요. 돈을 벌기 위한 도구였죠. 나 스스로 내 몸을 써서 돈을 벌어 밥을 먹고 잠잘 곳을 찾아야 했어요."

"성매매가 돈을 쉽게 버는 일이라고 생각하나요? 그렇지 않아요. 할 수 있는 게 없으니까요. 한 시간, 두 시간 동안 나는 내가 없다고 생각해요. 그러고 나면 10만 원이 나와요. 이렇게까지 살고 싶지 않다는 생각을 하면서도 그것을 표현할 수 없어요. 그런 티를 내면 (성구매자가) 그냥 가버리니까. 그러면 나는 밥을 먹을 수 없으니까요."

"나는 인형이다. 인형일 뿐이다. 나는 기계고, 이 시간이 지나면 다시 사람이 된다. 내가 좋아하는 사람과 밥을 먹고 편히 잘 수 있다. 그러니 나는 인형이다. 이렇게 다짐을 하죠."

## 시작과 끝만 있는 시간

쉼터를 찾은 것을 두고 경미 씨는 '기적'이라고 말한다. 보통 쉼터를 모르는 경우가 많다. 하지만 쉼터가 있다는 사실을 알게 돼도 '그곳은 무서운 아이들이 모이는 곳'이라거나 '규제 때문에 아무것도 할 수 없는 감옥 같은 곳'이라는 소문이 떠돈다. 실제로 가출한 지 한 달이 안 돼 우연히 찾은 청소년 상담 보호소에서 경미 씨는 옷과 몇 푼 안 되는 돈을 다른 친구들에게 뺏길 뻔했다. 결국 그곳을 뛰쳐나왔다.

"내가 세지니까 아무렇지도 않더라고요."

그 시간이 경미 씨를 얼마나 몰아세웠을까. 경미 씨는 청소년 상담 보호소를 거쳐 지금은 청소년 쉼터에 있다.

"그런 나를 이해하기 힘들었어요. 보영이가 출산 때문에 미혼모 센터에 들어가야 했고, 보영이와 헤어지고 나서 청소년 쉼터에 들어오게 됐고, 결국 나를 돌아보는 시간이 오니까 정말 나를 이해할 수 없더라고요."

경미 씨는 지금도 가끔 꿈을 꾼다. 힘들어하는 자신의 모습을 본다. 고통스러운 표정이다. 견디기 힘들다. 잔뜩 찡그리고 신음을 토한다. 그

성매매 피해 청소년이 직접 참가해 성매매 피해 사례를 발표하는 자리. 성매매를 경험한 청소년 10명 중 8명은 트라우마를 겪는다. ⓒ『한겨레』 탁기형 기자

러다 깬다. 쉼터에 와서는 거의 매일 있었던 일이다. 그렇게 잠을 깨면 다시 잠들기 힘들다. 그냥 운다. 말로 표현할 수 없는 감정이 북받쳐 올라오면 흐르는 눈물을 내버려 두는 수밖에 없다.

"어려서 자다가 눈을 뜨면 엄마가 없었어요. 깜깜한데, 엄마가 없으니까 그냥 울었어요. 하지만 아무도 찾아오지 않아, 다시 잠이 들었죠."

어린 시절을 떠올리면 웃음이 나오지 않는다. 게다가 기억은 엉켜 있다. 엉킨 기억은 정신의 상처와 무관하지 않다. 경미 씨는 처음 쉼터에 들어와서 자신이 겪은 일을 설명할 때 순서대로 기억하지 못했다. 어떻게 가출을 하게 됐고, 어떤 일이 일어났고, 그래서 어떤 어려움에 처했다 등의 일들이 죄다 섞였다.

"시작과 끝만 있었어요."

이번 인터뷰에서처럼, 경미 씨가 자기 이야기의 처음과 끝을 이어서 설명하기까지는 6개월 넘는 시간이 걸렸다. 하지만 성매매를 하며 무너진 자존감을 완전히 회복하려면 좀 더 시간이 필요하다.

"지금은 많이 좋아졌어요."

현재 경미 씨는 자신과 비슷한 처지에 있는 청소년을 위해 일한다. 온라인 상담사가 된 것이다. 온라인 채팅 사이트를 돌며 아이들에게 말을 건다. 불과 2년 전의 자신과 비슷한 처지에 있는 가출 청소년, 그중에서 성매매로 끼니를 잇고 있는 아이들이 쉼터로 발길을 옮길 수 있도록 돕는 징검돌 노릇을 한다.

---

**성매매 청소년 정신 건강 실태** 10명 중 8명 트라우마에 시달려

청소년 성매매는 당사자의 영혼을 잠식한다. 황무지가 돼 버린 그들의 내면은 여성가족부 산하 〈한국여성인권진흥원〉의 보고서 「성매매 피해 여성의 정신 건강 및 지원 욕구 조사」(2011)에 나온 수치로 어림잡을 수밖에 없다. 보고서에는 성매매 피해 여성 지원 시설 가운데 일반 지원 시설이나 청소년 지원 시설에 있는 미성년자 106명을 조사한 결과가 담겨 있다.

가장 주목할 만한 수치는 '자살 충동'이다. 응답자 가운데 64퍼센트가 자살 충동을 경험했다. 15살 이상 일반인 가운데 자살 충동을 느껴본 사람이 38퍼센트인 것에 비추어 보면 두 배에 가까운 수치다. 충동이 그저 충동으로만 끝나지 않기 때문에 더 문제다. 자살 충동자 가운데 절반이 넘는 수(62%)가 자살을 실제 시도해 본 경험이 있었다. 이들 청소년에게서는 '적대감'과 '대인 예민' 수치가 매우 높게 나타나, 자살 충동이 어디에서 기인하는지 추정할 수 있다.

설문 대상 청소년은 10명 가운데 8명꼴로 외상 후 스트레스 장애(Post Trau-

---

matic Stress Disorder, 또는 트라우마)에 시달리는 것으로 드러났다. 외상 후 스트레스는 특히 성매매 종사 기간이 길수록 심각하게 나타난다. 탈성매매를 한 후에도 트라우마는 사라지지 않고 가장 오래, 깊게 남는다. 폭력을 경험한 비율을 조사한 결과를 보면 그 이유를 짐작할 수 있다. 전체 성매매 피해 여성 가운데 무려 80퍼센트에 이르는 여성들이 신체적 폭력을 경험했다고 답했다. 하지만 청소년은 100퍼센트다. 청소년 시절 성매매라는 굴레에 들어가면 예외 없이 폭력을 경험한다는 얘기다. 청소년 시절부터 성매매를 한 여성들의 성매매 종사 기간은 평균 12개월이다. 이는 평균 5년 6개월인 일반 지원 시설 입소자의 경우에 비해 현저히 낮다. 청소년들이 폭력에 노출되는 빈도가 훨씬 더 높다는 점을 확인할 수 있다.

이들 스스로 위기를 느껴 벗어나는 것이 가능할까? 지옥 같은 삶에서 벗어나 가족의 품으로 돌아가는 것이 가능할까? 그들은 질문의 전제부터 거부한다. 경미 씨는 "돌이켜 보면 그래도 집이 더 지옥 같았다"고 말했다. 경미 씨 말처럼 청소년들에게 일방적으로 집에 돌아가라고 강요할 수 없다. 개별적인 상황과 판단을 존중하되, 그들에게 '피할 수 있는 공간'을 마련해 주는 일이 사회의 몫이다. 하지만 대피도 판단 능력을 보유하고 있을 때 가능한 일이다. 보고서는 이들 가운데 70퍼센트 이상이 (외부적 요인으로 인한) 학습화된 무기력을 갖고 있다는 점을 지적한다. 성매매를 한 기간이 길어질수록 청소년들 스스로 성매매에서 벗어나는 게 정서적으로, 구조적으로 어렵다는 뜻이다.

정신적 상흔이 이렇게 깊은데도 지원 시설을 택한 청소년들의 신경정신과 진료 경험은 39퍼센트에 불과하다. 일반 지원 시설의 여성들(62%)보다도 훨씬 낮은 비율이다. 진료를 받았다 하더라도 그 만족도가 현저히 낮다. '불만족스럽다'는 답변이 20퍼센트로, 성인 피해 여성의 두 배가 넘는 수치를 보였다. 보고서는 청소년에게 특화된 전문적인 상담이 필요하다는 점을 지적한다.

## 베테랑 상담사가 된 꿈 많은 열아홉

인터뷰를 마치고 경미 씨와 함께 컴퓨터 모니터 앞에 앉았다. 한 채팅 사이트에 접속한다. 대화 사이트 창에는 해당 채팅 사이트 공지로 "우리는 내·외부 모니터링을 통해 불법/음란 행위를 적발하고……" 따위의 글이 올라와 있다. 경미 씨가 채팅방을 열자마자 누군가가 말을 걸어온다. 공지가 무색하다.

"160/45/빠른 93/올낫x이동x차x"

키와 몸무게, 나이 등과 함께 몸을 팔려는 누군가가 조건을 제시했다. 아직 해가 지기 전이다. 밤을 함께 보내는 것은 안 되고, 원래 약속한 곳에서 다른 지역으로 이동할 수 없으며, 차를 이용할 수도 없다는 조건 만남의 문구다. 순식간에 벌어진 일이라 입을 다물지 못했다. 경미 씨는 "경악하셨군" 하고 말하며 웃는다.

"이렇게 뜨는 걸 보고 청소년들이 자발적으로 한다고 생각하지만, 이건 자발적인 게 아니라 미리 어른(성 구매자)들이 요구하는 조건에 맞게 만들어 놨다가 복사해서 띄우는 거예요. 집을 나온 아이들 처지에서는 그걸로 먹고살아야 하고, 한 번에 되는 게 아니니까. 피해야 할 것도 있고요. 죽어도 하기 싫은 것을 분명히 해야 하는 것도 있고."

호객처럼 보이는 문구들이 실은 "나를 지키기 위한 최소한의 가이드 라인"인 셈이다. 순식간에 뜬 문구 아래로 경미 씨도 준비해 뒀던 문구를 붙인다. 그가 일하는 청소년 쉼터에서 만든 웹 전단이다.

안녕하세요. 저희는 가출 또는 성매매 하는 친구들을 상담해 주고 도와주고 있는 또래 상담사입니다. 주거 제공, 일자리 안내, 법률 지원, 의료 지원, 개인 상담 등······.

돌아오는 답은 차갑다.

"꺼져."

한참 동안 욕설이 이어진다. 낯 뜨거운 욕설 탓에 옆에 앉아 있는 게 민망할 정도였지만 경미 씨는 그런 기자를 보며 웃는다.

"이런 경우가 대부분이니까, 놀라지 않아요."

경미 씨가 그들을 보는 시선은 담담하다.

"대부분 가정 환경이 좋지 않은 피해자인데, 우리까지 비행 청소년이라는 식으로 차갑게 대하면 안 되겠죠?"

그런 두 겹의 시선으로 겪은 고통을 누구보다 자신이 잘 안다. 그때 내내 차갑게 굴던 상대방이 "쪽지로 연락처 다시 남겨"라고 답한다. 경미 씨는 "이 정도면 다음에는 제대로 된 대화를 나눌 수 있을 거예요" 하며 웃는다.

최근에는 성매매 업소에서 아예 조직적으로 인터넷 성매매를 벌이기도 하는데, 이 경우엔 채팅창의 캐릭터만 여자일 뿐 모니터 반대편에서는 포주나 업주가 문구를 복사해 붙이기도 한다. 조직적인 인터넷 성매매가 늘어날수록 경미 씨 일도 늘어난다.

오전 10시부터 오후 4시까지 5시간, 여름 등 성수기에는 야간 근무를 한두 시간 더 하는데, 한 달 동안 상담하는 사람만 60명 정도다. 상대가 도움을 받을 의사를 보이거나 긍정적으로 받아들이는 경우만 합산한 게 그 정도고 실제 말을 거는 경우는 더 많다. 기자가 경미 씨와 함께한 그날도 한 청소년이 인근에서 도움을 요청해 상담사가 급하게 현장으로 달려갔다. 지난 해 5월부터 시작한 이 사업에서 50명 넘는 청소년이 온라인을 통해 지원 시설을 찾았다. 이 수치는 지금까지 청소년 성매매 피해자 문제에 관여해 온 쉼터에서는 경험하지 못한 놀라운 성과다. 그중에서도 경미 씨는 베테랑이다.

경미 씨는 지금까지 살아온 시간보다 더 많은 시간이 자기 앞에 놓여 있다는 걸 안다. 그런 경미 씨에게 "꿈이 뭐냐?"는 진부한 질문을 던졌다. 대답 대신 배시시 웃는다. "새끼손가락의 봉숭아물이 예쁘다"고 말하자 "아부 쩐다(아부가 심하다)"며 수줍어서 어쩔 줄 모른다. 이럴 땐 영락없이 꿈 많은 열아홉 살 청소년이다. 그의 꿈은 범죄 프로파일러다. 지금 그는 최고의 청소년 온라인 상담사다.

# 가출에서 성매매까지

**아이들을 떠미는 보이지 않는 손**

언론이나 대중매체는 청소년 성매매를 흔히 소수의 비행 청소년이나 학원 폭력과 연관된 문제로 풀이한다. 특히 가출 청소년들은 청소년 성매매의 위험 집단으로 분류된다. 하지만 아이들이 가출을 결심하는 데 영향을 미치는 요인은 다양하고, 가출한 뒤에 모두가 성매매의 덫에 빠지는 것도 아니다. 그렇다면 그 차이를 만드는 요인은 무엇일까? 아이들을 성매매라는 극단적인 선택으로 내모는 '보이지 않는 손'은 어디에 있을까? 그 실마리를 찾기 위해 보고서 두 개를 참고했다. 〈한국여성인권진흥원〉이 발간한 「가출 청소년 성매매에 영향을 미치는 위험 요인 및 보호 요인」과 「가출 청소년의 성매매 유입 과정」이다. 첫 번째 보고서를 통해서는 청소년 성매매 경험이 있는 아이들의 특징을 대략적으로 그려볼 수 있었고, 두 번째 보고서를 통해서는 성매매 유입 원인을 좀 더 구체적으로 살펴볼 수 있었다

먼저 〈한국여성인권진흥원〉은 전국 20개 학교에서 표본 추출한 중3

여학생 587명과, 가출 청소년 기관 등에 몸담은 청소년 383명을 포함한 970명을 대상으로 지난 2011년 8월과 9월 사이 설문 조사를 벌였다. 이들 가운데 100명이 성매매 경험이 있는 것으로 나타났다.

[자료11] 청소년 성매매 유입 원인과 경로

청소년 집단 구분

| | |
|---|---|
| 가출·성매매 경험 모두 없는 10대 | A그룹 |
| 성매매 경험 없지만, 가출 경험 있는 10대 | B그룹 |
| 가출·성매매 경험 모두 있는 10대 | C그룹 |

1. 경제적 배경에 따라 차이나는 십 대 성매매 비율

**상류** 3.2% (62명 설문 응답 10대 가운데 2명)

**중류** 9% (760명 설문 응답 10대 가운데 69명)

**하류** 24.3% (103명 설문 응답 10대 가운데 25명)

2. 청소년 집단별 친부모 동거 비율

77.5% (581명 중 450명)

33% (279명 중 92명)

19.6% (97명 중 19명)

3. 청소년 집단별 성폭행 경험

5.3% (580명 중 31명)

16.3% (276명 중 45명)

55.2% (96명 중 53명)

4. 가출 전과 후 성폭행 상관관계

| | |
|---|---|
| 가출 전 성폭행 경험 있는 10대 | 56.3% (32명 중 18명) |
| 가출 전 성폭행 경험 없는 10대 | 28.1% (57명 중 16명) |

## 5. 첫 성매매 경험 나이

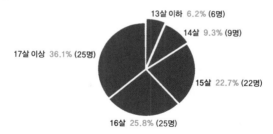

13살 이하 6.2% (6명)
14살 9.3% (9명)
17살 이상 36.1% (25명)
15살 22.7% (22명)
16살 25.8% (25명)

## 6. 성매매 이유

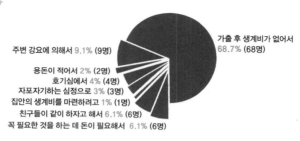

주변 강요에 의해서 9.1% (9명)
용돈이 적어서 2% (2명)
호기심에서 4% (4명)
자포자기하는 심정으로 3% (3명)
집안의 생계비를 마련하려고 1% (1명)
친구들이 같이 하자고 해서 6.1% (6명)
꼭 필요한 것을 하는 데 돈이 필요해서 6.1% (6명)
가출 후 생계비가 없어서 68.7% (68명)

## 7. 성매매 경로

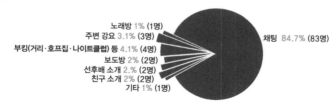

노래방 1% (1명)
주변 강요 3.1% (3명)
부킹(거리·호프집·나이트클럽) 등 4.1% (4명)
보도방 2% (2명)
선후배 소개 2% (2명)
친구 소개 2% (2명)
기타 1% (1명)
채팅 84.7% (83명)

## 8. 가출 시기 아르바이트 경험

57.2% (271명 중 155명)
71.6% (96명 중 68명)

## 9. 가출 시기 폭행 피해 경험

12.1% (282명 중 30명)
31.9% (94명 중 30명)

10. 견디기 어려운 모욕 경험

1.2% (248명 중 3명)

13.8% (94명 중 13명)

11. 가출 시기 폭행 가해 경험

47% (247명 중 116명)

47.9% (94명 중 45명)

12. 청소년 집단별 자기존중감 지수

2.85

2.71

2.6

**출처:** 〈한국여성인권진흥원〉, 「가출 청소년 성매매에 영향을 미치는 위험 요인 및 보호 요인」

## 사회가 일탈의 계기를 만든다

　보고서를 보면, 가난은 여자아이들을 가출로, 성매매로 떠미는 변수였다.(표1 참조) 설문에서 '자신의 집이 경제적으로 하류층에 속한다'고 답한 청소년이 성매매에 나설 확률은 상류층 출신 청소년보다 7배 이상 높았다. 또 하류층 청소년이 가출할 확률(74.6%)은 상류층 청소년(25.8%)보다 3배 정도 높게 나타났다.

　가족 관계의 영향도 강력했다.(표2 참조) 가출·성매매 경험이 없는 청소년(A그룹)이 친부모와 동거하는 비율은 가출·성매매 경험 모두 있는 집단(C그룹)의 경우보다 4배 가까이 높았다. 가출한 적은 있지만 성매매 경험이 없는 십 대(B그룹) 역시 친부모와 동거한 비율이 매우 낮았다.

성폭행 경험도 가출 청소년의 동선을 좌우했다. 성폭행을 경험한 비율은 C그룹이 A그룹보다 무려 10배 이상 높았다.(표3 참조) 또 가출 전 성폭행 피해 경험은 가출 후 성폭행 피해에 강력한 영향을 끼쳤다.(표4 참조) 보고서는 "조두순·김순철 사건 등 아동을 대상으로 하는 성범죄가 사회적 공분을 일으키고 있지만, 이와 같이 성 학대를 당한 청소년들에 대한 우리 사회의 관심은 상대적으로 적다. 한국 사회에는 '청소년 성매매'에 대한 이중적 시각이 존재하기 때문이다. 즉, 성매매 청소년을 피해 자로 인식하지만 일부에서는 '비행 청소년'이라는 인식이 여전히 지배적이다"라고 분석했다. 이른바 '비행'의 원인은 보지 않고 결과만 본 채 아이들에게 손가락질한다는 말이다.

이렇게 거리로 나선 청소년들의 첫 성매매 연령은 17살 이상(36.1%)이 가장 많았다.(표5 참조) 충격적인 것은 설문 응답자 96명 가운데 무려 6명(6%)이 13살 이하의 나이에 처음으로 성매매를 경험했다고 답한 내용이다. 분석은 더 암울하다. 보고서는 "지난 2009년 연구에서는 13살 이하 성매매 시작 청소년 비율이 3퍼센트에 불과했다. 이는 청소년 성매매의 저연령화와 맥락을 함께한다"고 설명했다.


## 유독 낮은 자기존중감


똑같이 가출한 십 대 가운데서 유독 성매매에 나서는 청소년의 특징은 무엇일까? 성매매에 나선 C그룹은 아르바이트를 한 비율이 높았지만(표8 참조), 정작 거리에서 폭행을 당하거나 놀림을 당하는 비율은 B그룹

아이들은 외부인의 시선으로 보기에는 놀라울 정도로,
성매매에 '자연스럽게' 진입한다.

보다 높게 나타났다.(표9·10 참조) 자기존중감도 다른 그룹에 견줘 낮게 나타났다.(표12 참조) 보고서는 "가출 청소년 집단도 더 많은 피해를 보는 집단과 피해를 덜 보는 집단으로 구분할 수 있음을 확인할 수 있었다. 그리고 피해를 더 보는 집단에 성매매 경험이 있는 청소년이 위치한다는 것을 발견했다"고 밝혔다. 이를테면, 가출 청소년 가운데서도 비교적 자기 앞가림을 하는 집단과, 강압에 밀려 성매매를 하게 되는 집단이 함께 발견된다는 의미다. 성매매를 하는 여자아이들은 '거리의 아이들' 가운데서도 피해를 입는 축에 속할 확률이 더 높다는 뜻이기도 하다.

하지만 아이들이 상대적으로 유약하고 유독 자신을 사랑하지 않기 때문에 성매매에 이르는 것은 아니다. 개인적 특징만으로는 단순화할 수 없을 만큼, 성매매에 이르는 과정에서는 다른 많은 요인들이 영향을 미친다. 거기에는 무엇보다 가출 청소년을 보호할 안전망이 부족하고, 거리의 성매매가 일상화한 현실이 자리 잡고 있다. 아이들은 외부인의 시선으로 보기에는 놀라울 정도로, 성매매에 '자연스럽게' 진입한다. 그 진입 요인을 좀 더 구체적으로 살펴보기 위해 〈한국여성인권진흥원〉이 지난 2011년 12월에 내놓은 「가출 청소년 성매매 유입 예방 및 지원 방안」을 참고했다. 보고서는 가출이나 성매매 경험이 있는 십 대 청소년 26명을 심층 인터뷰한 결과를 담았다.

## 노동시장의 높은 진입 장벽

거리의 아이들은 돈이 필요하다. 스스로의 힘으로 밥을 먹고, 잠을 자고, 옷을 입어야 한다. 배고픈 아이들은 당장 눈에 띄는 일자리를 찾는다. 그런데, 그게 마음처럼 쉽지 않다.

**질문:** 아르바이트 구하기가 힘드나요?

**연두:** 네. 많이 힘들어요. 어려 가지고 잘 안 구해져 가지고.

**질문:** 알바 해 본 적은 있어요?

**연두:** 옛날에 전단지 알바요. 전단지 하면서 다리도 몸도 힘든데 돈도 얼마 안 받아 가지고.

**질문:** 돈 얼마 정도 받았어요?

**연두:** 그때 400장 정도 했는데 오천 얼마요.

_ **연두**(가명/17살/조건 만남 경험)

여전히 청소년들은 정상적인 노동시장에 접근하기 힘들다. 그나마 쉽게 구할 수 있는 전단지 알바 등, 일용 아르바이트는 보수가 너무 낮아 그걸로 생활을 꾸려 나가는 건 불가능에 가깝다. 특히, 나이가 어릴수록 노동시장의 진입 장벽은 더 높아진다. 보고서에 따르면 중3, 열여섯 살에 가출한 청소년은 아르바이트를 구하러 갔다가 "고2 때 오라"는 말을 들었다고 한다. 가출할 당시의 나이가 어릴수록, 그만큼 삶은 팍팍해진다.

힘겹게 일자리를 구해도 처우는 밑바닥이다. 아이들이 감당해야 할 모욕과 고통도 크다. 아이들은 일하는 과정에서 대부분 부당 대우를 겪는다. 많은 아이들이 아르바이트를 그만두는 이유다.

"나보다 윗사람한테 나는 잘한 것 같은데 제 생각과 다르게 너무 화를 낼 때……. 네. 다른 때는 그냥 '이거 고쳐라' 하면 되는데, 갑자기 어느 날 똑같은 실수로 잘못했는데 불같이 화를 낼 때, 그냥 나가라든지, 욕설을 한다든지 그랬어요." _ **바람**(가명/18살/조건 만남 및 노래방 도우미 경험)

"정당한 대우를 안 해 줄 때. 정당한 대우……. 기본 시급을 안 줄 때나, 너무 막 부려 먹을 때나 아니면 뭐 그런 거……." _ **햇살**(가명/17살/조건 만남 경험)

최저임금도 아이들에게는 적용되지 않는다. 자본에게 십 대 청소년 은 가장 만만한 노동력일 뿐이다. 그러다보니 거리의 아이들은 항상 배가 고프다.

"그러니까 저도 원하지는 않았는데……. 솔직히 누가 하고 싶겠어요. 돈이 없는데 어떡해요. 없으니까 하게 되고 애들도 같이 있는데 돈은 벌어야 하는데 알바도 쉽게 안 되고 잠 잘 데도 마땅히 없으니까……. 애들이랑 같이 있으려면 춥지 않으려면 돈이 있어야 하기 때문에……." _ **남희**(가명/19살/조건만남 및 노래방 도우미 경험)

"처음에는 친구들한테 빌리기도 하고, 계속 빌릴 수가 없으니까 미안하고 제가 아주 어린 것도 아니고, 이제 좀 사람들이 보기에 '쟤는 어느 정도 개념 도 있겠지' 하는 나이에 가출해서 그런 게 좀 미안하고 민망했어요. 애들한

태. 그때부터 노래방 도우미도 하게 된 거고, 조건 만남도 하게 된 것 같아요."_**바람**

거리는 차갑다. 아이들에게 허락된 노동은 드물다. 오직 성매매 시장만이 청소년들에게 열려 있다. 배고픈 아이들은 어쩔 수 없이 빨려 들어간다.

> 솔직히 누가 하고 싶겠어요. 돈이 없는데 어떡해요.
> 없으니까 하게 되고 애들도 같이 있는데
> 돈은 벌어야 하는데 알바도 쉽게 안 되고 잠 잘 데도
> 마땅히 없으니까……

## 놀이, 길들여지는 과정

집을 나온 아이들은 심심하다. 놀이 문화는 아이들을 성매매로 이끄는 문화적인 변수다. 가출한 십 대들이 가장 많이 하는 놀이는 '술 마시기', '수다 떨기', '싸돌아다니기' 등이다. 특히 '술 마시기'는 장소에 따라 유형이 달라진다. 장소는 개방된 공간인 놀이터와 폐쇄적인 공간인 모텔로 크게 나뉜다. 공간에 따라 게임의 성격도 달라진다. 특히 모텔에서 하는 게임은 성적 수위가 높다.

**질문:** 술 게임으로 주로 어떤 거 해요?
**햇살:** 왕 게임할 때도 있고, 술잔 돌리기 여러 가지 하지 않을까요?

**질문:** 왕 게임이면 뭐 시키는 거죠? 그때 어떤 거 시켜요?

**햇살:** 1번이랑 2번 일어나서 키스해라. 뭐, 키스 30초. 이런 거 스킨십.

성적 욕망과 음주가 뒤섞인 자리는 종종 성폭력으로 이어졌다. 놀이 공간에 스며든 폭력을 방어할 정도로 아이들은 성숙하지 않다. 놀이와 폭력은 뒤섞이고, 놀이와 성매매도 뒤섞였다. 아이들의 눈에 그 경계는 종종 흐려진다.

／

가출 청소년들에게 '성관계', '성폭행', '성매매'의
간극은 일반인들이 생각하는 것처럼 크지 않다. 거리의
청소년들은 언제나 이 경계를 넘나들면서 생활을 한다.

／

"상대는 기억이 안 나는데……. 술 먹다 술 취했는데 그냥 일어났는데 그랬더니……, 그 남자랑 같이 성관계 했다더라. 얘기만 들은 거예요. 저는 그 상황에 대해서는 잘 기억이 안 나요." _ **나무**(가명/18살/조건 만남 경험)

"'번개'해서 어떤 남자를 만났는데 남자 세 명을 만났는데 술 먹고 그랬던 것 같아요. 그냥 술김에, 얼떨결에……, 원해서 했던 것은 아닌데 약간 술김에 몰랐는데……. 누가 했는지 정확히 기억이 안 나요." _ **바다**(가명/17살/조건 만남 경험)

**희진:** 주로 노래방 가거나 아니면 컴퓨터로 사람 구해 가지고 그 사람한테 돈 쓰게 하고 밥 먹을 때도 컴퓨터로 메신저로 해 가지고 사람 같이 불러서

같이 놀고 밥 먹고……. 거의 저희들은 돈 안 냈어요.

**질문:** 그러면 그거를 어떻게 구한 거야? 너한테 밥 사줄 사람은?

**희진:** 그러니까 버디버디 뭐 이런 걸로 메신저로…….

**질문:** 구체적으로 어떻게 하는 건지 설명해 줄 수 있어?

**희진:** 나랑 놀 사람, 우리랑 놀 사람 쳐 놓고 기다리면 사람들이 많이 들어와요. 그래 가지고 거기서 제일 돈 많아 보이는 사람을 골라서 하는 거죠.

**질문:** 그러면은 그 사람들이랑 몇 시에 어디서 만나자 하는 거야?

**희진:** 네. (…) 노래방 가거나 호프집 가거나 그랬어요. 아니면 그냥 차 타고 바다 놀러 가고 펜션 잡고.

_ 희진(가명/18살/조건 만남 경험)


아이들에게 시간은 넘친다. 누구든 돈을 대주고, 놀아 줄 사람이 필요하다. 여기에서 '우리랑 놀 사람'이 아이들 앞에 등장한다. 남성들이다. 아이들과 남성들의 만남은 자주 성관계로 이어진다. 보고서를 작성한 〈한국여성인권진흥원〉 정혜원 박사의 말이다.

"이 과정에서 왜곡된 성관계는 가출 청소년들에게 성매매를 '사회 안에서 논의되고 있는 성매매'와는 별개의 것으로 인식하게 만들죠. 남자가 모든 비용을 지불한 채로 함께 놀고 성관계를 가지면서, 가출 청소년들은 '성매매'에 대해 일반적인 통념과는 다른 인식을 갖게 된다는 겁니다. 가출 청소년들에게 '돈'이나 기타 '물품'을 받고 성관계를 하는 것은 그녀들이 자주 하는 '번개' 혹은 '놀이'들과 그 차이가 크지 않기 때문이죠. 가출 청소년들에게 '성관계', '성폭행', '성매매'의 간극은 일반인들이 생각하는 것처럼 크지 않습니다. 거리의 청소년들은 언제나 이 경계를 넘나들면서 생활을 하죠."

아이들의 '놀이'를 성폭력이나 성매매로 은근슬쩍 이끄는 이는, 자주 '돈 있는 남자들'이다.


## 조직화되는 청소년 성매매

아이들이 배고프다고 모두 성매매를 하지는 않는다. 아이들은 종종 등을 떠밀린다. 가출하는 아이들이 '가족'을 이뤄서 몰려다니는 경우가 있다. 이런 집단을 흔히 '가출팸'으로 부른다. 가출팸에는 리더 역할을 하는 '오야붕'이 있다. 오야붕은 생활비를 마련하기 위해 함께 생활하는 청소년들에게 몸을 팔라고 요구한다. 말하자면, '마담'이 되는 것이다. 명령을 거부하면 "왜 너만 하지 않느냐"는 압력이 돌아온다. 물론 압력의 형식과 내용은 팸마다 다르다. 이를테면 오야붕까지도 성매매에 나서는 '수평적인' 관계도 있지만, 일부만 희생을 강요당하는 일방적인 경우도 있다. 물론 물리적인 폭력도 자주 동반된다.

> **희진:** 그니까… 가운데 오야붕 같은? 그런 애가, 힘 있는 애가, 가서 "너 해. 오늘, 오늘은 내가 했으니까 너는 내일 하고 아님 넌 오늘 해." 막 이래요.
>
> **질문:** 그 친구도 하는 거고? 오야붕 친구도?
>
> **희진:** 근데 걔는 그렇게 많이 안 하죠.
>
> **질문:** 시키면 해야 돼?
>
> **희진:** 안 하면 맞으니까. 다른 애들은 다 하는데 왜 니만 안 하냐고.

**질문:** 그러면 어쩔 수 없이 해야 되는 거야?

**희진:** 네.


## 더 낮아진 진입 장벽

인터넷은 성매매로의 '진입 장벽'을 낮췄다. 가출 청소년들이 가장 싼 값에 머물 수 있는 공간 가운데 하나가 피시방이다. 거기에서 아이들은 몇 번의 클릭만으로 구매자를 만날 수 있다. 지난 2006년 12월에서 2007년 2월 사이 경찰은 성매매에 대한 특별 단속을 벌였다. 당시 4,734명의 성매매 사범이 검거됐는데, 그 가운데 891명(19%)이 청소년을 상대로 성매매를 했다. 그리고 이 성매매 가운데 인터넷을 통한 거래가 무려 837건(94%)이었다. 인터넷 공간에서 아이들은 순식간에 '성매매 여성'으로 변신했다.

**질문:** 그럼 그때가 몇 살 때였어? 처음 했을 때가?

**분홍:** 중2?

**질문:** 그때 조건 하면 나오는 사람들이랑은 어떻게 만나는 거야?

**분홍:** 채팅.

_ **분홍**(가명/17살/조건 만남 경험)

청소년 성 매수로 검거된 사람들은 하나같이 자신은 여성들의 나이를 몰랐다고 발뺌한다. 그러나 아이들 말을 들어 보면 사실과 다르다는 것을 알 수 있다. 노랑이는 면접 과정에서 "뭐 가출했으니까 어쩌고저쩌고 써요. 방을 만들면 우르르 들어와요"라고 말했다. 십 대 여성임을 암시하는 '가출'이라는 키워드가 구매자를 모으는 데 유용하다는 말이다. 그리고 남자들의 질문에서 꼭 빠지지 않는 게 나이다.

> **질문:** 맨 처음 물어보는 게 몇 살이냐고 물어 봐?
>
> **노랑:** "몇 살이세요 님"이러고.
>
> **질문:** 그 다음에는?
>
> **노랑:** 저는 대답을 하죠. "어디 사세요?", "저 서울이요." 제가 지금 가출했다고 해요. 그러면 "진짜?" 하고 말 놓죠.
>
> _**노랑**(가명/나이 확인 안 됨)

조건 만남은 서로의 기본적인 신상 정보를 주고받는 데서 시작된다. 따라서 다수의 성 구매자들은 의도적으로 '어린' 여성을 만나기 위해 인터넷 공간을 활용한다는 혐의에서 자유로울 수 없다. 청소년들도 이러한 수요를 모를 리 없다.


## 왜곡된 성 의식

거리의 아이들은 성폭력의 위협에 그대로 노출돼 있다. 성폭력을 당한 아이들은 자존감도 함께 상처 받는다. 특히 처녀성과 같은 왜곡된 정조 관념 탓에 성폭력을 당한 아이들은 쉽게 자포자기한다. 정혜원 박사의

> *"어디 사세요?", "저 서울이요." 제가 지금 가출했다고*
> *해요. 그러면 "진짜?" 하고 말 놓죠.*

말이다.

　"흔히 사회에서는 여성을 정숙한 여자와 정숙하지 않은 여자로 구분하고, 이 가운데 정숙하지 않은 여자의 이미지에 가출 청소년을 투영시킵니다. 가출 청소년들 또한 이러한 투영을 자연스럽게 받아들이죠."

　아이들은 거리에서 성폭행을 당한 뒤, '버린 몸'이 됐기 때문에 성매매를 하게 되었다고 한다.

**검정:** 원래 그거 안 그랬었거든요 진짜, 진짜 아파트 옥상에서 자고. 그런 거를 몰랐었는데, 친구가, 아 친구랑 동생이 그런 거죠. 자기 맘대로 세 명을 부른 거예요.

**질문:** 응?

**검정:** 세 명을 부른 거예요.

**질문:** 세 명을 뭐했다고?

**검정:** 부른 거예요. 자기들 남자 친구라면서. 계속 굶을 때고 저희는 아직 그거(처녀)잖아요. ○○동에 있었는데 여자애들이 있었는데, 해야 되는 상황인데, 쫌 그런 거 있잖아요. (친구가) 이 사람은 내가 아는 사람인데, 이 사람들한테 시킬 수 없으니까 (남자들이) "아, 우리가 한다"라고 했는데, 도망간 거예요.

**질문:** 누가?

**검정:** 걔네. 남자들이.

**질문:** 남자들이 하고선 돈 안 주고?

**검정:** 예에. 그래서 얘한테도 상처를 받았잖아요. 어떻게 우리를 시킬 수 있냐, 너 땜에 우리는 몸 망가졌는데. 그래서 걔네를 버렸어요. 버린 다음에 저희들끼리 있는데, 아~ 막장이잖아요. 더럽혀졌다 그래서. 내가 이렇게 했는데, 한 번 한 거 두 번 못 하겠냐 그래 가지고 이제 그렇게 된 거죠. 그러다가 점점 돈 맛을 알게 되니까. 진짜 그런 거 있잖아요.

_ **검정**(가명/18살/조건 만남 경험)


## 돈의 맛

성매매는 일부 아이들에게 '쉬운 돈'을 벌게 하는 방법이 됐다. 일부 청소년들은 일단 '돈 맛'을 알게 되면, 그걸 잊을 수 없어서 일을 계속할 수밖에 없다고 증언한다. 거리에서 노숙하고 컵라면만 먹던 아이들에게 따뜻한 모텔 방과 그럴 듯한 식사는 치명적인 유혹이다.

"한 번 노래방 도우미 했던 애들은 다른 일 못해요. 그 돈 맛을 잊어버릴 수 없어서……. 하루에 오십 육십 벌잖아요 애들이. 시급 오륙만 원 벌어 봐요. 어쨌든……. 노래방 도우미 했던 애들이 일반 일 하려면 못 해요. 힘들어서 못 해요. 아마 하루 일하고 안 할 걸요. 힘드니까. 돈 맛 느낀 애들은 어쩔 수 없어요. 노래방 도우미 할 수밖에 없어요."

_ **빨강**(가명/18살/노래방 도우미 경험)

거리에서 노숙하고 컵라면만 먹던 아이들에게
따뜻한 모텔 방과 그럴 듯한 식사는 치명적인 유혹이다.

"그때는 잘 데, 그때는 잘 데가 너~무 급했으니까. 자고, 막 자기만 하고 라면 같은, 컵라면 같은 거만 사 먹었어요. 그런 다음에 그걸로 이삼 일 버티고. 내면서, 돈 내면서. 그리고 우린 옷도 안 사 입고. 그렇게 살았거든요. 멍청한 거예요. 생각을 해 보니까. "야, 옷 사도 되겠다." (웃음) 이러고선 그때부터 옷 사고, 그때부터 맨날 컵라면 먹었는데 "왜 우린 컵라면만 먹지?" 그걸 어떻게 깨닫게 됐냐면, 어떤 언니가 돈 그렇게 번 담에 맛있는 걸 사 먹으러 갔어요. 그 돈으로. '우리가 왜 진작 이런 걸 몰랐을까.' 이런 생각이 드는 거예요. 같이 사 먹었죠 맛있게. 그런 다음에 돈 맛을 알게 됐죠. 그 전까지는 몰랐어요. 그게 순진한 건지~ 아니면 단순한 건지~ 한 가지밖에 생각이 안 들더라구요." _ **지민**(가명/나이 확인 안 됨)

가정에서 떠밀리고, 학교에서 버림받은 아이들을 그나마 '따뜻하게' 받아 주는 곳은 모텔이었다. 그 모텔에 묵으려면 돈을 벌어야 했고, 돈을 벌려면 몸을 팔아야 했다. 거리에 나온 아이들을 짓누르는 슬픈 공식이다.

# 새 날을 꿈꾸는 아이들
## 가출과 성매매의 현실, 직접 듣는 이야기

집을 나온 아이들에게 성매매는 블랙홀이다. 갈 곳 없고 돈 없는 아이들은 다른 선택을 하기 힘들다. 여기, 세 명의 아이들이 있다. 십 대 성매매 청소년을 위한 시설인 〈새날을여는청소년쉼터〉(이하, 〈새날〉)가 성매매 현장에서 건져 올려 품은 아이들이다. 쉼터에서 상담사와 마주 앉은 아이들은 성매매의 기억을 회상했다. 아이들은 각자 A4 용지 20쪽 분량의 사연을 풀어냈다. 〈새날〉의 협조를 받아 상담 기록을 요약해서 소개한다. 물론 아이들의 이름은 모두 가명이다. 회상하기 싫은 기억을 되새김질하는 아이들의 말은 두서없이 파편적이었다. 그 문장들을 최대한 가감 없이 옮겨 싣는다. 말을 옮기는 과정에서 왜곡을 막기 위해서다. 다만 아이들이 한 말의 순서만 재배치했다. 아이들이 뱉은 말의 조각을 이어 붙이다 보면, 어린 '방황' 혹은 '비행'의 너머에 아이들을 극단적인 환경으로 몰아넣는 배경이 선명하게 드러난다. 아이들의 마음과 몸에 시퍼런 상처를 남기는 어른들의 폭력 말이다.

**김연지 ( 가명, 2011년 7월 상담 당시 16살)**

초등학교 6학년 때 처음 가출했어요. 그때 부모님과 싸웠을 때였어요. 열 받아서 갑자기 나갔어요. 제가 부모님이 하신 말씀 안 듣고 그랬어요. 부모님이 자꾸 가두려고 하시고 "하라, 하라(고만)" 했어요. (집을 나와서) 친구 집에서 하룻밤 자고, 다음날 학교 갔는데 부모님이 학교에 와서 집으로 잡혀 갔어요. 가족들이 많이 걱정하고 화를 냈어요.

처음 가출할 때는 무서운 생각도 많이 들었는데, 두세 번째는 무서운 생각 덜 들고, 그냥 밖에서 있는 게 즐거웠어요. 피시방과 찜질방, 친구 집을 떠돌았어요. 하루 일과는 이랬어요. 친구 집에서 자다가 아침 10시나 11시에 일어나요. (아침) 밥을 먹고 애들 불러서 나가요. 그리고 밖에서 노래방 가고 그러면 시간이 금방 가요. 돌아다니고, 또 돌아다니고, 그러다가 새벽까지 놀다가 헤어지고 그랬어요.

(친구들하고) 술을 마시면 '왕 게임' 하거나, '진실 게임' 하거나, 얘기하면서 먹거나 아니면 얌전히 먹을 때도 있어요. 가출한 친구들은 착한데, 부모님이나 학교 때문에 많이 삐뚤어진 아이들이에요. (집을 나와서) 가장 힘들 때는 밥 굶거나 잘 때가 없을 때에요. 돈이 떨어지면 친구한테 전화해서 돈을 빌려 달라고 했어요. 하루 생활비는 10만 원~20만 원 정도였어요. 돈이 있으면 찜질방에 가서 잤죠.

성매매는 열다섯 살 때 처음 했어요. 아는 언니랑 아는 동생 때문에 알게 된 사람들이 있었어요. 처음에는 잘해 줬어요. (그 사람들 가운데) '스무 살 오빠'가 성매매를 하라고 했어요. "그걸 어떻게 하느냐"고 했더니, "무슨 알바인지 알지도 못하고 하려고 한다"면서 "나랑 (먼저) 하자"
고 했어요. 남자들은 처음에 '피 나오는' 사람을 싫어한다면서요. 부평
쪽 여인숙에서였어요. 힘들고 뭔가 기분이 나빴어요.

조건 만남 장소는 모텔이나 디브이디 방이었어요. 아침, 점심, 저녁,
새벽. 하루에 서너 번 정도 했어요. 사람들이 화장을 해야 한다고 해서
화장도 '떡칠'을 했어요. 옷도 짧은 거, 파인 거를 입었어요. 맨 처음 '조건
만남'을 하고 나서는 아프고, 힘들고, 하기 싫다고 생각했어요. 남자들은
회사원, 의사도 있었고, 여자 친구 있는 사람도 있었어요. 20대도 있고,
30대, 40대도 있었어요. 그 남자들 볼 때는 그냥 무섭고 하기 싫었어요.
때리려고 하는 사람도 있었어요. 뺨을 맞은 적도 있고, 주먹이나 발로 채
인 적도 있어요. 저도 바락바락 소리 지르고 나왔어요. 콘돔은 사용할
때도 있고, 안 할 때도 있었어요. 남자가 선택하는 대로 했어요.

조건 만남을 해서 돈을 받은 적이 없었어요. 그냥 몸만 팔러 다녔어
요. 돈은 스무 살 오빠가 받았어요. 한 번에 10만 원씩 받는 것 같았어
요. 인터넷으로 채팅을 해서 조건 만남을 하도록 했어요. 저는 오빠에게
맞을까 봐 성매매를 (계속) 해야 했어요.

스무 살 오빠랑 다른 사람들은 심심하면 나를 때리고 그랬어요. '그 사
람들'은 모텔에서 '담배빵'으로 나를 지지고 하루에도 여러 번 심심하면
때리고 그랬어요. 성폭행도 당했어요. 아프기도 하고요, 몸도 피곤하고
요 '무섭다 내가 왜 이러지. 내가 왜 이래야하는 거지' 이런 생각 많이 들
고 그랬어요.

조건 만남을 시작하고 난 뒤에 짜증을 많이 내고 날카로워진 것 같아
요. 밤에 잠을 못 자겠어요. 뭔가 불안한 생각이 들어요. 자주 화가 났어

요. 부모님이 제일 보고 싶었어요.

이제는 (성매매 혐의로) 경찰에서 조사를 받고 있어요. 힘들어요. 진술서 쓸 때 자꾸 같은 거 (묻고), 가해자 아저씨랑 마주 보고 진술할 때(도 힘들어)요. 진술할 때 가족이나 선생님은 같이 없었어요. 지금은 쉼터에서 있어요. 산부인과랑 피부과 쪽으로 치료를 받고 있어요. 몸도 마음도 편안해졌어요.

아직 학교를 그만두지는 않았어요. 그렇지만 학교를 좋게 생각하지 않아요. 선생님들은 자기 틀에 박혀서 애들에게 '니네(가) 문제야, 문제' 이러니까, 애들이 점점 삐뚤어지는 것 같아요. 학교에서도 그렇고 집에서도 애들 가두지 않았으면 좋겠어요. 애들이 밖에 나가서 늦게 들어오고 싶은데 부모님은 그것 갖고 뭐라고 하시고. 이제는 학교를 그만두고 싶은 생각이 있어요.

 **이정미 ( 가명, 2011년 상담 당시 17살)**

가출을 여섯 번 이상 한 것 같아요. 처음 가출한 건, 초등학교 6학년 때인데요. 그때는 멋모르고 나와 가지고 갈 때도 없고, 다시 집에 들어갔어요. 제대로 가출한 건 중학교 1학년 때인 것 같아요. 조금 집이 싫었어요. 아빠 폭력이 점점 심해져서요. 알코올이 너무 심해서 그냥 아무것도 잘못 안 했는데 때리고, 그냥 이유를 모르겠는데 때리고 잠도 못 자게 하고, 외출도 못 하게 했어요. 그냥 뺨 때리는 게 아니라 마구잡이로 때리고, 애들 앞에서 때리고, 친구 놀러 오면 친구 앞에서 때린 적도 있으니까. 귀찮기도 하고, 맨날 맞아야 하는 이유도 모르겠고. 아빠가 너무 무서운 거에요. 지나가다가 보기만 해도 울 정도로. 그런 생활이 싫었어요. 그래서 가출했고요. 그때 엄마는 아빠랑 이혼 상태라 연락이 안 됐어요. 할머니가 막아 줄 때도 있는데 그걸 다 막아 줄 수도 없는 거고, 그래도 할머니가 없었으면 (그만큼도) 못 버텼을 거예요.

초등학교 1학년 때 성폭행을 당했어요. 모르는 사람이었어요. 목사님 친구래요. 교회는 안 다녔지만 일단 목사님 친구라고 하니까. 어느 정도 신용이 있잖아요. 근데 초등학교 1~2학년 때 성폭행에 대해서 배우지도 않고, 이런 게 나쁜 거다 배우지도 않았는데, 맛있는 거 사준다고 따라갔는데 그랬어요.

어릴 때 이사를 1년에 한 번 씩 했던 것 같아요. 울산, 온양, 진해, 남해 등에서 살았어요. 진해가 가장 기억에 남아요. 그때까지만 해도 정상이었던 것 같아요. 가출도 안 하고 좋은 생각만 하고. 딱 사랑받았을 때.

처음 가출했을 때는 친구 집에서 잤어요. 처음 가출했을 때 '부재중 전화' 진짜 많이 왔거든요. 문자도 오고, 전화도 오고, (가족들이 전화로) 욕도 하고 그랬어요. 친구들이 자기 집에 데려다 재워 줬어요. 상황을 아니까, 걔네들은.

금전적 여유가 있으면 모텔로 들어가 술 게임 하지 않을까요? 가출 이후에 시설을 여러 곳 돌았어요. 맨 처음 김해 YMCA랑, 대전 은행동에 있는 여자 쉼터랑, 그 다음에 평택에 여러 번 갔고요. 안산에 가봤고, 수원 일시 보호소랑, 〈새날〉이랑. 여러 군데 다녔어요. 돈이 떨어지면 엄마랑 연락됐을 때는 엄마가 (돈을) 주셨고요. 엄마랑 연락 안 될 때는 '알바' 했어요.

맨 처음 '조건 만남'은 돈이 없어서 시작했어요. 중 3때인가 중 2때 같아요. 처음 만난 사람은 오빠라고 하기에는 나이가 많고, 아저씨라고 하기에는 그렇고, 한 30대 정도였어요. 직업은 아는데, 별로 얘기하고 싶지 않아요. 아는 오빠가 소개시켜 준 사람이었어요. 그 사람이 일하는 장소로 밤에 갔어요. 별 느낌은 없었어요. '그냥 그렇구나. 이런 거구나' 이런 느낌. 조건 만남을 하면 거의 40만 원 넘게 받았던 것 같아요. 옷을 한 30만 원 가까이 사고, 술값도 10만 원 정도 나왔던 것 같으니까. 조건 만남을 하면서 꾸미는 게 더 좋아졌어요. 노출이 심해지고. 성매매를 하다가 폭력을 당해 본 적은 없어요. 콘돔은 안 썼던 것 같아요.

다른 사람이 성매매를 억지로 시킨 적은 없어요. 그런데 제가 시킨 적은 있어요. 보육원에서 만난 친구인데. 전화로 제가 요구해요. 걔가 제 돈 12만 원 '땜빵'해 갔는데 열 받잖아요. 그래서 걔한테 "너 12만 원 아빠한테 말해서 갚든지, 아니면 네가 못 갚을 것 같으면 조건 세 번 뛰든지. 어때 좋지?" 이런 식으로. 그런데 아직 안 갚았어요. 좀 따지려고요.

청소년의 가출을 막으려면, '가출하지 마' 이래서 안 할 애들이 아니니까. 틈만 나면 쉼터 가는 애들은 관리해야 하겠지만…. 조건 만남을 하지 않게 하려면 술집을 없애야 한다고 봐요. 아 그게 아니라, 보도방 이런 걸 없애야 하지 않을까요? 가출했을 때 제일 보고 싶은 사람은, 아무리 나빴지만, 가족이었어요. 딱히 꼬집어서는 (누구를 말하는 것은) 아니고 그냥 가족이요.

학교는 중3에 그만뒀어요. 학교는 갑갑하지만, 교복은 입고 싶어요. 학교를 나오고 나서 머리가 노랗고 빨갛고 화장하고 다니니까, 술집에서 담배 이런 거 잘 필 수 있어요. 사람들이 쳐다보기도 하는데, '뭘 째려봐

저것들이' 이런 생각이 들어요. 이제는 〈새날〉에 와서, 검정고시 학원에 등록했어요. 검정고시 합격하고 좀 번듯한 그런 걸 하고 싶어요. 사회복지사나 타투리스트 같은 거. 이런 생각을 많이 해요. 엄마 아빠가 이혼하지 않았더라면 나는 어떻게 됐을까…….

**정은수 ( 가명, 2011년 7월 상담 당시 18살)**

지금까지 한 30번은 가출한 것 같아요. 처음 가출할 때는 중학교 1학년이었어요. 집이 너무 엄했어요. 외박이 안 됐어요. 너무 답답한 거예요. 처음 가출했을 때 엄마가 엄청 놀랐어요. 제가 엄마한테 "집이 답답해"라고 표현한 것도 아니고, 정말 갑자기 나갔으니까요. 부모님끼리는 사이가 안 좋았지만 저랑 부모님하고는 사이가 좋았어요. 그런데 엄마가 너무 무서워서 말을 잘 못했어요. "힘들어, 아파" 이런 말도 잘 못했어요. 어떤 때는 아프니까 엄마가 좀 돌봐 줬으면 하는데 엄마는 출근하느라 바쁘고, 날 신경 써 줄 시간이 없으니까. 엄마는 완벽주의자예요. 자기가 못 하는 게 있으면 그걸 꼭 이루어야 하는 그런 사람. 아니면 잠도 안 자고 밥도 안 먹어요. 다른 건 아무것도 안 보이는 것 같아요. 그런 게 서운해서 '나 좀 봐 줘. 나 좀 알아 봐 줘' 그런 마음도 있었던 것 같아요. 아빠는 굉장히 자유로워요. 산을 좋아하고요. 아빠는 친구들하고 어울리는 거 좋아하고. 가출하면서는 아빠가 가장 보고 싶었어요. 부모들이 자녀들에게 관심을 좀 가져 주고, 아이들도 어려움 없이 말할 수 있으면 가출을 하지 않을 것 같아요.

가출하고 나오면 주로 놀이터에 있어요. 놀이터에서 앉아 계속 얘기하고 담배 피우고 그런 것밖에 없는 것 같아요. 또 돌아다녀요. 누가 나한테 뭐라고 할 사람이 없으니까. 먼 곳도 가보고. 전철 타면 멀리도 갈 수 있잖아요. 인천도 갈 수 있고. 인천에 내려서 구경하다가 다시 "가자" 그러면 가거나 "여기 놀이터 좋겠다" 그러면 거기 앉아서 얘기하고. 잠은 놀이터에서 얘기하고 놀 때 앉아서 자기도 하고, 아니면 친구들이 학교 끝나고 오면 걔네 집에 가서 씻거나 자거나 해요. 친구 부모님이 집에 안 계시니까요. 돈이 있으면 노래방도 가고, 그냥 술 사가지고 와서 길바닥에서 먹기도 해요. 가출을 하고 나면 힘들잖아요. 축축 처지고, 서로 말도 안 하고. 그럼 술만 마시면 다시 화기애애해져요. 가출해서는 친구들하고 노래방, 당구장 가고, 얘기해요. 가출하고 나서 만난 친구들은 더 '까졌다고' 해야 하나. 저보다 더 나쁜 거 더 많이 알고 있어요. '어, 나는 이 정도까지가 나쁘다고 생각했는데, 얘네는 한 단계 '업'이구나.' 또 언니 오빠들이 시켜서 하기 싫은 일도 해요. 애들 '삥 뜯거나' 그냥 아무 잘못도 없는 애들 잡아서 때리기도 해요. 언니 오빠들이 그래요. "너 쟤한테 삥 안 뜯어 오면 너네 엄마한테 전화한다." 그럼 무서워요. 실제로 전화 안 하는 거 알면서도요.

가출하면 가장 힘든 건, 돈이에요. 가출하면 일단 생활비가 많이 들어요. 일주일에 20만 원은 있어야 해요. 돈을 처음에 (집에서) 가지고 나오는데 그 돈 다 써 갈 때쯤에는 불안해요. 어디서 자야 될까. 밥은 어디서 먹어야 할까. 처음에는 친구한테 돈을 빌리기도 하지만, 계속 빌릴 수 없으니까. 이제 좀 사람들이 보기에 쟤는 어느 정도 개념도 있겠지, 하는 나이에 가출해서 그런 게 좀 미안하고 민망했어요. 그때부터 노래방 도우미를 하게 된 거고, 조건 만남도 하게 된 것 같아요.

올해 2월 친구네 집에서 나왔는데 너무 막막했어요. 그때도 조건 만남이라는 걸 알고 있었어요. 어떻게 하는지도. 학교 다닐 때 그걸 하는 친구가 있어서요. 나도……, 돈이 없으니까, 이런 걸 해야겠다, 생각했어요. 첫 상대는 거의 서른 살이었어요. 그 남자가 제가 있는 동네로 오기로 해서 핸드폰 번호 알려 주고, 만났어요. 만나고 나서 되게 많은 생각이 들었어요. 좀 창피했어요. 수치스럽고 내가 더러워진 것 같고. 좀 그래 보였어요. 돈은 한 20만 원 받았어요. 한편으로는 좋은 사람들인 줄 알았어요. 왜냐하면 딱딱 돈을 주고. 그런데 남자들이 계속 그런 (변태스러운) 요구를 했어요. 그래서 그런 요구를 하면 안 하겠다고 했어요. 남자들이 콘돔을 안 하는 사람들이 많아서 제가 피임약을 먹었어요. 그렇게 조건 만남을 딱 10번을 했는데, '아, 이건 아니구나, 이 길은 아니다. 내가 스스로 끊어야지' 마음을 먹었어요. 그런데 핸드폰으로 연락이 와요. 전에 했던 사람한테서. 그럼 "죄송합니다. 그 사람 핸드폰 바꿨습니다" 그래요.

노래방에서 일한 적도 있어요. 성매매를 하면 한 번에 30만 원 받았어요. 한 달 동안 도우미 하면서 '아, 이건 아닌데. 이건 아니구나' 생각했어요. 업소에 있으면 돈을 더 많이 받고, 남자들이 나를 함부로 대하지 못하는 장점은 있어요. 그 대신 그 남자가 또 놀러 오면 또 봐야 해요. 거절을 못해요. 업소에 있을 때 언니들이 도망갔다가 잡혀 오는 걸 보면서 '(나도) 저렇게 되는구나' 생각했어요. 평소에 잘 웃고 놀았던 오빠, 삼촌들이 언니가 도망갔다는 이유로 때렸어요. 그만두겠다는 언니도 맞았어요. '여기 그만두면 큰일나는구나' 생각했어요. 결국 업소에서 돈도 안 받고 나왔지만, 아직도 그 사람들이 날 찾아오지 않을까, 내가 여기 있는 거

어떻게든 알아내지 않을까, 무서워요. 제가 봤거든요. 언니들이 너무 많이 맞는 걸.

성매매 하는 다른 친구들은 대게 어른스러워지려고 하고, 어른들을 만나면 자신감 있게 말하는데 애들을 만날 때는 자신감도 사라지고, 말도 안 하고 내성적으로 변해요. 한 친구는 남자 친구랑 살았는데 되게 힘들었어요. 남자 친구가 폭력을 해서요. 한 6개월 지나니까. 걔네 엄마가 연락을 해서 '엄마가 잘못했다. 들어와다오' 했어요. 그 친구가 남자 친구랑 정이 들어서 들어갈 수 없다고 했어요. 제가 걔네 엄마한테 전화했어요. "걔가 이렇게 이렇게 생각해서 못 들어가고 있다. 아주머니가 걔를 좀 잡아 줘라." 그리고 친구는 일주일 후에 집에 들어갔어요.

사람들이 성매매를 하면 돈을 쉽게 번다고 생각하는 것 같아요. 솔직히 알바를 해서 돈을 버는 게 덜 힘들다고 생각해요. 왜냐하면 성매매를 하면 알바에서 받는 스트레스의 10배는 더 받는 것 같아요. (상대방 남성이) 모르는 사람이라 수치심도 참아야 하고, 그 사람의 강아지가 된 양 고분고분 말도 예쁘게 해야 되고. 지금까지 살면서 가장 힘든 건, 내가 성매매를 했다는 수치심에서 빠져나오지 못했을 때였어요.

우리 같은 청소년들이 시설에 올 때는 어른들이 보자마자 "어땠니, 어땠어?" (물어보는) 이런 건 아닌 것 같고요. 그냥 일주일은 "너 잘 지내"라고 하고, 알아서 얘기할 때까지 기다려 주는 게 좋을 것 같아요.

저는 앞으로 제과 제빵 학원 다니는 것도 좋을 것 같아요. 저의 제2의 꿈은 아프리카로 가는 거니까. 한국에도 어렵고 힘든 애들이 많지만, 아프리카는 단순히 못 먹어서, 씻지 못하는 아이들이 많잖아요. 전 꼭 캠핑카를 사고, 그 안에 제빵하는 걸 설치해서 돌아다니면서 빵을 주는…….

'빵 나눔' 이런 사람이 되고 싶어요. 내가 〈새날〉에서 받았던 도움을 잘 간직하고 있다가 이 다음에 나눠 주고 싶어요.

십 대 아이들이 실제 증언하는 폭력은 그저 영화나 소설 속 한 장면이길 바랐다. 아이들의 경험은 동시대, 우리에게 친숙한 어느 골목에서 있었던 현실이라고 받아들이기가 버겁다. 편집자는 교정 작업 내내 폭력을 묘사하는 일부 증언을 삭제하자고 제안했다. 필자들 역시 고민했다. 글로 실려 오는 폭력의 정도가 심해서 고통의 기록을 전하는 것이 맞을지 고심했다. 장고 끝에 편집자의 제안을 받아들이기로 했다. 그나마 글에 남아 있는 폭력의 정황으로도 아이들이 겪었을 고통은 짐작하고도 남을 터였다.

'그냥 아이들이 자기 경험을 얘기하는 것'이라고 쉽게 생각할 수도 있겠다. 그렇지만 자기 삶을 증언하기까지 청소년들은 다시는 떠올리기 싫은 기억 속을 한참 헤엄쳐야 했을 것이다. 우리가 상상할 수 없을 만큼의 용기가 필요한 일이다. 그렇게 힘들게 건져 올린 이야기들을, 우리는 귀담아 들어야 한다. 그것이 우리 모두가 등을 돌려 생긴 이 사각지대에 최소한의 책임을 지는 길일 것이다.

# 거대한 범죄의 해결책은 무엇인가?

"가출했을 때, 할머니나 아빠도, 말리는 사람이 없었어요. 그땐 그냥 말리는 사람이 없었어요. (침묵) 그때 바로잡아 줬으면 아마 안 나갔을걸요."(성매매 청소년 1)

"처음 했을 때는 내가 가출을 할까 말까……. 원래 처음 하는 게 무섭잖아요. '부모님이 화내시면 어쩌지? 알아서 들켜서 맞으면 어쩌지?' 오만 가지 생각을 다 해요. 처음 가출할 때는 몇십 번 몇백 번 고민하는 거거든요."(성매매 청소년 2)

"혼자 할 때는 솔직히 좀 무서워요. 밤이 되면 친구들은 (집에) 들어가야 하고, 나는 나와 있어야 하는데 마땅히 잘 데가 없으면 밤이고 여자니까 무섭고, 놀이터에 혼자 앉아 있기도 그랬고, 친구들하고 여럿이 있을 때는 무섭지는 않

아요. 재미있고 가출해서 살 만하네, 이런 생각이 드는……."(성매매 청소년 3)

〈한국여성인권진흥원〉이 작성한 「가출 청소년 성매매 유입 과정」에 나오는 대목이다. 심층 인터뷰를 한 십 대 가출 청소년은 성매매에 이르게 된 각자의 사연을 풀었다. 어른들이 만들어 놓은 세상은 아이들에게 불친절했다. 아이들 각자는 저마다의 불만과 슬픔을 안고 집을 나섰다. 그리고 그 사연을 품고 몸을 팔았다. 성매매에 내몰린 상황과 이유는 다 달라도 집단으로 묶으면 원인은 거대하고 복잡하게 모습을 드러낸다. 이를테면 부모의 경제력과 교육 수준과 십 대 딸의 가출·성매매는 밀접한 상관관계를 가졌다. 집이 가난할수록, 부모의

학력이 낮을수록 어린 딸들은 집을 자주 나왔다. 가족 해체도 아이들을 집 밖으로 밀어내는 원인이었다. 일단 집을 나오면, 경제력이 없는 아이들은 성매매로 자주 미끄러져 내렸다. 이렇게 청소년 성매매의 원인을 거슬러 올라가면 사회 전체의 구조적 모순에까지 가닿는다. 실천 가능한 대안으로는 무엇이 있을까. 전문가들에게 물었다.

〈한국여성인권진흥원〉의 정혜원 박사는 가출 전부터 성 학대의 대상이 되고 결국 성매매로 유입된, 이른바 '성 학대 고위험군' 청소년들을 주목해야 한다고 주문했다.

"가출 및 성매매 경험이 있는 청소년 대부분은 성관계와 성폭행, 성매매를 개념적으로 정확하게 구분하지 못합니다. 그들이 과거의 성폭행 경험을 마주하고 극복하도록 돕는 프로그램이 필요합니다. 이렇게 적절한 회복 과정이 없다면 그들은 앞으로도 반복해서 성폭행 혹은 성매매의 대상이 될 수 있다고 봐요."

정 박사는 청소년 성매매에 대한 일반적 인식 전환도 주문했다.

"청소년 성매매를 청소년이 저지르는 성범죄로 보는 시각이 있는데 청소년 성매매는 그 대가가 오갔더라도 마땅히 미성년자 성폭행으로 봐야 합니다. 성매매 청소년은 피해자로 보는 것이 합당합니다."

영국의 한 시민단체는 과감한 방식으로 캠페인을 벌였다. 〈아동 성매매·포르노·매매 근절(ECPAT)〉 등의 시민단체가 벌이는 '전국 청소년 캠페인' 광고는 "17살 청소년과의 섹스에 얼마를 지불하셨습니까"라는 도발적인 카피를 던지기도 했다. 사실 도발적인 것은 광고 카피가 아니라, 광고가 가리키는 현실이다.

성매매 청소년을 위한 지원 시설인 〈새날을여는청소년쉼터〉의 김선옥 원장은 학교의 역할을 더 강화해야 한다고 강조했다. 김 원장은 "집을 나와 성매매에 나서는 아이들은 집에서 학대당한 경험이 상대적으로 많아 사실상 가족에게 보호받기 어려운 친구들이다. 그나마 학교와 지역사회에서 이를 모니터하고 상담해 줘서 가출과 성매매를 사전에 예방하는 시스템을 갖출 필요가 있다"고 말했다.

우리나라에는 전국 14곳에 성매매 청소년을 위한 쉼터가 운영되고 있다. 이곳에 여성가족부는 지난해 27억 원을 지원했다. 성매매 청소년을 위한 대안 교육 위탁 기관은 2010년 처음 문을 연 뒤 2곳이 운영되고 있다. 십대의 가출 및 성매매를 예방하고 대처하기 위한 사업은 이제 겨우 걸음마 단계다.

5장

국경 없는 성매매

# 부끄러워해야 할 사람은 누구인가?

**해외 성매매의 실상**

## 1.

어렸을 적에, 엄마와 아빠는 헤어졌다. 사회생활을 해 본 경험이 별로 없었던 엄마가 할 수 있는 일은 별로 없었다. 경제적으로 어려운 건 당연했다. 영진 씨(가명)는 어렵사리 고등학교를 졸업했다. 엄마와 마찬가지로 영진 씨도 고등학교를 졸업하고 보니 할 수 있는 일이 별로 없었다. 호주로 가면 돈을 벌 수 있다는 말을 들은 것은 그 때였다. 인터넷에서 일자리는 쉽게 구해졌다. 소개비와 교육비가 들어가는 일이었지만 그 곳에 가면 얼마 지나지 않아 돈을 벌 수 있다는 얘기를 들었다. 한번 저질러 보자는 마음이 들었다. 그곳에서 영진 씨가 할 일은 안마라고 했다. 몸은 힘들어도 고소득이 보장된다고도 했다. '안마'가 종종 유사 성행위로 이어지는 우리나라 업소와 달리 호주는 정말 '안마만 하면 된다'고 했다. 엄마를 위해서라도 돈을 벌어야 했다.

호주에 도착해 업소에 발을 내딛자마자 송출업자의 말은 거짓으로 드러났다. 업소에서 안마를 하는 건 사실이었지만, 더 중요한 건 따로 있었다. 호주는 성매매가 합법화된 나라다. 자연스럽게, 아니 당연하다는 듯 성매매가 강요됐다. 상대는 한국 교민만이 아니었다.

감시 때문에 탈출할 수도 없었다. 탈출해도 돌아갈 돈이 없었다. 돈을 구할 방법도 없었다. 벌어들이는 돈은 빚을 갚는 데 썼다. 그때 영진 씨는 성매매 여성들이 피해를 입었을 때 도움을 요청할 수 있는 단체가 있다는 것을 알았다. 우연이었다. 바로 도움을 요청했다. 천만다행으로 영사관이 움직여 줬다. 그렇게 다시 한국 땅을 밟았다. 1년여 만이었다.

당황한 것은 그 다음이었다. 한국으로 돌아왔지만 영진 씨는 피해자가 아닌 피의자 신분이 됐다. 차라리 호주에서 조사를 받았다면 인신매매 피해자였을 텐데, 한국에서는 피의자로 둔갑됐다. 성매매는 한국에서 범죄다. 그리고 성매매 여성의 개인 사정이 어떤지는 고려 대상이 아니다.

영진 씨는 어느 누구도 믿지 않는다. 성매매를 위해 자신을 판 사람도, 자신을 범죄인 취급하는 정부도, 심지어 자신을 도왔던 여성 단체와도 연락을 끊었다. 영진 씨의 치료를 도왔던 한 활동가는 "기다릴 뿐"이라는 말만 남겼다.


2.

도쿄 인근이다. 철로가 지나는 교각 아래, 성매매 집결지가 있다. 한국으로 말하자면 청량리나 미아리로 불릴 만한 곳이다. 다른 점이라면 이곳 집결지에는 커다란 유리창이 없다는 것뿐이다. 여성들은 유리창이 아니라 컴퓨터 모니터에 '전시'된다. 남성 '고객'이 업소 옆 피시방에서 키,

> 벌어들이는 돈이 엔화라는 점만 다를 뿐, 감시와 징벌,
> 빚의 굴레는 한국의 상황과 똑같았다.

몸무게, 성적 서비스 조건 등을 골라 상대 여성을 선택하면 인근 여관에서 남녀가 만나 성매매를 하는 식이다.

미영(가명) 씨 손에는 항상 핸드폰이 쥐어 있었다. 24시간 손에서 핸드폰을 떼지 못하는 상황, 밤낮을 가리지 않고 전화가 걸려 오면 곧바로 성구매자가 있는 여관으로 택시를 타고 가야 했다. 감시는 일상이었다. 미영 씨를 태우고 여관으로 향하는 택시의 운전기사도 감시자였다. 24시간 대기해야 하는 탓에 하루 종일 화장을 지우지 못하는 날도 많았다. 잠을 제대로 잘 수 없다는 게 가장 큰 고통이었다. 숨 돌릴 틈도 없었다.

업주는 한국 사람이었다. 한국 여성이 있는 업소는 대부분 한국 국적 또는 교민이 주인이었다. 미영 씨가 일본까지 가게 된 이유는 선불금 때문이었다. 한국에서도 그는 성매매 업소에서 일했다. 일을 해도 돈이 벌리지 않았다. 빚은 쌓였다. '캐피탈'이라는 이름이 붙은 금융권에서 돈을 빌렸다. 아니, 돈을 빌리도록 강요당했다. 사채업자는 미영 씨의 이름으로 금융권에 돈을 빌려 원금과 이자까지 챙겼다. 미영 씨는 자신의 의사와 상관없이 채권자들 사이에서 이리저리 떠밀렸다. 성매매 업소 주인이 어느 날 말했다. 일본에 가면 금방 돈을 갚을 수 있다고. 그곳에는 이른바 '진상'을 피는 손님도 없다고 했다.

나갈 수 있는 방법을 알았다면 당장 도망쳤을 것이다. 벌어들이는 돈이 엔화라는 점만 다를 뿐, 감시와 징벌, 빚의 굴레는 한국의 상황과 똑

같았다. 오히려 한국보다 더 위험했다. 도망가다가 걸리면 야쿠자가 직접 개입해 폭행이 가해지고 알 수 없는 어딘가로 팔려 간다는 게 일본에서는 불문율이었다.

기회는 우연히 다가왔다. 가까운 인권 단체와 끈이 닿았다. 미영 씨는 단체에 신고를 했고, 그를 구출한 영사관은 한국으로 송환 작전을 펼쳤다. 일본의 공항 입구에서 야쿠자들이 데려갈까 우려해 영사관 직원들이 직접 배웅했고, 한국의 공항 출구에도 사람들이 직접 나와 미영 씨를 맞이했다.

미영 씨는 한국에 돌아와 다시 삶을 찾았다. 하지만 다시 돌아온 한국 땅에서도 힘겹기는 마찬가지다. 알선업자, 사채업자와 법정 싸움을 시작했다. 미영 씨를 보는 시선도 곱지 않았다. 누구나 그를 '원래 성매매 여성이니까' 하는 식으로 바라봤다. 일본까지 간 것은 자발적인 선택이 아니었다. 빚더미에 밀려 원하지 않은 출국을 했지만, 미영 씨는 차가운 시선과 멸시의 굴레에서 자유롭지 않다.

## 3.

보람(가명) 씨도 돈 때문에 미국에 갔다. 미국은 일본, 호주와 함께 한국인 여성의 해외 성매매가 이뤄지는 대표적인 지역 가운데 하나다. 5년 전 한국을 떠나 캐나다와 미국을 떠돌았다. 두 번이나 단속을 당했다. 그때마다 미국 경찰이 인신매매 피해자로 판단하고 그를 풀어 줬다. 그래도 보람 씨는 한국으로 돌아올 수 없었다. 한국의 성매매 업소에 진 빚 때문이다. 보람 씨는 미국의 서부에서 동부로, 거기서 다시 캐나다로 5년 동안 아메리카 대륙을 헤매고 다녔다. 그동안의 고생은 말로 다 옮길 수 없다. 그러다 캐나다 한 도시에서 경찰에 적발됐다. 이번에는 영사관을 통해 한국으로 돌아왔다. 5년 만에 결정한 한국행이었다. 이미 이국땅에서 버티기에는 몸도 마음도 지쳤다. 미국에서는 더 이상 희망을 발견할 수 없었다. 그리고 그때와 달리 고향으로 돌아와 새 삶을 시작해 보면 어떻겠냐고 용기를 북돋아 주는 사람들이 있었다. 영사관에서 만난 여성단체 활동가들이었다. 그들과 함께 한국행 비행기를 탔다.

보람 씨는 이미 이 세상 사람이 아니다. 그는 스스로 목숨을 끊었다. 보람 씨의 귀국을 도왔던 한 활동가는 "보람 씨는 가정으로 돌아간 드문 경우라 그에 대한 조사는 뒤로 미뤄진 상태였다"며 "대륙을 가로질러 팔려 다니는 과정에서 우리가 상상할 수 없을 만큼 상처가 컸던 것으로 보인다"고 말했다.


## 철저한 무관심 속, 더 많은 여성들이 국경을 넘는다

세 사람의 사연은 해외에서 한국인 여성들이 성매매를 하게 되는 계기와 그 속에서 겪는 과정, 그리고 한국 땅에 돌아와서 경험하는 고난을 가장 전형적으로 보여 주는 사례다. 문제의 심각성에 비해 얼마나 많은 여성들이 이런 고초를 겪고 있는지 그 수조차 제대로 파악되고 있지 않다. 해외에서 성매매를 하는 여성들에 관한 이야기는 이제 잊을 만하면 언론에 올라오는 단골 메뉴가 됐지만 그 규모를 추정할 만한 기본적인 연구조차 이뤄지지 않고 있는 게 현실이다. 여성가족부의 「성매매 실태 조사 보고서」는 국내외 성매매 실태를 집대성한 결과물이지만 정작 한국인 여성의 해외 성매매 실태는 담지 않았다. 보고서는 전체 13장 가운데 한 장을 털어서 해외 성매매 부분을 상세히 조사했지만, 남성의 해외 성 구매 실태에만 초점을 맞췄을 뿐, 다른 한편인 여성의 성매매는 다루지 않았다. 왜 그랬을까? 보고서는 "한국 남성의 해외 성매매는 한국 여성의 해외 성매매와 구별되지 않고 통칭하여 해외 성매매로 규정되는 경우가 많은데, 질적으로 완전히 다른 이 두 영역을 엄격하게 구분하여 한국인 남성의 성매매를 중심으로 오랜 기간 동안 구조화된 메커니즘을 밝혀내고자 한다"라고 설명했다. 아마도 해외 성매매가 이슈화될 때마다 여성의 성매매에 비해 남성의 성 구매 실태가 제대로 다뤄지지 않는 현실에 문제 제기한다는 의미였을 것이다. 이에 따라 한국 남성의 해외 성매매 실태와 상황에 대해서는 보고서도 나름 상세한 분석을 시도하고 있다. 그러나 이는 남성들의 성 구매와는 '질적으로 다른' 또 다른 해외 성매매의 현실을 외면하는 결과를 낳았다.

정작 4년 전인 2007년, 여성가족부가 내놓은 「성매매 실태 조사 보고서」는 한국인 여성의 해외 성매매 실태를 문헌 조사를 통해 밝히고 있다. 이 보고서의 한 대목을 보면, 바다 멀리 여성들이 얼마나 위태로운 상황에 처해 있는지를 알 수 있다.

> (일본 등 외국에서) 한국의 성매매 여성들은 에이즈, 폭력, 범죄, 인권 유린의 위험에 노출돼 있음.

지난 4년 사이에 해외에서 몸을 파는 여성들의 인권 실태가 나아졌다고 볼 근거는 없다. 달라진 게 있다면 이 문제가 여성가족부의 관심사에

> "해외로 나간 여성들은 국가적 위신 등의 이유로 의제에서
> 감춰지는 경우가 흔하다. (…) '나라 망신'이라는 시각에서
> 접근하는 기관원들이 있을 정도"

서 오히려 밀려나 버렸다는 것 정도다. 주무 부처가 이러니 해외 공관을 비롯한 정부기관이 나서서 문제를 제기하거나 해결해 줄 것이라 기대하기 힘들다.

유복임 〈다시함께센터〉 소장은 "해외로 나간 여성들은 국가적 위신 등의 이유로 의제에서 감춰지는 경우가 흔하다"며 "예를 들어 '나라 망신'이라는 시각에서 접근하는 기관원들이 있을 정도고, 이런 시각은 지금도 여전하다"고 말했다.

그렇다면 한국 여성 해외 성매매의 실태는 어느 정도일까. 미국 지역을 먼저 둘러보자. 미 국무부의 2005년 「인신매매 보고서Trafficking in Person Report」와 여성가족부가 2007년에 낸 「성매매 실태 조사 보고서」를 종합하면, 해마다 1,500명에서 2,000명의 여성이 캐나다 국경을 통해 미국으로 인신매매되고 있다. 그 가운데 일부는 한국인 여성으로 추정된다. 특히 캐나다 서부 지역의 브리티시 콜롬비아에서 한국 여성들이 미국으로 인신매매돼 들어오는 것으로 알려져 있다. 2000년 이후 5년 동안 이렇게 미국으로 인신매매된 한국 여성들의 수는 수백 명에 이르는 것으로 추정된다. 보람 씨도 이 가운데 한 명이었다.

## 미국에서 되살아 난 쇠창살

　전문가들은 국제 성매매 시장에서 주로 빈곤국 여성들이 선진국으로 유입되는 게 일반적인 현상임을 고려할 때 비교적 여유가 있는 한국 출신 여성들이 미국 성매매 시장에 유입되는 걸 특이한 사례로 본다. 물론 한국 여성들이 미국에서 성매매를 하는 건 아주 최근의 현상이 아니지만 유입 경로는 과거의 양상에서 분명 달라졌다. 지난 1980년대에는 주한 미군 병사와 결혼해 미국에 들어오는 한국인 여성이 해마다 3,500명 정도였다. 누적 인구로는 2만 5천 명 정도며, 이들 가운데 80퍼센트는 이혼한 것으로 추정됐다. 이들은 영어에 서툴고 지인도 없어 성매매로 유입되는 경우가 적지 않았다. 이들 가운데 상당수는 결혼을 하기 전 한국에서 성매매에 종사한 여성들이었다. 그래서 성매매를 하는 한국인 여성은 대부분 결혼에 실패한 이들이라는 게 미국 사회의 일반적인 인식이기도 했다. 그러나 2000년대 중반 이후 이 양상에는 뚜렷한 변화가 나타난다. 국회 여성가족위원회가 지난 2007년에 낸 보고서는 다음과 같이 기록하고 있다.

　　최근에는 종사자의 연령별 양태가 바뀌어 불법 입국 혹은 단순 방문, 언어 연수로 입국한 20대 여성이 증가하고 있다. (…) 이들 한인 여성의 일부는 당초 기대했던 고소득과 자유로운 생활은커녕 성매매 조직에 1만~3만 달러의 부채를 지고 여권을 빼앗긴 채 비참하게 생활하는 것으로 나타났다.

　지난 2005년 6월 미국 연방수사국(FBI)과 이민관세집행부(ICE) 등이 벌인, 이른바 '황금새장작전Operation Guilded Gage'은 미국 전역에 한인 여성 성매매의 충격적인 실태를 알리는 계기가 됐다. 미국 정부는 당시 합동단속반을 편성하고, 로스앤젤레스와 샌프란시스코 일대 한인 유흥업소를 급습했다. 1,000명의 수사요원과 1,200만 달러의 예산이 투입된, 미국 사상 유례없는 인신매매 조직 검거 사건이었다. 당국은 2개 브로커 조직 조직원 40여 명과 성매매 여성 140명을 체포하는 '성과'를 올렸다. 당시 관련 보도가 태극기와 함께 소개되면서 교민 사회가 충격에 빠지기도 했다.

전체 규모는 과연 어느 정도일까? 〈한국여성정책연구원〉의 2007년 보고서를 보면, 미국 도시 가운데서도 특히 로스앤젤레스 한인 타운에서 한국식 성매매 업소가 성황인 것으로 나타났다. 이 지역에는 2006년 기준으로 전일제 성매매 여성 300명과 시간제 성매매 여성 1,000명이 '영업'을 하는 것으로 추정됐다. 또 샌프란시스코에도 한인이 운영하는 성매매 관련 업소가 90여 개에 이르는 것으로 추산됐다.

인권 단체 〈폴라리스 프로젝트〉에 따르면, 워싱턴 디시에서 영업하는 성매매 업소는 80여 개로 추정되는데 95퍼센트 이상 한국인이 운영하고 있다. 이 단체는 여기서 일하는 한국 여성 200여 명이 캐나다와 멕시코 국경을 통해 매달 입국하는 것으로 추정했다. 덧붙여 한인 성매매 업소는 로스앤젤레스, 뉴욕, 텍사스, 인디애나, 버몬트 등, 미국 전역에 걸쳐 산재해 있다고 전했다.

〈한국여성정책연구원〉은 2007년 보고서에서 이렇게 설명했다.

미국의 언어나 환경에 익숙하지 못한 (한국) 여성이 미국 전역에 퍼져 있다

> 워싱턴 디시에서 영업하는 성매매 업소는 80여 개로
> 추정되는데 95퍼센트 이상 한국인이 운영하고 있다.

는 것은, 성매매 관련 조직에 의해 (여성들이) 옮겨 다니고 있다는 것을 보여준다. 업소 주인들에 의해 여성들은 이곳저곳으로 옮겨지는데, 이유는 남성 고객에게 새로운 얼굴을 제공하기 위한 업주들의 목적 때문이다.

국회 여성가족위원회의 2007년 보고서는 한국인 성매매 여성 17명의 심층 인터뷰를 담고 있다. 내용을 보면, 이들이 미국을 찾은 이유는 높은 수입 때문이다. 보고서는 아래와 같이 전한다.

이들 여성의 경우 합법적인 입국은 없으며 밀입국이 대부분이다. 계속적으로 증가 추세에 있다고 한다. 따라서 한인 여성의 해외 성매매를 추정하는 것은 쉽지 않다. (…) 처음에는 자의적으로 성 산업 업소에 유입되었다고 볼지 모르겠으나, 시간이 지나면서 빚이 늘고, 신체적으로 알코올 혹은 마약으로 인하여 중간 착취자에게 예속되는 과정을 겪게 된다.

**호주, 빚을 지러 떠나는 여행**

지난 2011년 연말, 호주발 소식에 한국 여론이 한때 뒤숭숭했었다. 그해 11월 호주에서 활동하는 한국인 성매매 여성의 수가 1천 명이 넘을 것

이라는 현지 공관의 보고 때문이었다. 구체적으로, 호주 성매매 산업 종사자 2만 3천 명 가운데 1천 명이 한국인이라는 분석이었다. 국내 여론이 악화하자 정부에서 관계 부처 대책회의까지 열기도 했다.

호주의 성매매 실태는 어느 정도일까? 물론 정확한 통계를 파악할 길은 없다. 그나마 공식적인 자료는 지난 2007년도 호주 법무부 보고서다. 자료를 보면, 2004년부터 2007년 사이 530명의 한국 국적 소지자들이 호주 성 산업에서 합법적으로 일하는 것으로 분석됐다. 또 같은 기간 135명의 한국 국적자가 불법적으로 성매매를 하다가 적발됐다. 호주 대부분의 주에서는 성매매가 합법화돼 있어 체류 조건을 준수하면 문제없이 '영업'이 가능하다. 그러나 체류 조건을 위반하거나 불법 업소에서 성매매를 하는 경우 경찰이나 이민부의 단속 대상이 된다.

합법적으로 성매매에 종사하는 여성의 수가 급증하고 있다는 점도 우려스럽다. 2004년, 63명이던 합법 성매매 여성이 2005년에는 222명으로 크게 증가했다. 222명 가운데 160여 명이 시드니 인근 업소에 있었다. 그 수가 2010년 다시 1천 명으로 불어난 셈이다. 급격한 성장세를 체감할 수 있다.

여성가족부의 2007년 보고서를 보면, 한국에서 성매매에 종사하던 여성들만이 아니라 유학이나 어학연수 목적으로 호주에 간 사람들 가운데서도 성매매에 발을 들여 놓는 경우가 있는 것으로 보인다. 이들은 외국인을 상대하는 것을 꺼려 대체로 한국 업소로 가는 것으로 알려졌다. 중국 사람이 운영하는 성매매 업소에서 한국인 매니저를 두고 한국 여성 종업원을 고용하는 경우도 있었다. 한국 여성들은 대체로 인터넷이나 친구를 통해 정보를 수집하고 호주에 오기 전에 성매매와 관련한 환경을 알고 있는 경우가 많았다.

이들의 삶도 고단하기는 마찬가지다. 여성가족부 보고서의 한 대목이다.

호주에 도착하면 여성들은 알선업자와 업주가 소개하는 숙소에서 공동으로 생활한다. 호주에 입국하면서 만 달러 정도의 빚을 지는데 성매매를 통해서 갚아야 한다. 업주에게 여권을 압수당하고 외출이 통제되며 감시당한다. 호주에서 불법 성매매 업소나 불법 체류자로 성매매를 하는 경우 이민국이나 경찰의 단속 대상이 된다. 업주는 기소되어 처벌되고 불법 체류로 혹은 불법 업소에서 성매매를 한 여성은 추방된다.

지난 2011년 11월 호주에서 한국인 여성 성매매 실태가 논란을 빚자, 정부는 다음 달 외교통상부 등 관계 부처 협의를 거쳐 2012년 1월 중에 검사를 파견해 현지 성매매 실태를 파악하겠다고 발표했다. 약속이 지켜졌을까? 2012년 3월 외교통상부와 법무부에 사실 관계를 확인해 보았다. 정부는 그때껏 검사를 파견하지 않고 있었다. 검사의 파견 업무를 맡고 있는 법무부 관계자는 "4월에 있을 총선 때 재외국민 투표 관리 차원에서 주요 국가에 검사들을 파견할 예정인데, 그때 호주에 가는 검사가 관련 업무를 맡을 것"이라고 말했다. 불과 4개월 전 정부의 약속은 얼렁뚱땅 지켜지지 않고 있었다. 결국 공관의 보고로 정부의 '반짝' 관심을 받았던 호주의 성매매 문제는 아무런 대책 없이 방치되고 있다.

## 일본, 한국의 집결지가 통째로

한국인 성매매 여성들이 가장 많이 유입되는 국가는 일본이다. 물론 이들에 대한 정확한 통계는 잡히지 않고 있다. 다만 몇 가지 추산치만 어른거릴 뿐이다. 경찰청 외사수사대는 2007년 기준으로 일본 체류 한국인 성매매 여성이 3만 명이 이른다고 밝혔다. 지난 2007년, 박재완 당시 한나라당 의원도 일본에 머무는 한국인 불법 체류자는 4만 명에서 5만 명 정도로, 그 가운데 한국인 성매매 여성이 3만 명 정도고, 이들은 대부분 도쿄, 신주쿠, 아카사카, 긴자 등 고급 유흥주점 밀집 지역과 오사카, 고베 등에 퍼져 있다고 밝혔다. 주일 한국대사관에 따르면, 일본에서 성매매 업소를 운영하다가 적발된 한국인 업주는 2004년 9명, 2005년 15명, 2006년 39명으로 늘었다. 몇 가지 추정치나 단순 통계를 제외하면, 일본에서 한국 여성의 성매매에 대한 정확한 통계는 찾을 길이 없다. 성매매 여성의 증가세가 꺾이고 있는지, 아니면 계속 유지되고 있는지조차 알 방법이 없다. 다만 수사기관을 통해 흘러나오는 기사들을 보며 이른바 '원정 성매매'가 여전히 음지에서 거대한 규모로 이뤄지고 있다는 것 정도만 확인할 수 있을 뿐이다.

지난 2011년 10월 서울지방경찰청 국제범죄수사대는 일본 도쿄에서 성매매를 한 한국인 여성 16명과 이들의 현지 취업을 도운 최아무개 씨(35) 등, 브로커 6명을 입건했다고 밝혔다. 성매매 여성 가운데는 여대생과 40대 주부도 있었다. 경찰의 발표 내용을 보면, 최씨는 "일본에서 일하면 익명성이 보장되고, 월 3천만 원의 수입을 올릴 수 있다"고 속여 여성들을 유인했다. 그러나 일본에서 성매매를 한 여성 대부분은 항공료와 숙박비, 성형수술비 등 때문에 오히려 빚만 떠안은 것으로 나타났다.

## 고소득 보장, 목돈 마련에 유인되는 여성들

미국, 호주, 일본 등 지역별로 거리에는 차이가 있지만 여성들이 국제 성매매에 연루되는 과정은 비슷하다. 가장 큰 '파이프라인'은 인터넷 광고다. 고소득을 보장한다는 취업 광고에 혹해 클릭을 하는 순간부터가 시작이다. 미국의 경우 인터넷에서 월 2천만 원 이상의 고소득을 올릴 수 있다고 유인해 멕시코나 캐나다로 오게 한 뒤 '본토'로 밀입국을 시킨다. 이 과정에서 여성들은 3만 달러에서 5만 달러의 빚을 진다. 이 돈은 한국의 '선불금'처럼 여성들에게 족쇄가 된다. 이 돈을 갚을 때까지 벗어나지 못하는 것이다.

호주도 상황은 마찬가지다. 여성들은 인터넷에 '고소득 보장', '일하며 영어 배우기' 등, 광고에 유인돼 호주로 온다. 알선자는 여성들에게 워킹 홀리데이 비자를 권하는데 이들 중에는 대학생, 학원 강사, 회사원 같은 일반인도 포함돼 있다. 호주에 도착하면 알선업자와 업주가 소개하는 숙소에서 공동으로 생활한다. 호주에 입국하면서 만 달러 정도의 빚을 지

이 과정에서 여성들은 3만 달러에서 5만 달러의 빚을 진다.
이 돈은 한국의 '선불금'처럼 여성들에게 족쇄가 된다.
이 돈을 갚을 때까지 벗어나지 못하는 것이다.

는데 성매매를 통해서 갚아야 한다. 업주에게 여권을 압수당하고 외출이 통제돼 감시당한다.

미국이나 호주와 마찬가지로 일본도 주로 인터넷 광고를 통해 여성을 유인한다. 특히 일본의 경우 경찰이 인신매매 및 불법 성매매 단속에 적극적이지 않아 유흥업소의 활동에 제약이 적은 편이다. 그래서 한국 업주들이 많이 진출하는 이유가 된다.

일본 성매매 관련 인터넷 카페 광고 문구는 다음과 같다.

"월 1,000만원+α, 처음 비자 기간 석 달 동안 목돈 벌게 해 줌"
"일본어 공부하면서 목돈 벌 언니 구함"
"매너 좋은 일본인·한인 상대라 일본말 못해도 상관없음"

여성가족부의 2007년 보고서는 일본 성매매 업소 알선 관련 정보를 제공하고 있는 카페가 70여 개에 달한다고 밝혔다. 시간이 흘러도 덫은 여전히 있었다. 포털을 통해 보니 관련 카페는 쉽게 검색됐다. 한 카페는 이렇게 적어 놓고 있었다. "단시간에 목돈 마련하고 싶은 여자분 20~30(대). 일본입니다. 먼 곳이라고 두려움 갖지 말고 한번 들러 보시오."

# 무너진 알마의 꿈
## 한국은 거대한 감옥이었다

어디에도 있지만, 어디에도 없는.

외국인 성매매 여성의 얘기다. 그들은 전국 도처의 성매매 업소에서 '영업 중'이지만, 좀처럼 여론의 시선에 잡히지 않는다. 이들의 전체 규모는 파악조차 제대로 되지 않는다. 왜, 무슨 경로로 한국 땅을 밟는지, 그 사연도 알려진 바가 많지 않다. 지난 2012년 3월 22일 경기도 평택 외국인 성매매 피해 여성 지원 시설 〈두레방〉에서 알마 씨(29세, 가명)를 만났다. 그의 눈에는 자주 눈물이 고였다.

눈이 유난히 큰 알마의 고향은 바닷가 어촌 마을이다. 남중국해의 눈부신 쪽빛 바닷물이 어루만지는 해변에서 알마는 나고 자랐다. 아빠는 어부였다. 오빠들도 모두 앞바다에서 고기를 낚았다. 딸만 꿈이 달랐다. 노래가 좋았다. 어릴 적부터 친구들과 밴드를 만들어서 공연을 했다. 한 달에 대여섯 차례 파티장이나 행사장을 찾아 노래를 불렀다. 벌이는 시원찮았지만, 꿈은 컸다. 꿈을 펼칠 날을 기다렸지만, 대도시는 멀었다. 그의 고향 바탕가스에서 필리핀의 수도 마닐라에 가려면 북쪽으로 110킬로미터를 가야 한다. 도로 사정이 좋지 않기 때문에 차로 가려면 3시간은 족히 걸렸다.

## 노래를 부르기 위해 찾은 한국

2008년 2월, 마침내 기회가 왔다. 한 알선업소에서 해외 취업을 알선해 줬다. 장소는 먼 나라, 한국이었다. 알마의 일은 클럽에서 노래를 부르는 것이었다. 기뻤다. 조건도 나쁘지 않았다. 월급은 930달러였고, 숙식과 의류를 클럽에서 제공하기로 했다. 2009년 3월 알마는 '기회의 나라' 한국 땅을 밟았다. 공항에 나온 클럽 매니저는 그를 바로 경남 옥포의 한 클럽으로 인도했다. 클럽에 들어서자 알마 앞에 펼쳐진 광경은 상상과는 너무 달랐다. 알마는 "아주 아주 놀랐다.very, very shocked." 공연장 따위는 없었다. 접대부만 있었다. 이곳에선 필리핀 여성 23명이 남성 '고객'을 '접대'했다. 무어라 항의하려고 했지만, 매니저와 말도 잘 통하지 않았다. 업소에는 중간 매니저쯤 되는 필리핀 여성이 있었다. '마마상'이라 불리는 그는 "(다른 여성들을 보고) 따라해라"라고만 했다.

성매매를 대놓고 강요받지는 않았다. 그렇지만 여성 종업원들은 할당된 매상에 항상 쫓겼다. 남자 손님을 접대하며 한 달에 일정량 이상의 음료를 팔아야 했다. 목표치를 못 채우면 자유시간이 줄어들거나 다른 클럽으로 쫓겨나기도 했다. 결국 여성들은 '바파인bar fine'이라 불리는 성매매로 떠밀렸다.

〈두레방〉 사무실에서 필자와 만난 알마 씨는 조용히 눈물을 흘렸다. 바파인을 돌아보는 대목에서였다. 커다란 눈에서 눈물이 멈추지 않았고, 말은 자주 끊겼다. 그때, 매니저에게 도저히 일을 할 수 없다고 호소했다.

"씨발."

한국말을 못하는 알마 씨는 그때 한국인 주인이 한 욕설을 또렷이 발음했다. 벌써 4년 전의 일이다. 성매매를 거부하는 알마에게 돌아온 것은 주인의 반복된 폭언이었다. 그나마 구타는 면했다. 몇몇 동료는 매니저에게 발길질까지 당했다. 주인은 알마 씨에게 기생충약이라며 태블릿 약을 권하기도 했다. 느낌이 좋지 않았다. 약을 볼에 품고 삼키지 않았다. 무슨 약인지 끝내 알아내지는 못했다. 약을 먹으면 술에 취하지 않고 각성 상태가 유지된다는 말만 들었다. 주인 처지에서는 '매상'을 올릴 수 있는 수단이 되는 듯했다.

클럽에서 벗어날 길은 없었다. 바깥세상을 알 수 없었다. 한국 땅에는 의지할 곳도, 아는 사람도 없었다. 클럽은 보이지 않는 감옥이었다.


## 보이지 않는 사람들

"수이사이드(suicide, 자살)"

극단적인 생각이 머리에서 맴돌았다. 탈출구 없는 현실에서 벗어날 길은 많지 않아 보였다. 그해 8월 어느 날 아침, 알마는 클럽 숙소를 걸어 나왔다. 잠을 자던 동료가 잠결에 어디를 가느냐고 물었다. 사우나에 간다고 했다. 짐은 미처 꾸리지 못했다. 청바지에 티만 입은 채 클럽을 무작정 나왔다.

"그때는 아무 생각이 없었고, 머리가 비어 있었어요."

공황 상태였다. 길에서 사람들에게 터미널 가는 방향을 물었지만 낯선 시선만이 돌아왔다.

"미친 사람인 줄 알았을 거예요."

안색이나 행색 모두 꼴이 아니었다. 클럽을 나온 알마 씨는 우여곡절 끝에 〈두레방〉의 품에 안겼고, 고향으로 돌아갈 수 있었다. 지금은 〈두레방〉의 도움을 받아 소송을 진행하고 있고 이를 위해 한국에 잠시 돌아와 있다. 알마 씨는 클럽의 사장과 매니저 '마마상', 그리고 한국의 외국인 알선 업체를 창원 지방 경찰청에 고소해 놓은 상태다. 작은 체구의 알마 씨는 "그들이 처벌받기를 원하고, 나 같은 피해자가 더 생기지 않기를 바란다"고 말했다.

현재 국내에 체류하는 외국인 수는 140만 명에 달하는 것으로 추산된다. 이 가운데 여성은 60만 명으로 40퍼센트가 넘는다. 취업자가 대부분이던 과거와 달리 이제는 결혼 이민·유학·관광·취업 등 여러 이유로 입국한다. 종사하는 업종도 다양하다. 이들의 일상은 통계화된 수치로 파악되지 않는다. 실제로 알마처럼 성매매 업소에서 일하는, 또는 일했던 외국인 여성 수를 추정한 자료는 없다. 그러니 적게는 수천 명에서 많게는 만 명 단위로 추정되는 그들의 삶은 그저 짐작하는 수밖에 없다. 여성가족부가 지난 2011년 11월에 작성한 「외국인 여성 성매매 실태 및 제도 개선 방안 연구」 보고서는 그나마 몇 안 되는 자료다. 보고서는 평택 등을 중심으로 외국인 성매매 여성 98명을 설문 조사하고, 21명을 심층 면

접한 내용을 담았다.

우선 노동시간과 평균 수입에서 수많은 '알마'들의 고단한 삶이 묻어 난다. 하루 평균 노동시간은 9.29시간, 대부분 저녁 6시부터 새벽 3시까 지 일한다. 손님이 남아 있으면 새벽 4시를 넘기는 일도 흔하다고 보고 서는 말한다. 그렇다면 그 밖의 시간은 자유일까? 28퍼센트의 응답자가 "자유 시간이 없다"고 했다. 그렇다면 72퍼센트는 자유 시간이 있다는 말일까? 그렇지는 않다. 보고서는 "자유 시간은 업소마다 차이가 있지만 대부분 평일 낮 시간이고, 음료 판매 할당량을 채우지 못하면 벌칙으로 자유 시간이 박탈되는 경우가 대부분"이라고 밝힌다. 사실상 노동시간과 휴식 시간이 구분되지 않는 것이다. 월평균 휴일은 나흘에 불과하다.


## 주스 잔을 채우기 위해……


높은 노동 강도는 다른 한국 업소와 마찬가지지만, 여성들이 성매매 를 폭력적으로 강요당하지는 않는다는 것이 특징이다. 대신 외국인 여성 은 날마다 일정한 매출을 올려야 한다. 예를 들면, 한 주한 미군 출입 업 소는 외국인 여성 한 명당 열흘 기준으로 100점(1잔=1점)을 최저치로 주 스 판매 점수를 매긴다. 한 사람이 주스를 팔아 얻을 수 있는 평균치가 아닌 '최저치'다. 더 무서운 것은 경험적 수치를 기준으로 정한다는 것이 다. 업소에 따라 성황인 곳은 같은 기간에 300점(잔)이 최저점인 경우도 있다. 이 수치를 지키도록 강요받는 것 자체가 보이지 않는 폭력이다. 업 소에 처음 온 외국인 여성들은 대부분 이 점수를 지키지 못한다. "너 열심히 일 안 해?" "너 때문에 손해 본단 말이야!" 등의 말로 압박이 가해지고 한 번에 10점~20점을 메울 수 있는 '바파인'(성매매)이라는 방법이 있다는 것을 알린다. 예상치 않은 압박에 외국인 여성들은 처음엔 거부하지만 "환경이 더 나쁜 업소로 보낸다"는 업소 주인의 협박과 "다른 동료들도 포기"하는 상황 등을 겪으며 바파인을 받아들인다. 바파인이 아니라도 할당량을 채우려면 이른바 '랩댄스', '핸드잡' 등으로 불리는 유사 성행위나 그에 가까운 성적 서비스를 해야 한다.

업소에서 하는 일을 묻는 질문(복수 응답)에 "고객의 말벗, 또는 같이 춤추거나 술 마시는 일"이라는 응답이 49.5퍼센트로 가장 높게 나타나고, '노래 부르는 일'이 41퍼센트로 뒤를 잇지만, 이런 대답 뒤에는 몸을 팔지 않으려고 필사적으로 주스를 팔아야 하는 고단한 삶이 놓여 있다. 이렇게 해서 이들이 벌어들이는 월 평균 수입은 183만 원이다. 알마 씨와 같은 필리핀 출신은 그보다 낮은 138만원이다.

"외국인 여성의 성매매가 사회적으로 문제가 될 날이 머지않았다."

성매매 피해 여성 자활 지원 센터인 〈다시함께센터〉 유복임 소장의 말은 거침없었다. "미군 부대 등 기지촌을 중심으로 한 외국인 성매매는 이제 지역을 가리지 않고, 군인이 아닌 일반인을 대상으로 이뤄지고 있다"며 "실태가 제대로 드러나지 않는다는 게 더 큰 문제"라고 했다. 유 소장은 예술·흥행 비자를 이용해 외국인 여성들이 무용수나 가수로 들어온 10여 년 전과 상황이 달라졌다는 점을 지적했다. 실제로 법무부 자료를 보면, 2003년 예술·흥행 비자를 받고 한국에 머무른 외국인 여성 수는 4,453명이었지만, 2011년엔 3,220명으로 줄었다. 2000년대 중반 이후 정부가 예술·흥행 비자 발급 조건을 강화한 결과다. 대신 외국인 여성의 성매매 유입 경로는 다양해졌다. 유 소장은 취업이나 결혼 등의 이유로 입국했다가 빈곤에 내몰려 성매매 업소를 찾는 경우가 드물지 않다고 증언한다.

## 현실은 잔인하고 법은 무관심한

이들에 대한 보호가 시급하지만 현실은 버겁다. 가장 큰 문제는 실정법이다. 일단 성매매 피해 사실이 알려지면 해당 여성은 관련 기관에 입소한 뒤 3개월 후에 본국으로 송환된다. 그러니 외국인 여성들은 한국의 공권력이나 제도의 도움을 받기를 주저할 수밖에 없다. 또한 예술·흥행 비자로 들어온 외국인 여성을 이용하는 악덕 업자를 단속하는 법 규정도 모호하다는 게 활동가들의 공통된 의견이다. 현실은 잔인하고 법은 무관심하다.

더 부족한 건 실질적인 도움의 손길이다. 외국인 여성이 탈성매매를 해도 현재 전국에 외국인 성매매 피해 여성 쉼터는 단 한 곳뿐이어서 도움을 요청하기 힘들다. 이번 조사에서 "여성 단체 또는 인권 단체가 있는지조차 몰랐다"고 답한 외국인 성매매 피해 여성의 비율은 60.7퍼센트에 달했다. 그나마 단체를 방문한 외국인 여성 16명은 모두 "실질적인 도움을 받았다"고 응답했다.

# 북한 여성의 성매매

"북한에서 성병이 기승을 부리고 있다."

지난 2011년 4월 〈자유아시아방송(RFA)〉은 20일부터 북한에서 대대적인 성병 검사를 실시하고 있다고 보도했다. 당시 북한에서 매독 등 성병이 급격히 퍼져 나가는 데 따른 조치였다. 〈자유아시아방송〉은 북한 당국이 보위부 지도원과 의료진으로 이뤄진 일명 '99호 상무'라는 조직을 구성하고 대책 수립에 나섰다고 설명했다. 북한에 난데없이 성병이 창궐한 이유는 무엇이었을까? 의사 출신의 한 탈북자는 〈자유아시아방송〉과의 인터뷰에서 급증하는 성매매를 원인으로 들었다. 식량난에 시달리는 북한에서 여성들이 음식을 구하기 위해 성매매에 나선다는 설명이었다. 그는 "여자들이 남자들을 끌어들여서 하룻밤에 500원이면 500원, 1,000원이면 1,000원씩 받고 몸을 판다"면서 "다른 나라는 콘돔도 쓰고 하지만 (북한 성매매) 여성들은 그런 것조차 없다"고 말했다.

한때 '도둑과 창녀가 없는' 사회주의 국가라고 선전해 오던 북한이었다. 경제 사정이 기울면서 들리는 소식은 당국의 선전과 다르다. 물론 '금단의 땅' 북한에서 흘러나오는 뉴스를 백 퍼센트 신뢰하기는 어렵다. 그렇지만 북한의 변경에서 들려오는 소식도 크게 다르지 않다. 미국 국무부는 지난 2011년 6월 공개한 세계 각국 「인신매매 실태 보고서」에서 북한을 "인신매매피해방지법(TVPA)"상 최소한의 기준조차 충족하지 못하는 국가군으로 분류했다. 보고서의 내용을 보자.

북한의 여성 청소년과 성인들은 자

유와 식량, 일자리를 찾아 중국으로 넘어오지만 강제로 결혼을 하거나 성매매, 강제 노동을 하게 되기도 한다. 재중동포나 북한 남성들로 구성된 인신매매 조직은 접경지대의 중국·북한 군인들의 묵인 아래 북한의 여성들을 잡아들이고 있다. 북한 여성들은 종종 여러 브로커의 손을 거치면서 매매되기도 한다. 일부의 경우, 친구나 이웃 등이 여성을 브로커에게 떠넘기기도 한다. 연약한 북한 여성들은 중국으로 넘어오자마자 접경지대에서 유인되거나 납치된다. 일부는 일자리를 제공받기도 하는데, 결국 중국 남성과 강제 결혼을 하게 되거나, 성매매 집결지로 끌려가기도 하고, 아니면 인터넷 성 산업 종사자가 되기도 한다. 다른 이들은 나이트클럽이나 가라오케에서 호스티스로 일한다.

많은 북한 여성들은 중국어를 하지 못하기 때문에 브로커에 의해 죄수처럼 붙들려 살고 있다. 그러다가 만약 중국 당국에 적발이라도 되면, 본국으로 송환돼 가혹한 처벌이나 강제 노동에 시달리게 된다. 시민단체와 연구자들은 중국

동북부 지역에 수천 명의 북한 밀입국자들이 있을 것으로 보고 있다. 그 가운데 최대 70퍼센트는 여성으로 추정된다. 이 가운데 얼마나 많은 수가 인신매매의 대상이 됐는지는 확인할 길이 없다. 그러나 불법 입국자라는 법적 위상 때문에 이들은 인신매매에 더욱 취약한 처지에 놓이고 있다.

이들 가운데 천신만고 끝에 한국 땅을 밟은 이들도 있다. 물론 시련은 끝나지 않는다. 지난 2011년 11월 『연합뉴스』는 '불법에 빠져드는 '북녀''라는 제목의 보도에서 여성 탈북자들이 한국 성매매 산업으로 유입되고 있다고 보도했다. 탈북자 지원 기관의 한 관계자는 당시 인터뷰에서 이렇게 말했다.

"여자들은 북한에서 중국으로 나올 때 노래방에 많이 팔려 가 이미 유흥업소 경험이 있다 보니 구직이 어려워지면 쉬운 선택을 하는 경향이 있다. 그러나 탈북 여성이 단지 쉽게 돈 버는 방법만 추구한다고 비난하기는 어렵다. 우리 사회의 탈북자 기피 분위기가 이런 현상을 부채질하고 있다."

『연합뉴스』는 또 탈북 여성들은 입국 당시 한국에서는 성매매가 만연해 있어 큰 범죄가 아니라고 오해하고 있고, 북한의 가족을 구해야 한다는 강박관념에 주변 탈북자를 그저 따라나서는 경우도 많다고 설명했다.

여기에서도, 가장 취약한 처지에 있는 여성부터 성매매로 떠밀리고 있다.

# 세계로 뻗어 나가는
# 대한민국 남성들의 성性
## 해외 원정 성매매의 실상

### 1.

키리바티?

대부분의 사람들에겐 낯선 이름일 것이다. 태평양 한가운데, 적도와 날짜변경선이 만나는 지점 언저리에 자리 잡은 작은 섬나라다. 인구 10만 명, 남태평양의 군도는 대양을 가로지르는 어선들이 간혹 드나드는 항구로 활용될 뿐이다. 지난 2011년 6월 미국 국무부가 내놓은 「인신매매 실태 보고서」에서 이 작은 섬나라의 이름이 불현듯 등장했다. 전 세계 인신매매 실태를 검토한 보고서에는 이 작은 섬의 여자아이들이 남성들의 성매매 대상이 된다는 내용이 담겨 있었다. 놀랍게도 이 대목에서 한국 남성들이 등장한다. 문장을 그대로 인용하면 다음과 같다.

> 대한민국 혹은 다른 국적의 어선들은 키리바티에 정박한 뒤, 혹은 영해에서 배로 어린이들을 끌어들여 성을 매수했다. 일부 소녀들은 항구의 술집에서

승무원들에게 성매매를 하기도 했다. 키리바티 주민들, 종종 소녀들의 가족이나 택시 운전수, 선주 등이 소녀들을 태워 옮겨 주기도 한다. 소녀들은 성매매 대가로 현금이나 음식, 물품을 받는다.

보고서 모퉁이에 난 대목을 보도한 한국의 언론은 없었다. 따라서 더 이상의 현황 파악도 이뤄지지 않고 있다. 이름도 낯선 태평양의 한 섬에서 한국 남성의 성매매는 아마도 계속될 것이다.

## 2.

지난 2006년 10월, 한국의 '사회 지도층' 인사 138명이 무더기로 덜미가 잡혔다. 중국까지 건너가 이른바 원정 성매매를 한 혐의 때문이었다.

경기지방경찰청 여경기동수사대는 당시 중국 원정 섹스 관광을 알선해 준 혐의로 김아무개(32세) 씨를 구속했다. 김씨는 2005년 7월부터 '나이트 차이나'라는 중국 원정 성매매 사이트를 열고 1인당 130만 원에서 200만 원의 대가를 받아 3박 4일의 성매매 관광을 주선한 혐의를 받고 있다. 당시 경찰이 김 씨와 거래를 한 138명의 출입국 기록과 결제 내역을 확인하는 과정에서 대학교수와 의사, 공기업 대표 등, 이른바 지도층 인사들을 대거 적발했다.

'세계로 뻗어 가는' 한국 남성의 성매매다.

물론 한국 남성이 해외에서 벌이는 성매매의 전체 그림은 파악하기 어렵다. 국내의 성매매 규모도 '지하경제'의 특성상 잡아내기 어려운 점을 고려하면, 해외 성매매의 현황을 파악하기란 사실상 불가능하다. 다만 부분적인 '소묘'를 통해서 전체 '그림'을 어림잡을 수는 있다. 여기서 서울대 국제대학원 정재원 박사가 쓴 「한국형 성 산업과 성매매 문화의 국제적 팽창」(2011)이라는 논문이 유용한 길라잡이가 되어 준다. 정재원 박사는 이 논문에서 한국 남성의 극성스러운 추태를 보여 주는 부끄러운 현실을 기록하고 있다. 논문은 필리핀과 중국 청도 지역 현지 조사와 인터넷 사이트 조사 등을 통해 현황에 접근하고 있다. 논문의 조사 결과를 바탕으로 나라별 실태를 개괄하면 다음과 같다.

## 중국

지난 2010년 현재, 청도에서 교민 혹은 관광객을 대상으로 성매매를 알선하는 것으로 추정되는 업소만 75곳이었다. 현지 교민지에 낸 광고를 통해 미루어 짐작한 내용이다. 이들은 '골든○', '국빈○○', '귀족○', '연화○' 등의 간판을 달고 영업했다. 업소의 규모는 가지각색이었다. 큰 업체는 30명의 남성이 들어갈 수 있는 대형 룸 5개를 포함해서 24개의 룸이 있는 곳도 있었다. 호텔도 겸하는 대형 성매매 업소 가운데는 500명이나 되는 성매매 여성이 일하는 곳도 있었다. 성매매 여성은 중국 한족 말고도 조선족, 몽골족 등이 있었으며, 대부분 가난한 지역 출신이었다.

성매매 업소 여성 한 명은 현지의 실태를 다음과 같이 소개했다.

"한국인이 중국인 혹은 조선족 바지 사장을 내세워 성매매 알선 업체를 운영하고 있다. 다른 도시들처럼 현지 진출 한국 기업들과 자영업자 교민들을 대상으로 영업을 하지만, 한국에서 주말을 끼고 찾아오는 원정 성매매 남성들의 수도 적지 않았다. 이른바 '골프 관광' 등을 빙자하는 경우가 많다. 이들을 대상으로 하는 '밀착 관광'이라는 업태도 있다. 성매매 여성이 2박 3일, 혹은 3박 4일의 여행 일정을 줄곧 동행하면서 성매매를 하는 경우다. 성매매 업소들은 중국의 여성 실업 인구를 크게 흡수하고 있다. 여성의 공급은 늘 수요를 초과하고 있다. 따라서 성매매 여성이 결근이나 지각을 하는 경우는 드물다. 자칫 해고를 당할 위험이 있기 때문이다. 중국 공안에 대한 두려움으로 한국인 운영자들이 성매매 여성을 대상으로 임금을 착취하거나 욕설, 폭력을 행사하는 경우는 상대적으로 적다."

한국 성매매 업소와 연결된 숙박업소의 주인은 현황을 이렇게 정리했다. 그는 재중동포다.

"때때로 중국에서 대대적인 성매매 단속이 몇 개월 째 이어지지만, 여러 부패한 구조를 통해 성매매가 여전히 활발하게 이뤄지고 있다. 예를 들어, 일제 단속 때문에 업소를 통한 성매매가 어려울 때는 성매매 여성들이 마치 애인처럼 남성 구매자와 동행하는 형태가 '붐'을 이루기도 했다. 성매매 업소가 여성 노동력을 상당 부분 흡수할 만큼 거대해지면서 중국에서도 성매매를 사회적으로 용인하는 분위기가 형성됐다."

그가 전하는 에피소드는 씁쓸하다.

"중국의 성매매 업소에서 한국 학생들이 대규모로 성매매를 했다는 사건이 보도된 적이 있었는데, 황당하게도 이를 취재하러 온 한국의 방송국 취재진들이 숙박업소와 연결돼 있는 업소에서 할인 카드를 이용해서 성매매를 한 적도 있다."

현장에서 만난 한인회 간부의 말을 들어보면, 성매매 업소를 운영하는 업주들 역시 '그들'이 아니라 '우리'였다.

"한인회 구성 임원들 대부분이 각종 기업과 자영업을 하고 있다. 이들은 한국 성매매 업소와 직·간접적으로 얽혀 있다. 따라서 이들의 생존권을 건드리는 식의 문제제기는 거의 불가능하다. 또 많은 한국인들이 이런 업소와 여행사, 골프장 등과 얽혀서 장사를 하고 있기 때문에 사실상 계도가 어렵다."

이렇게 연결된 이른바 '침묵의 카르텔'은 중국 공권력과도 이어진다. 현지 한국 외교관의 말이다.

"지방 공산당과 지역 관료, 상층 계급, 공안 자체가 성매매 산업과 연루되어 있다. 더욱이 현재 중국 경제 발전의 원동력인 각종 기업에게 성 접대는 여타 동양 국가들과 마찬가지로 사업을 성공시키고 활성화하는 데 필수 불가결하다. 따라서 성매매 업소 자체가 암묵적으로 인정되고 있다."

논문은 중국 지역의 성매매 실태에 대해서 다음과 같이 서술했다.

"청도 등, 한국으로부터 1시간 정도의 거리에 있는 지역에서는 하루 수편의 비행기가 '만선'으로 들어오는데, 주말에 들어오는 이들 대부분이 성매매와 관련된 관광객들이다."

### 필리핀

필리핀에는 한국인 관련 성매매 업소가 지난 2010년 7월 기준 100여 개에 이르는 것으로 추정됐다. 필리핀에는 약 12만 명의 한국인이 살고 있다. 영어가 통하기 때문에 학생의 비중이 다른 지역보다 상대적으로 높다. 한인 소식지에 광고를 내는 업소만 해도 마닐라에 21곳, 퀘존에 7곳, 알라방 파라냐케 지역 등에 7곳으로 확인됐다. 그리고 지방의 경우 앙헬리스에 6곳, 카비테 따가이따이에 6곳 등에서 성매매를 알선하는 것으로 추정된다. 물론 광고를 하지 않고 운영되는 업소도 다수 있을 것으로 추정된다.

필리핀에서 외국인은 소매업을 할 수 없다. 그래서 전면에는 현지인 사장을 내세우고 실질적 운영은 한국인이 하는 경우가 많다. 현지 한국 기업인들이 이들 업소의 주요 고객이며, 골프 관광을 빙자한 원정 성매매 관광객과 출장객도 중요한 손님이다. 업소의 성매매 여성들은 마닐라보다는 민다나오 섬 등 가난한 지역이나 민족 출신들이 많았다. 이들은 한국어를 눈치껏 못 알아듣거나, 제때 한국식으로 술을 따르지 않으면 탬버린, 구두, 재떨이, 마이크 등으로 구타당하는 경우도 있었다. 사람들 앞에서 나체로 춤을 추는 등의 행위를 강요받기도 했다.

현지인 여성과 의사소통이 상대적으로 쉬운 교민이나 유학생들은 경비를 아끼려고 성매매 여성들에게 따로 만나자고 하거나 동거를 제안하기도 했다. 그 결과 한국인 남성들과 필리핀 여성 사이에 태어나 버려진 아동 가운데 다시 한국계 성매매 업소로 유입되는 경우도 있었다. 논문은 "관광객, 공관원, 기업인, 교민, 학생 등이 성매매 업소에 출입하고 있지만 불법 업소에 대한 교민 사회의 문제의식은 거의 없으며, (이에 대한) 한국 정부 차원의 대책도 없다"고 풀이했다.

### 기타 동남아시아 국가들

태국 역시 성매매 업소를 찾는 한국 남성의 목적지였다. 태국에 거주하는 한국 교민은 2만여 명 정도지만, 교민지에 광고를 내고 있는 성매매 관련 업소의 수만 30여 곳에 이르고 있다. 이들 업소는 방콕과 파타야에 집중되어 있다. 한인 성매매 업소에서 일하는 여성들은 대부분 가난한 치앙마이 등 북부 지방 출신 소수민족들이며, 가정의 생계를 책임지는 경우도 많았다.

베트남은 사회주의국가에서 자본주의국가로 변모하면서 성매매 산업도 점차 성행하는 추세다. 그러나 주변 동남아 국가인 태국, 필리핀에 비해 성매매 업소를 포함한 유흥가가 상대적으로 적은 편이다. 호치민에만 6만 명의 한인이 거주함에도, 한국인이 운영하는 성매매 업소의 수는 20여 곳 정도였다. 지난 2007년 7월에는 현지 경찰의 단속으로 한국 남성 11명이 구속되기도 했다.

무슬림 국가인 인도네시아에도 성 산업은 눈에 띈다. 이웃한 또 다른 무슬림 국가인 말레이시아와 대조되는 부분이다. 현지 교민 매체에서 나타나는 성매매 관련 업소만 40여 곳이다. 교민의 수는 3만 5천 명 정도로 추정된다. 인도네시아에는 다른 동남아 국가들보다 원정 성매매 남성의 발길은 뜸한 반면, 현지 진출 기업 임직원과 자영업자, 출장객들이 주요한 '고객' 노릇을 하고 있다.

동남아 국가 가운데서 가장 가난한 축에 속하는 캄보디아도 원정 성매매 국가로 주목받고 있다. 성매매 가격이 싼 탓이다. 교민 수는 5천 명 정도인데, 한국인이 운영하는 성매매 업소는 12곳이 넘는 것으로 추정된다. 특히 태국 등에서 성매매 가격이 오르면서 수요가 캄보디아로 쏠리는 추세다. 2010년 당시 프놈펜에만 7곳의 성매매 관련 업소가 있는 것으로 확인됐다.

### 러시아 및 구 사회주의권 국가들

구 소련 국가 가운데 한국인이 운영하는 성매매 업소가 처음으로 등장한 곳은 우즈베키스탄이었다. 당시 한국 기업이 중앙아시아로 한창 진출하던 때였다. 곧 가까운 카자흐스탄과 키르기즈스탄에서도 업소가 등장했다. 러시아, 우즈베키스탄 등, 구 소련 지역을 대상으로 하는 원정 성매매는 동남아 지역에 견주면 뜸한 편이다. 비자 문제와 거리, 비용 등의 부담이 크기 때문인 것으로 추정된다. 변화의 기미도 보인다. 보고서는 "백인 여성들과의 성매매가 큰 비용을 지불하지 않고 가능하기 때문에 최근 성매매가 급증하고 있다"고 설명했다.

러시아 모스크바에는 지난 2010년 기준으로 한국인이 운영하는 가라오케가 5곳 이상 있었다. 교민 수가 4천 명 남짓한 점에 견주면 많은 수다. 게다가 사회주의국가의 전통 때문에 모스크바에는 성매매 업소가 집결된 유흥가도 없다. 화교나 일본계가 운영하는 성매매 업소도 거의 전무한 실정이다. 화교, 일본계, 한국계 가릴 것 없이 성매매 업소를 운영하는 동남아의 경우와는 대조적이다. 보고서는 "일본은 현지 교민의 수가 적고, 중국은 러시아의 화교 자본에 대한 견제가 심한 탓에 이들 국가에 가라오케는 존재하지 않는다"라고 분석했다. 한국인들만 독하게 성매매 업소를 운영한다는 말이다.

한국인이 운영하는 업소는 러시아인을 이른바 바지 사장으로 세우고, 현지의 법망을 피해 '일반 카페'로 등록해서 영업을 하고 있다. 간판도 내걸지 않는 경우가 허다하고, 현지인 남성을 대상으로 하는 경우는 극히 드물다. 결국 업소의 문지방을 넘는 고객은 주로 한국 남성이라는 뜻이다. 이 업소들은 현지에서 공식적인 광고를 하지 않은 채, 음성적인 영업을 하고 있는 실정이다. 따라서 지역 마피아와 부패 경찰, 관료들에게 뇌물을 상납하며 영업을 유지하고 있다. 모스크바의 한국계 성매매 업소는 지난 2004년~2005년 국내 언론의 주목을 받기도 했다. 보다 못한 현지의 유학생들이 〈러시아여성인권〉이라는 모임을 결성하고 활동을 벌인 것이 원인이었다. 당시 모스크바 대학 어문학부 박사과정을 밟고 있던 이모(35세, 여) 씨는 『경향신문』과의 인터뷰에서 "한인 업주들의 성매매 영업은 러시아 마피아의 비호 아래, 현지 한인 소유 호텔·여행사와의 커넥션을 통해 이루어진다"며 "최근에도 한국에서 남자 40명으로 꾸려진 단체 관광객이 몰려와 '손님 1명당 2명의 윤락 여성이 필요하니 종업원 90명을 모아 오라'고 요구해 업소들마다 한바탕 난리를 치기도 했다"고 전하기도 했다. 2012년 7월 이 모임의 인터넷 카페를 찾아봤으나, 카페에는 더 이상 글이 올라오지 않고 있었다.

우즈베키스탄은 구 사회주의국가였고, 무슬림 국가라는 성격 덕에 성매매 밀집 지역은 희귀하다. 그러나 부패한 관료와 마피아의 영향 아래서 성 산업은 규모를 키우는 실정이다. 한국인이 운영하는 성매매 업소는 한때 13곳에 이를 정도로 번창하고 있다. 특히 한국 조직 폭력 집단도 일부 가라오케 경영에 관여하고 있는 것으로 알려져 있다. 이들 업소들은 현지 우즈베키스탄 남성들도 손님으로 받는다. 러시아와 다른 점이다. 이 지역을 대상으로 '골프 투어' 상품을 판매하는 한국의 여행사들도 간혹 눈에 띈다.

카자흐스탄에서도 한국인 성매매 업소가 '성업' 중이다. 교민 수는 불과 1,200명이지만, 성매매 관련 업소는 5곳 이상인 것으로 확인되고 있다. 현지 진출 기업인이나 출장 기업인이 주로 찾는다. 현지 바지 사장을 내세운 점이나, 부패 경찰, 마피아, 관료들에 상납하는 것도 다른 지역과 비슷했다.

몽골은 한국인이 경영하는 성매매 업소가 현지 성 산업을 '주도'하는 독특한 경우다. 한국인이 운영하거나 한국 남성이 많이 찾는 성매매 업소는 한때 100곳에 이르렀다. 몽골의 인구(450만 명)와 교민 인구(약 3천 명)를 고려하면 대단히 많은 수다. 지난 2007년에는 몽골 국영 방송(MNB)에서 한국인들의 행태를 집중 보도해 논란을 일으키기도 했다. 방송을 보면, 한국인들은 몽골 전통 가옥인 게르에서 포르노를 찍거나 아파트에서 몽골 여성들을 폭행하는 장면을 촬영하기도 했다. 그 뒤 몽골인들 사이에서 반한 감정이 돌면서 한국인 성매매 업소는 2010년 기준 15곳 정도로 줄어들었다. 그렇지만 대부분은 마사지 업소로 전환하거나 비밀스러운 영업을 계속하는 것으로 알려졌다.

보고서를 쓴 정재원 박사는 한국 남성의 해외 성매매 실태를 다음과 같이 정리했다. 첫째, 한국 남성의 성매매는 미국, 유럽, 아프리카 등 국가를 가리지 않고 광범위하게 이뤄지고 있지만, 그중에서 절대다수는 아시아 빈국에서 이뤄진다. 거리나 시간, 비용 등의 문제 때문이다. 즉, 일본이나 홍콩, 대만보다는 중국이나 동남아, 중앙아시아 지역으로 떠나는 남성이 많았다.

둘째, 이들 국가는 대부분 공식적으로 성매매를 금지하고 있지만 한국인들은 부패한 관료와 경찰, 조직 폭력배들과 결탁하여 직·간접적으로 업소를 운영하고 있었다.

셋째, 현지의 업소들은 주로 가난한 현지 여성들을 고용했다. 특히 가장 열악한 처지에 놓인 지방 출신 젊은 여성이 많았고, 일부 십 대 여성들도 목격됐다.

넷째, 이들 업소에 고용된 여성들은 자연스럽게 성매매로 내몰리고 있었다. 단순 접대의 대가와 성매매의 대가 사이에 가격 차이가 큰 탓이다. 업주가 성매매를 강요하는 경우는 상대적으로 드물었지만, 결국 여성들은 몸을 파는 수밖에 없었다.

다섯째, 주요 성 구매 집단은 현지에 진출한 기업의 임직원과 출장 임직원, 현지 사업가들, 그리고 관광객이었다. 관광객들은 한국어가 통하고, 한국 노래가 갖춰져 있는 한국 업소를 선호했다.

여섯째, 해외 성매매는 대부분 단란주점 등을 거쳐서 이른바 '2차'에서 이뤄지는 경향이 높았다. 최근 들어서 출장 마사지나 이른바 '밀착 가이드'와 같은 성매매 유형도 증가하는 추세다.

일곱째, 한국인 성매매 업소가 현지에서 살인, 마약, 도박 등으로 문제를 일으키는 경우가 많았다. 또 현지 여성 사이에서 아이를 낳은 뒤 도주하는 한국인 남성들도 현지인들의 공분을 샀다.

여덟째, 국외 한국 공관과 한인회, 교민 단체, 종교 시설 등은 이런 상황을 비교적 정확하게 알지만 그 심각성을 인식하지 못하거나 단순히 하나의 문화 정도로 취급하는 경향이 있었다. 현지의 성매매 산업이 현지인들의 경제적인 이해관계와도 밀접하게 얽힌 탓도 작용했다.

'해외로 뻗어 나가는' 한국 남성들의 성매매 행태의 원인과 규모를 깔끔하게 가늠하기는 쉽지 않다. 다만 한 가지, 이들의 성매매가 매우 극성스럽고, 극단적인 형태로 이뤄지고 있다는 것은 확실하다. 그리고 그 현실은 무척 암담하다.

# 마르셸 이야기

## 국제 인신매매의 현실

필리핀의 시골 소녀 마르셸은 이제 겨우 15살이다. 수줍음이 많은 마르셸의 얼굴은 나이보다도 어려 보였다. 2년 전 소녀는 안면이 있는 한 아주머니에게서 일자리를 소개받아 마을에서 두 시간 남짓 떨어진 대도시 올릉가포 시에 갔다.

"아주머니는 집안일과 아기 돌보는 일을 할 거라고 했어요. 그런데 정작 도시에 가니까, 아주머니는 나더러 옷을 차려 입고 컴퓨터 앞으로 가라고 하더라고요."

마르셸은 그렇게 '사이버 섹스 파트너'가 됐다.

"아주머니는 컴퓨터 앞에 앉아서 어떻게 해야 할지 가르쳐 줬어요. 그렇게 하는 수밖에 다른 수가 없었어요."

마르셸의 동갑내기 친구인 킴도 덫에 걸려들었다. 둘은 같은 '일터'에 속했다. 킴은 자신의 '쇼'에 대해 이렇게 설명했다.

"우리는 웹카메라와 마이크를 써서 컴퓨터 앞에서 일했어요. 고객이 우리 몸을 보여 달라고 하면 옷을 벗었죠. 우리의 '쇼'가 끝나면 그들은 다른 '쇼'를 원했죠."

필리핀에서는 사이버 섹스가 흥하고 있다. 영국의 BBC는 지난 2011년 3월, 마르셸과 킴이 사이버 섹스에 유입된 사연을 소개했다. BBC는 "필리핀은 빈곤율이 높은 데다, 기본적인 영어를 구사할 수 있는 인구가 많다. 사이버 섹스 산업에 종사할 수 있는 여성이 많다는 뜻"이라고 설명했다. 필리핀 정부는 사이버 섹스의 정확한 통계조차 확보하지 못한 상황이다. 단지 최소한 수천 명의 여성들이 사이버 섹스 산업에 종사할 것으로 추정할 뿐이다.

지난 2010년 필리핀 경찰이 '사이버 섹스'가 이뤄지는 한 아파트를 덮쳤다. 아파트에는 포주 몇 명과 소녀 여섯 명이 있었다. 소녀들 가운데 몇 명은 컴퓨터 앞에서 옷을 벗은 상태였다. 이 가운데 가장 어린 소녀는 13살이었다. 아파트는 도시의 번화한 거리에 있었다. 밖에서 보면 그저 멀쩡한 아파트였다. 필리핀 경찰도 사이버 섹스 단속에 골머리를 썩기는 마찬가지였다. 은밀히 이뤄지는 현장을 덮치기 위해서는 제보자가 있어야 했다. 마르셀을 구출할 수 있었던 것도 제보자가 있어서였다. 제보자는 아파트에서 막 탈출한 다른 피해 소녀였다. 단속이 이뤄져도 우두머리 포주를 놓치는 경우가 많다. 우두머리 포주는 서버를 필리핀이 아니라 외국에 두고, 본인도 외국에 거주하는 경우가 흔하기 때문이다. 그나마 포주까지 엮어도 실제로 검찰의 기소로 이어지는 것은 드물다. 다른 경찰 관계자의 말이다.

"법은 현실과 동떨어져 있습니다. 검찰에 몇 건을 송치했지만 아직 기소조차 하지 않고 있습니다."

왜일까? BBC는 일반인들이 이 문제가 얼마나 심각한지를 아직 인식하지 못하고 있기 때문이라고 설명했다. 사이버 섹스가 종종 인신매매된 미성년자를 끌어들이는데도 필리핀 사람들조차 '먼 나라 이야기'로 생각한다. 마르셀과 킴은 그나마 사이버 섹스의 굴레에서 벗어난 운이 좋은 경우였다. 아이들은 아일랜드 출신 신부가 운영하는 자선 기관에 몸을 맡기고 있었다. 몸은 과거를 떠났지만 기억은 머물렀다. 모니터 너머에서 그들에게 '쇼'를 요구했던 남성들의 얼굴은 아직 소녀들의 머릿속에 생생했다. 마르셀의 말이다.

"나는 컴퓨터 앞에 설 때마다 부끄러웠어요. 나는 그 사람들이 싫었어요. 왜냐하면 그때 저는 스스로 아이라고 생각했거든요. 그런데 어떻게 어른들은 나에게 그럴 수 있었죠?"

킴은 말은 더 직설적이다.

"나는 그들이 싫어요. 그 사람들이 죽어서 지옥에나 가버렸으면 좋겠어요."

## 선진국이라고 예외는 아니다

가난은 종종 여성을 성매매로 떠민다. 개인뿐 아니라, 가난한 국가도 처지는 마찬가지다. 미국 국무부는 해마다 「인신매매 실태 보고서」를 내고, 전 세계 184개 나라 정부를 인신매매에 관한 국제 기준을 준수하는 정도에 따라 4등급으로 나눈다. 지난 2011년 6월에 나온 보고서를 보면, 오직 32개 국가만이 가장 우수한 1등급을 받았다. 이 가운데 23개국이 이른바 '부자 나라'들의 클럽인 〈경제협력개발기구(OECD)〉 회원국이다.

한국도 1등급에 속했다. 한국의 성매매 규모는 매우 크지만, 상대적으로 인신매매 건수는 다른 국가들에 견줘 적은 것으로 풀이된다. 그럼에도 2012년 보고서에서 2등급으로 '감시 대상국' 판정을 받은 일본 내 외국인 인신매매 최대 피해자가 한국 여성이라는 지적에는 주목할 필요가 있다. 나머지 11개 OECD 회원국은 모두 2등급에 속했다. 세 번째인 '경계 2등급', 그리고 가장 바닥인 3등급에 속한 OECD 회원국은 없었다. 3등급에 속한 20개 나라는 대부분 빈곤국 혹은 여성 인권 문제에 상대적으로 소홀

한 아랍 국가들이었다. 예를 들면, 중앙아프리카공화국, 콩고, 적도기니, 에리트리아, 마다가스카르, 이란, 쿠웨이트 등이었다. 북한도 3등급에서 벗어나지 못했다.

잘사는 나라라고 해서 성매매 문제로부터 완전히 자유로운 것도 아니다. 앞서 필리핀의 성매매 실태를 보도한 BBC의 나라, 영국을 보자. 영국은 물론 미국 국무부로부터 성매매 관련 정책 1등급 판정을 받았다. 그러나 그 영국에서도 두 명의 남성이 12세 어린이를 포함해 약 100명의 청소년에게 성매매를 강요한 사실이 밝혀져 파장을 낳기도 했다. 이 두 남성은 2011년 1월, 영국 법원에 의해 19년의 징역형을 선고받았다. 이렇듯 음침한 성매매는 선진국의 그늘에서도 자라나고 있다. 지난 2012년 2월에도 영국 버밍엄의 한 성매매 업소에서 동물 우리를 연상시키는 철창에 갇혀 성매매를 강요받아 온 십 대 2명이 구조되는 사건이 있었다. 영국 일간지인 『데일리메일』은 18세 중국계 소녀와 13세 베트남계 소년이 시민단체에 발견되기 전까지 성매매를 강요당했다고 보도했다. 영국의 어린이 보호 시민단체인 〈바르나르노Barnardo〉는 지

난 2010년 영국의 청소년 성매매 실태를 고발한 보고서를 냈다. 보고서를 보면, 〈바르나르도〉가 2009년에 다룬 청소년 성매매 사례만 1,098건이었는데, 이는 2008년에 비해 약 4퍼센트 증가한 수치였다. 게다가 지난 5년 사이에 청소년 성매매 피해자의 나이가 15세에서 13세로 낮아졌다고 보도했다. 단체의 대표인 앤 매리 캐리는 당시 『가디언』과의 인터뷰에서 "우리가 성매매 여부를 확인하는 곳마다 실제 사례를 발견할 수 있었다. 우리가 발견한 것은 단지 빙산의 일각에 불과할 것이다"고 말했다.

## 국제 범죄 조직의 거대 수입원

성매매는 국가를 가리지 않았다. 성매매에 대한 정책은 나라마다 다양하지만, 본인이 원하지 않는 강제 성매매를 합법화하는 나라는 없다. 물론 청소년 성매매를 인정하는 나라도 없다. 따라서 음성화한 국제 성매매의 규모를 가늠하기는 사실상 불가능하다. 여러 가지 추정치로 미루어 짐작하는 수밖에 없다. 지난 2005년 스페인 EFE 통신은 멕시코와 미국의 시민단체를 인용해 전 세계적인 성매매 범죄 조직의 수입이 연간 100억 달러에 이르는 것으로 추정된다고 보도했다. 보도를 보면, 멕시코 비정부기구 〈레드데파밀리아(가족 네트워크)〉와 미국 단체 〈미국을 걱정하는 여성(CWA)〉은 해마다 400만 명의 어린이들이 국제 성매매 조직에 넘겨지고 있으며, 이들 범죄 조직에게 '성매매 시장'은 마약, 무기 밀거래에 이어 세 번째 큰 수입원이라고 분석했다.

이런 분석은 유엔이나 인터폴 같은 국제기구의 발표와도 일맥상통한다. 〈유엔마약범죄사무소〉(2000)와 미국 국무부(2000)도 각자의 보고서에서 인신매매가 마약과 무기 거래에 이어 세 번째로 큰 '지하경제'를 구성한다고 설명했다. 인신매매는 강제노동 등을 포함하기 때문에 성매매는 인신매매의 일부로 파악된다. 여기에서 인터폴이 인용한 추정치는 조금 더 크다. 지난 2002년 보고서에서 인터폴은 "일부 자료를 참조하면, 올해 전 세계적인 인신매매의 규모는 300억 달러에 이를 것으로 보인다"라고 설명했다.

국제기구들의 추정치에 대해서 회의론도 있다. 미국 워싱턴 디시에 있는 아메리칸 대학 산하 연구기관인 〈권리

실천Human Rights〉은 지난 2011년 누리집에 올린 글에서 유엔과 인터폴, 미국 국무부의 발표 내용이 사실은 근거가 없거나 발견되지 않았다고 설명했다. 누리집에 오른 글이다.

"(〈권리실천〉 쪽) 연구자들은 여러 종류의 주장만 찾아낼 수 있을 뿐, 주장의 근거를 밝힌 것은 발견할 수 없었다. 아마도 이런 추정치는 말실수로 나온 게 아닌가 생각된다."

유엔이나 미국 국무부 등의 발표 원문을 보면, 〈권리실천〉 쪽의 말에 무게가 더 실리는 것이 사실이다. 전 세계적인 성매매의 거대한 실체는 여전히 안개 속에 있다는 말이다.

6장

성매매의 논리들

# 근절과 허용, 피해자와 노동자 사이
### 성매매를 바라보는 다른 시선

"우리도 국민이다. 생존권을 빼앗지 마라"

지난 2011년 9월 22일, 서울의 한복판인 보신각 앞에서 기괴한 집회가 벌어졌다. 1천 명으로 추산되는 집회 참가자 가운데 자신의 얼굴을 내놓은 사람은 거의 없었다. 참가자들은 모자에 마스크, 선글라스 속에 얼굴을 깊숙이 묻었다. 이들은 전국 각지에서 모여든 성매매 여성들이었다. 〈한터전국연합〉(이상, 〈한터〉)이라는 깃발 아래 모여든 이들은 "성매매특별법"을 폐지하라고 요구했다. 특별법 때문에 생존권이 위협받았다는 게 이들의 주장이었다. 이들의 집단행동은 처음이 아니었다. 2004년 "성매매특별법"이 제정되던 당시에는 한겨울 찬바람 속에서도 과천 정부종합청사 앞에서 소복을 입고 시위를 벌였다. 2011년 5월 서울 영등포에서는 경찰의 단속에 맞서 성매매 여성 400여명이 반나체 시위를 벌이기도 했다. 당시 성매매 여성들은 아예 '내년 4월 총선 두고 보자'는 팻말까지 들고 나왔다.

이들을 바라보는 시각은 다양하다. 이른바 진보진영 안에서도 입장은 크게 엇갈린다. 집회를 이끄는 〈한터〉를 "포주 집단"이라 일컫는 사람도 있다.(정미례 〈성매매문제해결을위한전국연대〉 대표, 〈오마이뉴스〉, 2011.5.31) 그렇다면 집회에 나선 여성들은 업주의 강압에 이끌려 나왔거나 소극적으로 참여할 뿐이라는 말이다. 완전히 다른 목소리도 있다. 2011년 『진보평론』 가을호는 〈한터〉를 성매매 여성들이 자신들의 일터를 지키기 위해 자발적으로 결성한 조직이라고 소개했다. 왜 이런 시각차가 생길까? 이를 이해하기 위해서는 성매매를 둘러싼 페미니즘 진영 내부의 논쟁을 들여다볼 필요가 있다. 특히 서구에서는 성매매를 놓고 이른바 '페미니스트 성 전쟁'이라 일컬을 정도로 뜨거운 논쟁이 벌어지기도 했다. 성매매 문제가 그만큼 민감하고 복합적인 이슈라는 의미기도 하다. 여기에서 논쟁의 지형을 간단히 짚어보도록 하자. 박정미 한양대 HK교수의 논문 「서구 '제2세대 페미니즘'의 성매매 논쟁」에서 대부분을 참고했다.


## 성매매는 구조적 억압인가?


1960년대 북미와 유럽에서는 이른바 '성 혁명' 바람이 거셌다. 성 혁명이란 당시 성에 대한 규범과 인식의 급격한 변화를 가리킨다. 경구피임약의 보급이 결정적인 요인이었다. 같은 시기 낙태가 합법화됐고 동성애와 인종 간 결혼을 관용하는 시선이 일부 자리 잡았으며 혼전이나 혼외 관계 역시 함께 증가했다. 성 혁명은 포르노그래피의 대중화와 여성의 성 상품화를 촉진하기도 했다. 성적 자유는 커졌고 동시에 새로운 현상 속에 억압의 요소도 분명했다. 성 혁명의 폭력적 효과에 주목한 일련의 집단이 있었다. 1976년에 조직된 〈포르노그래피와 매체에 등장하는 폭력을 반대하는 여성들〉은 포르노그래피 반대 운동을 벌였다. "포르노그래피는 이론, 강간은 실천"이라는 슬로건이 이때 나왔다. 이들은 포르노그래피를 검열하고 제작자를 처벌하는 조례를 입안하고 나섰다. 이 조례가 페미니스트들 사이에 대립을 낳는 시발점이 됐다. 사회주의 페미니스트들과 자유주의 페미니스트들은, 포르노를 반대하는 '급진주의 페미니스트'들의 입장에 맞서 '반-반-포르노' 혹은 '반-검열'의 입장에 섰다. 이들은 결국 포르노그래피 금지 조례 위헌 판결을 이끌어 냈다. 페미니스트들 사이 논쟁의 '제1라운드'는 그렇게 막을 내렸다.

'제2라운드'의 의제는 성매매였다. 시작은 1971년 미국 뉴욕에서 열린 성매매 토론회였다. 당시 토론회의 제목은 '성매매의 근절을 위하여'였다. 여기에 청중으로 참여한 성매매 여성들이 들고 일어섰다. 성매매 여성들은 자신들의 생계 수단인 성매매를 근절하겠다는 주최 쪽의 입장에 동의하지 않았다. 물론 당시 페미니스트들의 토론이 성매매 여성을 배제하는 방식으로만 이뤄진 것은 아니었다. 성매매를 금지하는 법률이 성매매 여성을 더욱 취약한 위치로 몰아넣는다는 시각도 있었고, 성매매는 결혼, 모성 등과 함께 여성을 억압하는 여러 제도 가운데 하나일 뿐이라는 지적도 있었다. 이를테면, 한 남성의 아내와 성매매 여성은 단지 조금 다른 억압의 대상이 될 뿐, 근본적으로 다르지 않다는 시각도 제시됐다. 그러니까, 아내는 결혼 생활을 유지하기 위한 대가로 (다른 남성과의 성행위를 하지 않는 방식으로) 금욕을 매매하고, 성매매 여성은 자신의 생계를 유지하기 위해 자신의 섹슈얼리티를 매매한다는 말이었다. 더욱이 이혼한 여성은 자녀 양육권을 잃지 않고 전 남편에게 양육비를 받기 위해서 금욕적이어야 할 뿐더러 그 사실을 공공연하게 입증해야 하기도 했다. 즉, 금욕과 성매매는 이런 측면에서 동전의 양면과 같았다.

따라서 성매매를 근절한다는 말은 두 가지 뜻을 가진 것으로 해석될 수 있었다. 첫째는 성매매라는 구조적 억압에 도전하겠다는 뜻이면서, 둘째는 성매매에 자주 수반되는 강간, 구타, 인신매매 같은 폭력을 없애겠다는 뜻이기도 했다. 뉴욕의 성매매 여성들은 아마도 두 번째 의미에는 동의하겠지만, 첫 번째 입장에 대해서는 동의하지 못했을 것이다.

성매매 여성들의 움직임은 1973년 구체화된다. 당시 성매매 산업에 종사하던 세인트 제임스는 "당신의 낡고 진부한 윤리를 폐기하라Call off Your Old Tired Ethics"라는 뜻을 가진 단체 〈코요테COYOTE〉를 설립했다. 제임스는 성매매가 아니라 성매매를 범죄화하는 것이 사회문제라고 봤다. 따라서 〈코요테〉는 성매매를 범죄화하지 않고, 성 판매 여성에 대한 처벌과 낙인을 없애는 것을 목표로 삼았다. 제임스는 1979년 성매매 여성들의 전국 조직인 〈북미지역 성매매대책위원회(NTFP)〉를 건설하기에 이른다.

비슷한 시기인 1974년, 대서양 건너 프랑스 리옹에서는 성매매 여성 두 명이 잔인하게 살해되는 사건이 벌어졌다. 경찰은 사건을 해결하기보다 성매매 여성의 단속을 강화하는 식으로 대응했다. 거리의 여성들이 들고 일어섰다. 이듬해 150여 명의 성매매 여성들은 교회 한 곳을 점거하고 자녀 양육과 보건 의료에 대한 권리를 주장했다. 이들의 절박한 호소는 미디어의 주목을 받았다. 프랑스에서 일어난 사건의 파장은 유럽 전역으로 확산됐다. 유럽 각국의 성매매 여성들도 조직을 건설하기 시작했다. 〈영국성판매자집단(English Collective of Prostitutes, ECP)〉이 대표적이었다. 이런 움직임은 유럽뿐 아니라 캐나다, 호주, 아시아와 남미, 아프리카 일부 국가에까지 번졌다. 이렇게 결성된 성매매 여성 조직의 입장에도 조금씩 차이가 있었다. 예를 들어, 〈코요테〉는 자유주의 페미니즘을, 〈영국성판매자집단〉은 마르크스주의 페미니즘을 수용했다. 이들 집단의 지도 이념은 달랐지만, 성매매의 비범죄화와 성매매 여성의 시민권 획득이라는 목표를 공유하면서 사안별로 연대했다.

## 평행선을 달리는 다양한 시각들

이른바 '페미니스트 성 전쟁'의 3막은 1983년 네덜란드 로테르담에서 열린 '여성 매매 반대 운동을 위한 세계 페미니스트 워크샵'에서 시작됐다. 행사를 준비하는 과정에서 급진주의 페미니스트들과 성매매 여성들 사이에 갈등이 전면적으로 드러나기 시작했다. 결국 행사에서 배제된 성매매 여성들과 지지자들은 1985년 암스테르담에서 "제1차 세계창녀대회 World Whores' Congress"를 개최했다. 급진주의 페미니즘과 성 판매자 권리 운동 사이에 잠재돼 있던 갈등이 분열로 드러나기 시작한 시기였다. 이듬해 브뤼셀에서 열린 "제2차 세계창녀대회"에는 〈영국성판매자집단〉이 불참을 선언했다. 행사를 당사자인 성매매 여성이 아닌, 전문가 그룹이 주도했다는 등의 이유에서였다. 성 판매자 권리 운동 내부의 균열이 드러나는 계기였다. 성매매를 둘러싼 논쟁은 1990년대 이후로 지금까지 지속되고 있다.

성매매를 둘러싼 논쟁에서 어떤 입장들이 부각됐는지 하나씩 훑어보

자. 가장 먼저 급진주의 페미니즘은 성매매가 성 노예제며, 여성에 대한 남성의 성폭력이라고 파악한다. 따라서 성매매는 자연스럽고 불가피한 제도가 아니며, 이를 폐지하기 위해서는 성 구매 남성을 처벌해야 한다고 주장한다. 급진주의 페미니즘은 선명한 이론과 확실한 해결책을 제시하면서 과거 성매매를 둘러싼 토론에서 주도적인 역할을 맡아 왔다.

물론 이에 비판도 만만찮다. 몇 가지만 보자. 첫째, 이 입장은 성매매가 성폭력과 달리 계약의 형태를 취한다는 사실을 간과한다. 말하자면, 성매매는 아내 구타나 강간과는 다르게 당사자 사이의 상호적이고 자발적인 교환의 요소를 일부라도 가지고 있다는 주장이다. 둘째, 성매매는 성폭력과 다르게 수입 창출 활동이라는 측면도 있다. 특히 서비스산업의 확장에 따라 많은 여성이 섹슈얼리티를 매개로 노동을 하고 있다. 이런 상황에서 성적 서비스의 판매와 다른 노동력의 판매를 명확하게 구분하는 게 점차 힘들어지고 있다. 셋째, 성매매와 성폭력을 같은 선상에 놓고 보면 성매매 여성에 대한 강간이 법적으로 성립하지 않는 모순에 처한다. 성매매 여성들은 성 노동의 권리를 주장하지만, 성폭력은 반대한다. 그밖에도 급진주의 페미니스트가 주장하는 성 구매자 처벌이 성매매를 근절하는 유효한 방법인지에 대한 회의적인 시선도 있다.

한편, 자유주의 페미니즘은 여성의 직업 선택의 자유, 성적 자기 결정권, 성 판매 여성에 대한 차별 철폐를 주장한다. 따라서 성 판매 여성은 범죄자나 일탈자가 아니라 평등한 시민으로 새롭게 정의된다. 보수주의자들의 눈에 성매매 여성은 사회질서를 교란하는 악녀로 보이고, 급진주의 페미니스트들에게는 성매매 여성이 정신적·육체적 학대에 시달리는 피해자로 그려진다. 그러나 자유주의 페미니스트들은 자유롭게 직업을 선택한 여성이라는 대안적인 이미지를 제시했다. 네덜란드의 성매매 여성 권리 단체인 〈홍실Rode Draad〉은 성 판매 여성이 공짜로 성을 제공하는 여성보다 더 우월하며 더 높은 경제적 자율성을 누린다고 주장하기도 했다. 〈코요테〉를 설립한 세인트 제임스도 다음과 같이 말했다.

> "나는 언제나 창녀가 유일하게 해방된 여성이라고 생각해 왔다. 남자들이 많은 여자들과 잠을 자듯, 우리도 많은 남자들과 잠을 잔다. 이는 우리의 절대적인 권리며, 이런 권리를 지닌 유일한 여성이다."

자유주의 페미니스트들도 비판으로부터 자유롭지 않다. 가장 치명적인 지적은 전 세계의 성매매 여성 가운데 자신의 자유로운 의사에 따라 성매매를 하는 여성이 도대체 얼마나 되느냐는 질문에서 나온다. 5장에서 살펴봤듯이, 성의 지구적 거래를 가능하게 하는 것은 지구촌 대부분을 덮은 가난과 빈곤이다. 국내만 한정지어 이야기하더라도, 성매매의 계급적 성격은 분명하다. 가난한 여성, 자원을 적게 가진 여성이 성매매에 빠지기 쉽다. "성매매를 하는 여성들이 만약 다른 자원을 가졌어도 계속 성매매를 했을까?" 하는 질문이 자연스럽게 나온다. 따라서 성매매 여성을 '해방된 여성'으로 일반화하는 주장은 그들을 '피해자'로만 한정하는 급진주의 페미니즘의 입장만큼이나 한계를 드러낸다는 지적도 있다.

마르크스주의 페미니즘은 여성들이 빈곤으로 인해 어쩔 수 없이 성을 팔기 때문에 성 판매는 진정한 선택이 아니라고 본다. 〈영국성판매자 집단〉의 대변인이자 대표적인 마르크스주의 페미니스트인 제임스는 "우리는 빈곤한 여성이 없다면 성을 팔 여성은 한 사람도, 단 한 사람도 없을 것이라는 사실을 분명히 하고 싶다"라고 말한다. 그렇다고 해서 성매매가 다른 임금 노동보다 더욱 열악하거나 여성 자아에 더 치명적이라고 보지는 않는다. 성 산업은 거의 유일하게 여성 비하적인 산업이 아니라고 보기 때문이다. 따라서 마르크스주의 페미니스트들은 성 판매 여성의 노동권을 보장해야 한다고 주장한다. 이들은 성매매에 비판적이라는 점에서 자유주의 페미니즘과 다르고, 성 판매 여성의 노동권을 주장한다는 점에서 급진주의 페미니즘과 차별성을 가진다.

마스크스주의 페미니즘은 다른 두 페미니즘적 시각에서 제시하는 '피해자'와 '자발적 참여자' 사이의 이분법을 극복했다는 점에서 의의를 가진다. 그러나 성매매가 노동일 뿐 아니라, 남성이 구매자가 되고 여성이 판매자가 되는 '성적 실천'이라는 점을 간과했다는 비판도 받는다. 즉, 급진주의 페미니스트들이 성매매를 남성 지배로 환원했다면, 마르크스주의 페미니스트들은 성매매를 경제 행위로 환원했다는 지적이다.

우리나라에서 성매매 논쟁은 서구에서 진행된 논쟁만큼 풍부하게 이뤄지지는 않았다. 논문을 쓴 박정미 교수의 지적이다.

1990년대 중반 이후 한국의 여성운동은 적어도 성매매 쟁점에 한해서는 급진주의 페미니즘으로 수렴했다고 볼 수 있다. 성매매를 성 노예제로, 또는 성폭력으로 파악하고, 자발적/강제적 성매매의 구분을 부정하며, 성 판매 여성을 '성매매 피해 여성'으로 개념화하는 입장이 지배적이었기 때문이다.

(…) 반면 성 노동자론은 주변적 지위에 머물렀으며 "성매매특별법" 시행 후에야 비로소 제대로 주목받기 시작했다.

국내에서 이뤄지고 있는 성매매 논쟁은 아직 그 역사가 짧은 만큼 서구의 사례와 무작정 비교할 수는 없을 것이다. 박정미 교수의 지적처럼 2004년 "성매매특별법" 시행 이후 비로소 논의의 물꼬가 터졌다고 볼 수 있다. 그러나 8년이 흐른 지금, 당시 봇물처럼 터져 나왔던 주장들은 서로의 입장 차만 확인한 채 여전히 평행선을 긋고 있다. 성매매 유입 연령대가 낮아지고 새로운 신·변종 성매매가 등장하고 해외 성매매 문제가 새롭게 제기되는 등, 한국의 성매매 현실은 어쩌면 그 어느 때보다 척박한 토양 위에 서 있다. 그래서 말로 대립각을 세우는 것보다 현실을 개선하는 일이 더 중요하다고 생각하는 것일 수도 있다. 그러나 성매매를 둘러싼 논쟁 자체가 시들어 버린 것은 "성매매특별법" 시행 이후 달라진 성매매 환경이나 그 심각성을 고려했을 때 아쉬운 대목이 아닐 수 없다.

뒤 이은 글들은 오랜 휴지기에 접어든 '성매매 논쟁'에 새로운 불씨를 마련하는 데 조금이라도 보탬이 되길 바라는 마음으로 준비했다. 먼저 가장 가까이에서 오랫동안 성매매 현장을 지켜 온 여성 단체 활동가들을 모아 놓고 오늘의 성매매 현실을 어떻게 바라봐야 할지, 한국의 성매매 정책이 나아갈 방향은 무엇인지에 대해 물었다. 그 다음으로는 "성매매특별법" 시행 이후 지속적으로 활동을 벌여 온 '성 노동자'들의 목소리를 직접 들어보는 자리를 마련했다. 어느 한편에 동의해야 한다거나 무작정 누가 옳다는 식의 주장을 하려는 건 아니다. 어쩌면 두 글에서 독자들은 차이점만큼이나 공통점을 발견할지도 모른다. 그리고 우리에게 필요한 것은 무엇이 답인지를 섣부르게 판단하는 게 아니라 성매매 문제에 관심을 가지고 현장에서 들리는 다양한 목소리들을 외면하지 않는 것, 성매매 문제를 우리 사회의 문제로 껴안을 수 있는 기본적인 자세라는 것을 발견하게 될지도 모른다.

# 성매매에 대해 어떻게 생각하세요?

**성매매 활동가들과 함께 한 좌담**

시각: 2011년 11월 14일 오후 7시

장소: 서울 대방동 〈다시함께센터〉

**참여자**(직함은 좌담 당시 기준)

정미례 〈성매매문제해결을위한전국연대〉 대표

유복임 〈다시함께센터〉 소장

신박진영 〈대구여성인권센터〉 대표

송경숙 〈전북여성인권지원센터〉 센터장

**진행자**

김기태, 하어영

성매매 여성들을 탈성매매 환경으로 이끄는 한국의 대표적인 활동가 4명이 한자리에 모였다. 이들은 대구, 전주, 서울 등에서 활동하고 있다.

어렵게 마련된 자리였다.

"성매매에 대해 어떻게 생각하세요?"

기자들의 입에서 나온 질문이 아니다. 좌담회는 활동가 한 명이 기자들에게 조심스럽게 물은 질문에서부터 시작됐다. 서로의 생각을 가늠하기 힘들 때, 주파수를 맞추기 위한 가벼운 조율 과정과 비슷했다. 그 질문만으로도 두 남성 기자들은 바짝 긴장했다. "성매매도 일종의 노동 아닐까요?", "피해 여성이 있는 만큼 불법화가 명료하게 이뤄졌으면 좋겠다고 봅니다." 답은 그럴 듯 했지만, 근거는 막연했다. 거기에서부터 이날 좌담의 실마리는 풀렸다.

하여, 좌담은 일반적인 형식에서 크게 벗어났다. 좌담 참석자들이 한 의제를 놓고 견해 차이를 드러내며 토론을 벌였다기보다는, 상식적인 수준의 무지 혹은 편견을 드러내는 남성 기자들의 질문에 활동가들이 돌아가면서 설명하는 형식에 가까웠다. 물론 활동가들 사이에서도 성매매에 대한 견해가 조금씩 갈렸다. 특히 반복되는 성매매 근절 대책과 이른바 '풍선 효과'에 대한 의견은 미묘하게 엇갈렸다. 그렇지만 현재 상황이 정상적이지 않다는 데에는 모두가 공감했다.

진행자: 먼저 성매매 산업의 원인을 큰 틀에서 짚어 보도록 하죠.

신박진영(이하 신박): (성매매를) 하려는 여성의 문제도 아니고, 남성의 문제도 아니에요. 알선업자의 문제도 아닌 거 같고요. 돌이켜 보면 인간 자체의 문제로 접근하는 것보다는 사회적으로 해결 과정을 세팅하지 못한

> 세금을 걷어 성병 진료소를 짓는 국가. 우리의 세금으로
> 깨끗한 여성을 조달하는 국가가 바로 대한민국이에요.

것이 더 문제였던 것 같아요.

조폭처럼 음성적으로 돈을 버는 세력이 손쉽게 돈을 벌 수 있는 통로가 성매매였어요. 마약, 도박, 사채는 전통적으로 조폭들이 수익을 내려고 혈안이 돼 있는 업종이죠. 그런데 모두 쉽지 않았어요. 그나마 마약과 도박은 우리나라에서 국가적으로 어느 정도 막은 것이죠. 그런데 성매매는 그렇지 않았어요. 국가의 관용이 컸어요. 돌이켜 보면 성매매 업소에서 화재가 나도 예전에는 언론에서조차 관심을 갖지 않았어요. 사회적으로도 그런 분위기였으니까, 국가의 방조가 먹힐 수밖에 없었던 거죠.

유복임(이하 유): 국가의 방임 중에 대표적인 게 기지촌이죠. 미군 기지가 있는 기지촌에 가보면 많이 허름해요. 가장 번듯한 건물이 성병 진료소죠. 세금을 걷어 성병 진료소를 짓는 국가. 우리의 세금으로 깨끗한 여성을 조달하는 국가가 바로 대한민국이에요.

정미례(이하 정): 요즘은 개인 책임으로 일방적으로 몰아가죠. 돈 벌려고 자발적으로 가는 것 아니냐는 식으로요.

진행자: 성매매 여성은 이 사회에서 성매매로 떠밀리는 측면도 있지만, 한편에서는 그곳에 자신의 의지로 머물려는 측면도 있는 것 같습니다.

신박: (현장으로 들어가면) 그게 구분하기가 어렵습니다. (여성 입장에서 보면) 업주들은 볼 것 없는 나에게 돈을 빌려 주고, 일을 해서 갚을 수도 있게 하고, 가불도 해 주고 그러니까. 여성의 시각에서는 이 상황이 억울하기도 하면서 한편으로는 고맙기도 하고, 한편으로는 미안한 상황이죠.

정: 성매매 업소에 한 친구를 구출하러 갔어요. 그 친구가 하는 말이 25일 이후에 데리러 오라고 그러더라고요. 26일에 카드를 막으려고요. 아는 오빠 카드로 막았으니까 그날까지 막고 오겠다는 것이죠. '구조'라고 해서 가지만 그 안에 들어가 보면 '생활'이거든요. 경제적으로 어려움에 처한 사람이 많은 거죠. 우리와 다를 바 없죠. 표면적으로는.

송경숙(이하 송): 좀 더 세밀하게 봐야 한다고 생각해요. 십 대에 유입된 경우에는 학력 단절이 있고 막상 나와도 갈 곳이 없는 경우가 많죠. 가족이 해체돼 있는 경우가 많으니까요. 그러면 막막해요. 업소의 경험만 있다고 할 때 바깥에 대한 두려움이 있거든요. 그 안에 익숙해져서 거기가 더 안전하다고 생각하기도 하고요. 어떤 여성은 집결지에서 거의 감금 생활을 하다가 탈출했는데, 몇 년 살다 바깥 생활이 두려워서 다시 들어간 친구도 있어요.

> '구조'라고 해서 가지만 그 안에 들어가 보면 '생활'이거든요.
> 경제적으로 어려움에 처한 사람이 많은 거죠.
> 우리와 다를 바 없죠. 표면적으로는.

상황은 복잡했고 성매매의 현장에서 벌어지는 일상은 더 복잡했다. 그래서 활동가들은 더 엄정한 국가의 역할을 요구했다.

송: 결국 법 집행력이에요. 한국 남성의 성적 욕구가 세계 1위는 아닌 거잖아요.(일동 낮은 웃음) 사회적으로 오랜 기간 구성돼 온 과정이 왜곡된 거죠. 총체적으로 접근해야 합니다. 예를 들어, 남성들을 대상으로 연 1회 성희롱 예방 교육을 실시하는 것처럼, 성매매 예방 교육을 실시하는 건 어떨까요. 여기서 연 1회를 굳이 강조하는 것은 남성들의 인식 전환이 총체적으로 차근차근 이뤄져야 한다고 보기 때문이에요. 예방 교육을 전 생애에 걸쳐 주기적으로 실시해야 한다고 보는 거죠.

그렇게 일생을 통해 교육이 이뤄져야 한다면 초등학교 때부터 시작해야겠죠. 여성 문제는 통념을 바꿔야 하는 문제니까요. 그리고 계급의 문제고요. 어떤 취약한 계층은 그 구조로 들어갈 수밖에 없는 사회적인 배치가 있고, 일부 여성들에게 그 역할을 하도록 강제한 뒤에 다시 낙인을 찍는 거죠. 해법은 보편적 복지에 있다고 생각해요. 그 구조로 들어가지 않아도 되는 안전망을 설치하는 거죠.

우선은 탈성매매 이후 지원 시스템을 통합하는 문제부터 시작해야죠. 전국에는 법적·심리적·의료적·경제적 지원을 하는 상담소와 쉼터, 자활 센터가 90여 개 있습니다. 이를 토대로 각 지역별 통합적 지원 시스템이 구축돼야 한다고 생각해요. 일부에서는 이것도 많다고 하는데, 지금 몇 조 원에 달하는 거대한 성 산업 규모를 고려하면 아직도 부족하죠. 정말 국가가 책임감을 갖고 촘촘하게 안전망을 구축해야 해요. 성매매 피해 여성들은 이른바 시민권으로부터 배제됐던 사람들이에요. 이제 그 역할을 하도록 책임을 지고 지원을 해야 하는 것이죠.

  **신박**: 국가가 지원 시스템을 가지고 피해에 책임을 지는 것도 중요하지만 유입을 차단하는 것이 중요하죠. 그러면 성매매 산업 규모 자체를 줄이는 계기가 될 수 있죠. 그런 점에서 저는 업주에 대한 세무조사가 충실하게 이뤄져야 한다고 생각해요. 일부 업주들은 자기들끼리 탈세를 벤치마킹하기도 하거든요.

  그리고 무엇보다 여성들이 유입되기 전 취약 계층이 되어서도 생활을 해 나갈 수 있도록 보편적 복지가 이뤄질 수 있도록 해야겠죠.

  /
  인력이 부족한 상황에서 성인 성매매는 관심이 없어요.
  경찰 입장에서도 이 문제는 건드려도 승진에 별로
  도움이 안 되니까요.
  /

  **송**: 이런 상황일수록 절차를 만들어야 해요. 해양경찰청, 산림청처럼 성매매 전담청이 필요하다고 생각해요. 경찰과 대면해 보면 금방 알게 되죠. 경찰청 여성청소년과에서는 절대 못해요. 경찰은 이슈에 따라 오락가락 움직일 뿐이거든요. 예를 들어 조두순 사건 이후에 아동 성폭력에 집중했다가, 〈도가니〉 영화가 나온 이후에 장애인 성폭력에 몰입해 있어요. 인력이 부족한 상황에서 성인 성매매는 관심이 없어요. 경찰 입장에서도 이 문제는 건드려도 승진에 별 도움이 안 되니까요. 따라서 공권력이 이 문제를 길게 보고 해결책을 찾아가기 힘든 구조죠.

  **신박**: 사실 지금 법제도 아래에서 제대로 운용이 안 되는 측면도 있죠.

알선업자 처벌을 해달라고 신고를 해서 경찰이 사건을 만들어서 간다고 해도, 검찰이 의지가 없어서 불기소하는 경우가 대다수죠.

**송:** 다른 변수가 작용하는 경우는 있어요. 예를 들면 장안동 안마 업소에 대한 처리는 가능했죠. 지역 주민이 민원을 세게 했으니까. 지난 2011년 영등포에서 지역구 의원이 (성매매 업소 단속에) 나선 것도 같은 이유고요.

**신박:** 정치가에게 돈줄은 중요한데 성매매 업소와 직간접으로 연관돼 있는 사채업자가 정치권에 지원을 하는 게 공공연하죠. 그 사람들이 표를 움직이기도 하고요.

**유:** 지역에 따라서는 집결지 업주들이 유지가 되기도 하죠.

**진행자:** 실제로 성매매 여성들에 대한 대책은 여전히 부족하죠?

**정:** 탈성매매하는 여성들이 주로 하는 얘기 중에 "우리는 얼마를 벌어야 하는데, 이걸 어떻게 해결해야겠느냐?"는 말이 제일 어렵죠. "이러저러한 이유로 300(만 원)은 벌어야 하는데 니들이 빚도 까줄래?" 우리에게 말하면……. 이런 상황이고 보면 성매매 과정에서 생긴 부채는 농가 부채처럼 혁신적인 방법으로 삭감을 해 주는 수밖에 없다고 생각해요. (탈성매매 여성을 위한) 자활 센터에 가도 대책이 부족해요. 거기 가서 일하면, 예를 들어서 주유소에서 시간당 4천 원 벌어요. 그 정도로는 버티지를

못하는 거죠. 사회적인 안전망이 없어 그렇게 된 사람들에게 끝까지 개인 책임을 지워 자립하도록 하는 건 대책 없이 손을 놓고 있겠다는 것이나 다름없거든요.

> 여성이 제대로 일할 수 있는 공간은 없고
> 거대한 성 산업의 문은 열려 있고. 그러니 어떻게 거기로
> 가는 사람들을 탓할 수 있겠어요?

**송:** 검정고시에 합격하는 등, 극히 소수의 성공 스토리를 기대할 게 아니라, 경제적 지원을 지속적으로 이어가야 해요. 선불금을 해결하고 주거 지원과 학원비를 주는 것이 출발이고요. 탈성매매 여성을 사회복지의 수동적인 대상으로 만든다고 비판하기 전에, 한때 거부당했던 시민권을 확보해 주는 일이라고 봐요. 보다 적극적으로 나서야 하는 거죠.

**신박:** 사회적 안전망의 문제가 반복적으로 등장할 수밖에 없어요. 십 대에 성매매에 유입되면 빈곤은 당연한 것이고, 이십 대에 유입이 되더라도 성매매는 유일한 생계 수단이 되는 거죠. 이런 상황은 사회적인 성차별의 현실과 맞물려 있기도 하고요. 여성이 제대로 일할 수 있는 공간은 없고 거대한 성 산업의 문은 열려 있고. 그러니 어떻게 거기로 가는 사람들을 탓할 수 있겠어요?

돈 없는 계층이 돈 없이 버틸 수 있는 기간은 너무 짧죠. 가출을 한 경우에 돈이 없으면 피시방에 가게 되는데 게임을 하는 순간에도 그런 유혹들은 계속되거든요. '여기 다방인데 같이 일 안 할래?', '너 용돈 없지?'

등 쪽지가 계속 날아오죠. 돈이 있으면 튕기겠지만 잘 데가 없거나 당장 피시방비가 없으면 어떡합니까. 응할 수밖에요. 그때 그들이 마음 놓고 갈 수 있는 공간이 있다면 유입이 되지 않을 수도 있죠. 그런 안전망이 사실 거의 없고, 있다 해도 알려지지 않은 상황이죠.

유: 엄청난 수요가 오늘도 계속되고 있고, 줄지 않아요. 이 문제와 여성의 빈곤은 떼려야 뗄 수가 없죠. 빈곤한 가정일수록 가정 안의 여성이 제대로 교육받지 못하는 경우가 많죠. 또 학교나 사회로부터 지지망이 형성이 안 됐어요. 그 여성들이 경제적인 문제가 생겼을 때 성매매로 들어가게 되는 경우가 많죠. 사회가 책임져야 하는 문제죠, 분명히.

신박: 돈을 벌 수 있는 일자리는 한정돼 있죠. 포털 사이트에 들어가도 구인 광고 가운데 가장 큰 비율이 성매매 관련 업소죠. 수십 년 전에 보따리 들고 상경하는 여성들을 유혹하는 그 모습 그대로예요. '초보 환영', '가족 같은 분위기' 광고 카피까지 그대로죠. '우리 업소는 다른 업소처럼 하지 않고 너만 잘하면 돼.' 이런 식으로 끌어들이죠. 손쉽게 돈을 벌 수 있다는 말이 오가는 것은 기본이고요. 선택할 게 몸밖에 없으니, 할 수 있는 게 그것밖에 없는 상황에서 여성들은 끌려 들어가듯 갈 수밖에 없는 거죠.

진행자: 산업이 계속 커지고 있다는 시각도 있습니다. 왜 그럴까요?

유: 성매매 건수는 줄었을지 몰라요. 그런데 경제 규모는 분명히 늘었

다고 봅니다. 집결지에서 눈에 보이지 않는 오피스텔 성매매로 바뀐 것처럼 말이죠. 성매매 여성의 출퇴근이 가능해졌고요. 일주일에 쉬는 날을 여성이 임의로 정하고, 옆집에는 누가 있는지도 모르니 익명성도 보장되고요. 익명성이 보장되니 일단 시작하고 나면 다시 돌아갈 수 있겠다는 생각도 들고, 이중생활을 할 수도 있고. 종로, 논현동, 신림동……. 지금까지 없어졌다고 생각했던 곳들에 다시 업소들이 들어서기 시작한 거죠. 수십 년 전으로 후퇴했다고도 볼 수 있어요. 성매매 산업이 커진 이유 중에 이런 근거를 내는 자료도 있어요. 일류 대학을 나와도 대출이 안 되는 무슨 파이낸스 같은 곳에서 성매매 피해 여성들에게는 선뜻 대출을 해주죠. 그 이유가 뭐겠어요? 저축은행에서도 여성들에게 얼마나 많은 돈을 뿌렸어요? 업주와 금융권이 한통속이니까 가능한 거죠. 그만큼, 아니 그 이상 돌려받을 수 있다는 확신이 있으니까요.

정: 수치를 세밀하게 잘 들여다봐야 해요. 2002년에 처음으로 성매매 집결지 등을 전수조사 했어요. 당시에는 첫 조사라 표본을 구하는 것부터가 어려웠죠. 아니 성 산업에 대해서는 정확한 통계가 불가능하다는 것이 어느 정도 전제돼야 하는 측면도 있어요.

송: 실태 조사 데이터를 어떻게 쓰고 있느냐도 잘 봐야 해요. 어떤 의미에서는 "성매매특별법"이 필요 없다고 생각할 수도 있어요. 현실이 그대로인데, 법에 의한 강제가 무슨 소용이냐, 이런 논리도 가능하죠.

진행자: 실천 가능한 제도를 좀 더 구체적으로 말해 보도록 하죠.

**신박:** 유흥 접객원이나 안마시술소 일은 합법적인 직업이에요. 여기에서라도 노동자성이 인정되면서 규제해 나가면 되는데, 이곳에서도 여성은 성매매하는 사람으로 낙인찍히고, 음지로 밀려나는 것도 문제예요. 예를 들면, 어떤 노동 현장에서 (노동자에게) 선불금을 주고 연 36퍼센트 사채놀이를 할 수 있겠어요? 만약 그런 현장이 있다면 그 구조 자체가 불법으로 규제 대상이 되겠죠. 그런데 성매매 산업은 그냥 두는 거죠. 이런 착취가 가능하도록 내버려 두면 안 되는 이유는 이곳이 노동의 공간이기도 하기 때문이죠.

그리고 "성매매방지법"에 한계가 있더라도 그 의의를 살리는 것으로 현실에 적용하면 되는데, 그것조차 안 하고 있어요. 협소하게 해석하고 있죠. 사법기관에서는 여성의 피해를 입증해야 한다고 늘 말하죠, 그런데 그 안에 있다는 것 자체가 피해거든요. 피해의 근거를 여성이 대야 하는 게 말이 되냐고요. 피해냐, 자발이냐를 왜 여성이 입증해야 하는 거예요? 그런 이유에서도 여성에 대한 처벌을 하지 말아야 해요. 그래야 한걸음 나가서 내부 고발자가 될 수도 있고요.

> 어떤 노동 현장에서 (노동자에게) 선불금을 주고
> 연 36퍼센트 사채놀이를 할 수 있겠어요? 만약 그런 현장이
> 있다면 그 구조 자체가 불법으로 규제 대상이 되겠죠.

**유:** 저도 성매매의 여성 비범죄화가 우선이라고 생각해요. 그리고 업주들이 가장 무서워하는 게 뭔지를 알면서도 안 하는 게 있죠. 몰수, 추징을 해 지하경제로 자금이 흐르는 것을 차단하면 획기적으로 규모를 줄

일 수 있을 텐데 말이죠.

정: 지금은 법을 사문화하는 상황이에요. 과거 "윤락행위방지법"이 사문화된 것처럼요. 아니 그때보다 더 심하죠. 예전에는 정부의 방치만 있었다면, 지금은 업주의 반격이 매우 심하거든요. 업주들의 경제적 지위를 볼 때, 이제는 업주라는 표현보다 기득권의 반격이라는 표현이 더 어울리겠네요.

신박: 상식적인 사람들이 이 주제에서만큼은 다들 블랙홀에 빠져서 생각이 멈추죠. 왜 성매매가 끝나지 않는 거냐고 물으면, 근절되지 않으니 계속한다고 말하는 식으로 답해요. 그렇게 순환 논리에 빠져들죠. 없어지지 않으니 그냥 놔두자는 식으로요.

풍선 효과도 마찬가지 논리예요. 입구를 막고 누르면 커진다는 것인데, 풍선의 부피를 빼려는 생각은 왜 안 하는 거죠? 그러니까, 풍선 효과를 말하는 사람에게는 부피가 줄지 않는다는 전제가 은연중에 있는 거잖아요. 현장 상황에서 이득을 보는 사람들이 그런 생각을 유포하는 것이고, 그러니 놔두자는 의견들이 나오죠. 합리적인 사고를 하는 사람들도 이 문제에 와서는 이상하게 제대로 고민하지 못하는 이유가 뭔지 저도 궁금해요.

대책과 관련해서 활동가들의 논의는 구체와 추상을 오간다. 말 그대로 '안 해본 게 없는' 활동가 입장에서는 현실적인 대안부터 급진적인 전망까지 고민의 스펙트럼은 넓다. 물론 현실은 녹록지 않다.

그럼에도 대담 과정에서 힌트가 될 만한 몇 가지 단어는 지속적으로

왜 성매매가 끝나지 않는 거냐고 물으면,
근절되지 않으니 계속한다고 말하는 식으로 답해요.
그렇게 순환 논리에 빠져들죠.

등장했다. 정부의 (방조 및) 책임, 보편적 복지, 사회적 안전망 등, 국가의 역할과 관련된 낱말이 많았다. 한두 가지 정책이 요술 방망이 구실을 할 수는 없는 노릇이다. 그러니 거시와 미시, 단기와 장기 대책이 고루 제시될 수밖에 없다. 성매매 문제가 단지 성매매 여성의 문제, 혹은 일부 몰지각한 남성과 업자의 문제가 아니라는 뜻이다. 사람의 성을 손쉽게 사고 파는 이 폭력적인 현실은 우리 공동체가 골머리를 앓고 해결책을 찾아야 할 숙제인 셈이다.

# 나는 성매매를 선택했다
## 성 노동자 4인의 고백

그들의 말에 동의할 필요는 없다.

『한겨레21』은 지난 2012년 6월 매우 도발적인 표지 기사를 실었다. 제목은 '나는 성 노동자다'였다. 표지에서, 흐릿한 거울 너머의 한 여성은 스스로를 '성 노동자'라고 선언했다. 자신의 몸을 팔 권리를 인정해 달라는 말이었다. 그는 "성 상품화보다 감정의 상품화가 더 무섭다"고 주장하기도 했다. 이들의 주장은 일찍이 성매매의 자유를 외치던 서구의 자유주의 페미니스트와 사회주의 페미니스트들의 입장과도 맞닿아 있다. 한국의 주류 언론이 들이민 마이크에 그들은 무슨 말을 했을까? 한번 귀 기울여 들어 보자. 성매매라는 복잡하고 어려운 문제를 더 깊이, 더 넓게 반성할 수 있는 계기가 되기를 기대한다. 이후의 글은 당시 『한겨레21』에 기사를 쓴 남은주 기자의 글을 약간의 수정을 거쳐 실은 것임을 밝힌다.

## 성 노동? 성 노동자?

2004년 9월 23일 "성매매특별법" 시행 이후 여성주의 내부에서 '성 노동'이라는, 한국 사회에선 아직 낯선 단어가 등장했다. '성 노동'이라는 말은 그 자체로 논쟁적이다. "성매매는 사람의 신체를 폭력적으로 지배하는 관계"(2009고단 3339호 판결문)라는 사법적 개념 규정과 달리, 돈을 받고 성적 서비스를 제공하는 여성의 일을 '노동'이라고 부르기 때문이다. 사실 "성매매특별법" 아래에서는 성매매 여성이라 부르든, 성 노동자라 부르든 결국 사회의 합법적 울타리 밖의 존재라는 점은 매한가지다. 사정이 이런데도 "나는 자발적으로 성매매를 선택했다"고 세상을 향해 공개적으로 외치는 이들이 나타났다. 이들은 트위터와 블로그로 성 노동자의 일상과 활동을 생중계 한다. 매너가 형편없는 '진상 손님' 이야기도 하고, "성매매특별법" 폐지 주장도 하고, 다른 노동운동에 연대를 호소하기도 한다.

2012년 6월 말부터는 성 노동자를 대상으로 트위터와 페이스북에서 음원 방송을 할 예정이다. 일하며 느낀 애환과 정보를 담는 방송이다. 이들은 성 노동자 권리 모임 'GG'의 회원이다. GG는 "성매매특별법" 시행 이후 집결지 재개발과 성매매 단속에 항의해 〈민주성 노동자연대(민성노련)〉와 〈성 노동운동네트워크〉 활동가들이 결성한 단체다. GG의 다른 활동가와 연구자들은 성 노동자가 합법적으로 일할 권리를 확보하기 위해 '성매매특별법 폐지 헌법 소원'을 추진하고 있다.

이들의 이야기가 궁금했다. 성 노동자 권리 모임 GG의 활동가와 성 노동자들을 만났다. 이들 중 3명은 성매매에 종사하는 현직 성 노동자다. 이들은 자신의 노동조건과 환경을 밝히고 "노동자로서 일하고 스스로를 조직할 권리"를 주장한다. 이들의 성 노동 기간이 길지 않다는 사실을 고려해 서울 영등포 성매매 집결지에서 오랫동안 일해 온 성 노동자도 전화로 인터뷰했다. 단서가 필요하다. 서울과 수도권에서 성 노동자로 일하는 이들 4명이 밝힌 개인적 경험이 전국 모든 성매매 업장에 적용될 수 없음을 밝힌다. 이 글에서는 당사자들의 의견을 존중해 '성매매 여성'이라는 일반화된 표현이 아닌 '성 노동자'라는 개념을 사용한다.

## 왜 성 노동을 시작했는가?

성매매 집결지에서 성 노동의 권리를 주장하는 시위를 하는 '자발적 성매매 여성들'에게는 '포주의 사주를 받았냐'는 의심이 늘 따라붙는다. 그렇지 않더라도 이들의 성매매가 '자발적이 아니라 환경 탓'이라거나 '다른 직업을 찾도록 도와야 한다'는 생각이 일반적이다. 반면에 2004년 "성매매특별법" 입법 과정부터 지금까지 성매매 당사자 중 하나인 그들의 목소리를 진지하게 들어 보려는 시도는 거의 없었다. 왜 그랬을까? 그들의 목소리는 왜 지금껏 사회적인 관심으로부터 철저히 벗어나 있었을까? 어쩌면 그들은 소수자 가운데서도 소수자기 때문일지도 모른다. 우리 사회에서 성매매 여성들이 사회의 변두리로 밀려난 소수 집단이라면, 그중 성을 팔 권리를 말하는 소수는 더더욱 구석에 떠밀린 고작 한줌이기 때문이다. 그럼에도 그들을 소환해 목소리를 듣는 이유는 그들이 던지는 메시지의 무게가 결코 가볍지 않기 때문이다. 그들에게 몇 가지 질문을 던졌다. 일단 '자발적'으로 성매매를 시작하게 된 계기, 이들의 '노동'에 대해 물었다.

"왜 성 노동을 시작했느냐"는 질문엔 질문 던진 사람이 무색할 만큼 허무한 답이 따라 나왔다. "돈이 없어서."

일을 시작한 지 2주 정도 됐다는 미나 씨는 대학 휴학생이란다. 생활비를 벌려고 바와 커피숍에서 오랫동안 일했다. 바에 다닐 때도 교통비가 없어 생활이 어려웠다. 다니던 바가 문을 닫고 두 달 월급을 못 받으니 전기료부터 월세까지 밀렸다.

성 노동을 하는 데는 큰 결심이 필요치 않았다.

"주변에서 성 노동을 하는 사람들을 만나서 성에 대해 지니고 있던 자기 검열이나 가부장적 시선을 떨쳤기 때문에 거부감이 없었어요."

미나 씨는 주 2회는 '오피'라고 불리는 오피스텔 성매매 업소에 나간다. 성 노동자들끼리만 공유하는 구인·구직 사이트에 가서 업소를 알아보고 면접을 봤다. 일주일 중 하루는 페티시방(다양한 물건이나 행위로 성적 쾌감을 추구하는 곳)에 나간다. 7월부터는 주 4일간 바에서도 일할 예정이다. 그렇게 돈을 모아 다시 공부할 계획이다.

혜리 씨는 이혼 뒤 아이 둘을 키워야 했다. 할 수 있는 일이 많지 않았다. 아이들이 어린이집에 가는 오전 10시부터 오후 3시까지 식당에서 일

/
"왜 성 노동을 시작했느냐"는 질문엔
질문 던진 사람이 무색할 만큼 허무한 답이 따라 나왔다.
"돈이 없어서."
/

하기도 했다. 시급이 7천 원이었는데, 빚은 늘기만 했다. 일주일에 이틀 정도 성 노동을 나가니 벌이가 조금 나아졌다. 그래도 모자란다. 얼마 전부터는 성매매 집결지에 있는 업소에서 일주일에 나흘씩 일하고 있다.

성 노동 경력 4년차인 연희 씨는 애초 대학을 다니며 밤에 할 일을 찾았다. 면접을 보러 갔는데 이야기를 들어도 무슨 일을 하는지 감이 잡히지 않았다. 무작정 따라갔다. 서울 길음역 10번 출구, 속칭 '미아리 텍사스'였다. 어리바리 정신없이 하루 일을 했는데 가게 사람들이 좋아서 계속 있게 됐단다.

밀사 씨는 대학 수업 시간에 "성매매특별법" 홍보 영상을 봤다. 탈성매매 여성이 "지금 하는 일이 성 노동보다 버는 돈은 적지만 돈의 가치가 다르다"고 말하는 것을 듣고 의문이 생겼다. '왜 거기서 버는 돈은 천하게 여겨져야 하는 걸까?' 그래서 직접 해보기로 결심했단다. 밀사 씨는 한 달 동안 조건 만남 등의 사이트를 통해 성매매를 체험했다. 자신이 겪은 '성 노동 실험'을 인터넷에 올리기도 했다.

"모든 사람에게 '성 노동을 긍정하라'고 할 수는 없어요. 하지만 성매매에 대한 혐오가 차별로 이어지거나 타인을 배제하는 쪽으로 흐른다면 그건 나쁘다고 생각해요."


**"성 상품화보다 감정 상품화가 더 무서워요"**

성 노동자들에게도 애인이 있다. "몸만 대주는 것과 사랑을 명확히 구별한다"고 했다. 그러나 이른바 '정조'를 중시하는 이들이 아직도 적잖고 성을 인간의 존엄성과 연관 짓는 사회에서 어떻게 신경을 쓰지 않을 수 있을까?

연희 씨는 이렇게 말했다.

"처음엔 내가 개처럼 느껴졌어요. 사회적 낙인이 체화된 결과죠. 괜히 밖에 나가기가 힘들었어요. 그러다 동물을 워낙 좋아해서 낮에는 동물 병원에서 수의 테크니션(수의 간호사)으로 일하면서 '낮이나 밤이나 내가 좋아하는 일을 한다'고 생각하니까 일이 잘되더라고요. 생각을 바꾸니 돈도 꽤 모으고 조금 더 건강한 방향으로 살게 됐어요."

학원 강사로도, 빵집에서 일한 적도 있다고 했다. 그런데 마음이 너무 힘들었단다.

"친절에 대한 강박이 너무 심한 거예요. 웃어야 학생이나 손님이 더 온다고. 웹디자이너로 일할 때도 그랬어요. 지식을 활용한 노동을 할 때도 지나친 감정 노동까지 요구하죠. 저는 성 상품화보다 감정 노동 상품화가 더 무서워요. 여기선 그냥 일만 하면 돼요. 저는 오히려 직업을 잘 찾은 거예요."

미나 씨도 의견이 다르지 않다.

"저는 오히려 바에서 일할 때 제 일이 싫었어요. 서비스 업종은 대부분 성 노동 측면이 있는 것 같아요. 육체적 서비스를 제공하는 것만 성 노동이라고 할 수 있을까요. 아이돌도 노래만 만드는 게 아니라 섹슈얼리티를 전시하잖아요. 성적 대상화라든가 섹슈얼리티를 파는 것 아닐까요? 성 노동도 노동임을 긍정하기 시작하자, 직업의 귀천을 가르는 게 자본이고 가부장적인 사회였구나 생각했죠."

요컨대 이들은 성 노동이 특별히 좋은 일이라고 주장하는 게 아니다. 그저 다른 임노동보다 특별히 더 나쁠 것도 없다는 자신들의 생각도 들어봐 달라는 것이다. 의상 디자이너였던 혜리 씨에겐 가끔 봉제일이 들어오는데 거절한단다. 당장 형편이 아쉬워도 디자이너로서 독창성을 발휘하지 못하고 기술을 생각 없이 이용하는 건 아니라고 생각하기 때문이다. 정작 하고 싶은 일은 하지 못하고 엉뚱한 분야에서 '하청업자' 노릇을 하기는 싫다는 것이다.

혜리 씨는 밤에 일한 것으로 아이들을 돌보며 일상생활을 유지할 수 있어서 지금의 성 노동에 만족한다고 했다. 성 노동자들은 아이를 낳으면 보육원이나 다른 곳에 맡기는 경우가 많다. 일이 힘들어서이기도 하지만 성 노동자라는 사실이 알려졌을 때 아이들까지 사회적 낙인에 시달릴까봐 걱정해서다.

아이돌도 노래만 만드는 게 아니라
섹슈얼리티를 전시하잖아요. 성적 대상화라든가
섹슈얼리티를 파는 것 아닐까요?

**부모에게도 '커밍 아웃' 할 수 있었던 이유**

이들을 '창녀'라는 낙인에서 구해준 것은 탈성매매가 아니었다. 노동자라는 자각이었다.

"처음에는 내가 당사자니까 상황을 합리화한다고 생각했어요. 그러다 '성 노동'이라는 말을 접하곤 이거다 싶었죠. 자존감이 생겼어요."

연희 씨는 부모에게 '커밍 아웃' 했다. 쉽지 않은 일이었지만 더 당당해지고 스스로를 사랑하고 싶었다.

세상은 이들이 성 노동자로서 자존감을 지키고 살아갈 수 있는 곳일까? 구체적 노동환경을 물어보았다. 이들은 성매매 집결지인 '집창촌'이 성 노동자에게 오히려 낫다고 했다.

"미아리 텍사스에 처음 갔을 때 모든 아가씨가 업주한테 '엄마' 아니면 '이모야' 이렇게 부르더라고요. 다른 노동과 좀 달라요. 울고, 가족한테 못할 말 하고."

연희 씨는 한 언론과 인터뷰에서 "'성매매특별법'으로 업주와 알선자들에 대한 처벌이 대폭 강화되자 조폭 등 관련 인력들은 거의 다 빠져나갔고, 오히려 성매매 여성의 목소리가 커졌다"고 말한 적이 있다.

'집창촌'의 분배 구조는 대개 비슷하다. 손님은 40분에 10만 원을 내는데 성매매 여성은 그중 6만 원~7만 원을 받는다. 업주는 대체로 가게를 유지하고 호객을 한 뒤에 문밖에서 손님이 폭력을 행사하는지 관찰하는 일을 한다. 이들이 전하는 말에 따르면, 서울 강남의 관행은 성매매 여성에게 불리하다. 특히 안마 업소가 부당하게 많이 가져가는데 손님이 21만 원을 내면 성매매 여성이 받는 돈은 9만 원이다. 안마 업소에 오래 머무는 여성들은 대부분 빚 때문이란다.

성 노동자는 폭력을 당할 위험이 크다는 세간의 추측은 대체로 사실인 듯하다. 성폭행을 당하기도 한단다. 혜리 씨는 얼마 전 이들이 '인테리어'라고 부르는, 성기 성형을 한 손님을 거절했다. 몸싸움이 시작됐다. 맞기 직전에 업주가 방문을 열었다. 문제는 폭력을 당해도 성매매가 범법 행위라 어디에도 하소연할 수 없다는 점이다.

"처음에는 내가 당사자니까 상황을 합리화한다고
생각했어요. 그러다 '성 노동'이라는 말을 접하곤 이거다
싶었죠. 자존감이 생겼어요."

"실컷 다 해놓고 환불해 달라고 하는 손님도 있어요. 돈 안 돌려 주면
신고하겠다고."

서울 영등포에서 7년 동안 일한 세희 씨는 "성매매특별법" 시행 이후
성 산업이 음성화된 탓에 성 노동자가 더 위험해졌다고 했다.

"집창촌은 폭력적인 손님들에 대한 블랙리스트도 있고 얼굴을 확인하
고 들어오는 거라 함부로 해코지를 못해요."

오피스텔 성매매처럼 고립된 방에서 이루어지는 성매매가 더 위험하
다는 것이다. 오후 8시부터 새벽 5시까지 오피스텔에서 일하는 미나 씨
도 "처음엔 손님들이 무서웠다"고 했다.

"지금은 손님들이 안쓰러워요. 만나보니 그냥 평범하고 외로운 사람
들이라 측은지심이 생기더라고요."

물론 이들의 사례가 다는 아니다. 지금도 집결지 어느 곳에서 감금이
나 청소년 성매매가 이루어질지 그들도 모를 일이다. 집결지의 가족적인
분위기가 여성들에게 때로는 심리적 위안이 되지만 보호를 위장한 폭력
이 될 수도 있다는 사실을 우리는 앞에서 봐 왔다.

## "국가가 우릴 지키려고 성매매를 금지할까요?"

"국가가 우리를 지켜 주려고 성매매를 금지한다고 생각하지는 않아요."
세희 씨의 말이다. 이들에게 국가는 처벌자·압제자의 이미지가 강한
듯했다. 고정갑희 한신대 교수(영문학)는 "성매매특별법" 제정에 맞서 "성
매매의 비범죄화와 자치 조직, 그리고 성매매를 노동으로 인정하자"는 대
안을 낸 적이 있다. 이들이 노동으로 인정받기를 원하는 이유는 "이주 노
동의 자유, 노동운동의 자유, 양질의 의료 서비스를 받을 자유, 직업으
로 성 노동을 선택할 수 있는 자유, 법에 의해 보호받을 자유, 노동조합
을 결성하고 가입할 자유, 폭력으로부터의 자유, 차별과 낙인으로부터의
자유"를 원하기 때문이다.

성 노동자들의 국제 연대 움직임도 꿈틀대고 있다. 2012년 7월 21일
에서 26일 사이 인도 콜카타에서 성 노동자 축제가 열렸다. 당시 전 세계
40여 개국에서 모여든 5천 여 명의 성 노동자들이 콜카타의 거리를 행진
해서 화제를 낳기도 했다. 행사에 참여한 성 노동자들은 '성 노동자가 에
이즈를 근절할 수 있다', '성 노동은 괜찮은decent 일이다', '내 몸이 내 일
터다my body is my business' 등의 문구가 적힌 손 팻말이나 플래카드를 들
고 행진했다. 미국 정부가 자국에서 열리는 에이즈 컨퍼런스에 참여하려

> "성 노동은 노동이고 우리는 우리의 일을
> 선택할 권리가 있으며 두려움과 괴롭힘 없이
> 우리의 삶을 영위할 권리가 있다."

는 성 노동자의 입국을 금지한 것에 항의하는 행사였다. 오스트레일리아의 성 노동자 단체 〈스칼렛 얼라이언스〉는 '한국인 성 노동자들의 현실을 알리기 위한 성명'을 내기도 했다. "오스트레일리아 정부가 현지 한인 성매매 여성 명단 파악에 나섰다는 보도는 거짓"이라며 "오스트레일리아 연방 경찰은 한국 정부의 관리가 작업장에 와서 성 노동자를 괴롭히거나 이름을 대라고 하면 지역 경찰에 신고하거나 지역 성 노동자 단체로 연락하라고 당부했다"는 것이다. 이들의 설명에 따르면 성매매가 합법화된 오스트레일리아에서 정부가 성 노동자 명단을 공개하는 것은 불법이다.

"성 노동은 노동이고 우리는 우리의 일을 선택할 권리가 있으며 두려움과 괴롭힘 없이 우리의 삶을 영위할 권리가 있다."

스칼렛 얼라이언스와 GG가 공동으로 발표할 성명의 한 대목이다.

## 자발적 성 노동자 조직과 국제 기준의 변화

2004년 제정된 "성매매특별법"은 여러 국제협약을 근거로 하고 있다. "유엔 국제조직범죄방지협약을 보충하는 인신매매, 특히 여성과 아동 인신매매 예방 및 억제를 위한 의정서", "인신매매 금지 및 성매매를 통한 착취 금지에 관한 협약", "유엔의 여성에 대한 모든 형태의 차별 철폐에 관한 협약" 등이다. "의정서"에서는 "규정된 착취에 대한 피해자의 동의는 무의미하다"고 했고, "착취금지에 관한 협약"은 성매매 알선자·관계자를 폭넓게 처벌할 수 있도록 규정했다. 그러나 〈유엔인권위원회〉 등에서는 이 협약에 비판적인 견해를 밝혔다. 강제와 자발적 성매매를 구별하지 않고 70개국만 채택해 구속력이 약하다는 것이다.("성매매특별법의 입법 과정에 대한 연구」, 김지혜) 협정 당시와 지금은 인신매매의 규모와 구조가 달라(「성매매와 형사법적 처벌의 한계」, 이훈동) 현실에 적합한 조약인지가 의문이라는 지적도 있다. "성매매특별법" 자체의 한계도 지적되고 있다. 애초에 여성 단체는 성매매 여성의 완전 비범죄화를 줄기차게 주장했지만, 형사법상의 한계와 대중적 여론 등을 이유로 조건부 비범죄화로 귀결됐다. 여성들이 피해자, 아니면 범죄자가 되어야 하는 상황에 처하게 된 것이다.

한편 '자발적 성 노동자 조직'이 만들어지면서 성매매에 대한 국제적인 기준에도 변화가 엿보이기 시작했다. 2007년 유럽평의회의 남녀평등위원회는 「성매매에 관해 어떤 관점을 취할 것인가」라는 보고서를 냈다. 유럽평의회 47개국 중에서 17개국이 성매매를 금지하고, 9개국이 관리·규제하며, 다수인 20개국이 성매매 여성보다는 알선자와 포주를 처벌한다. 국가별로 접근법이 다양하다. 스웨덴은 성 구매자만 처벌하고, 독일과 네덜란드는 국가가 성매매를 허용하는 지역을 지정하고 다른 지역은 규제한다. 독일과 네덜란드에는 중증 장애인들의 성 생활을 돕는 자원봉사자도 있다. 성을 모든 인간이 누려야 할 권리로 여기는 정책적 접근이다. 보고서는 성매매를 직업으로 간주하는 나라들에서 성매매 여성들이 범죄자로 취급당하지 않고, 노동권이 보장되며, 의료 관리를 받게 된다는 것 등을 장점으로 들고 있다. 더불어 "인간 존엄성 존중은 도덕주의적 접근법이 아니라 다른 사람에게 해를 끼치지 않는 한, 사람들의 결정권과 선택권을 존중한다는 것"이라고 강조한다. "성매매 여성은 범죄화하거나 처벌하지 말아야 하고, 그들이 바란다면 그 직업을 그만둘 수 있게 배려해야 한다"는 권고도 덧붙였다.

2009년 〈유엔에이즈계획UNAIDS〉은 '성 노동자와 에이즈 바이러스에 대한 국제 권고안'을 내 "성 노동의 범죄화가 성 노동자에 대한 낙인과 도덕적 판단을 더욱 악화시키고 있다"고 했다. 권고안에 따르면, 성 노동자가 전염성 성병에서 보호받고 에이즈 대처 프로그램에 쉽게 접근할 수 있게 하려면 스스로 힘을 기를 수 있는 우선권이 주어져야 한다는 것이다. 성 노동자에 대한 규제가 성 노동자의 자존감과 권리를 해치지 않아야 하고, 법 집행이 그들의 권리를 보장하는 방법으로 이뤄져야 한다고도 했다. "남성과 여성, 성전환자로서 성 노동자들은 차별, 폭력, 모욕, 질병에서 스스로를 보호할 권리가 있다"는 선언은 〈유엔에이즈계획〉의 판단을 집약한다.

# 비범죄화는 불가능한가?

"성매매방지법은 이제 출발점에 있고, 지금까지는 실제 포주가 보살펴 줬어요. 물론 폭력과 착취를 수반하는 보살핌인 거죠. (…) 그 여성들이 요구하는 것을 그대로 수용한다고 자기 선택권을 올바로 준 것이라고 할 수 있나요."(조영숙 전 〈한국여성단체연합〉 사무총장)

성매매 여성들의 인권은 인정하겠으나 노동권 인정은 시기상조.(양현아 서울대 법학과 교수)

성 노동자와 여성계의 엇갈림은 "여자들끼리 진흙탕 싸움하는 꼴"이라는 거부감이 큰 탓에 그 뒤 좀처럼 토론이 이뤄지지 않았다. 7년 동안 논쟁은 멈추었다.

성매매 문제에 대해 한국 사회가 합의할 수 있는 지점이 정말 없을까? 홍성수 숙명여대 교수(법학)는 이 법의 딜레마를 이렇게 설명한다. "성매매를 불법 상태로 둘 경우 현실적으로 존재하는 성 노동자들이 법적 보호의 사각지대에 놓인다는 문제가 있지만, 그렇다고 합법화하면 국가가 성매매를 합법적 거래소로 공식 용인하는 것이 된다."

성 노동자 권리 모임의 오김숙이 연구원은 "바로 그 사각지대가 문제다. 2010년 성매매 실태 조사를 보면, 성매매 여성에 대한 평균 기소율은 26.3퍼센트로 성 구매자의 기소율보다 높고 성매매 여성을 피해자로 인정한 사건은 단 한 건도 없었다"고 했다. 성 노동자 권리 모임은 "한국에서 반성매매법이 제정된 이후 2만 5천 명의 성 노동자가 체포됐다"고 추산한다. 이덕인 부산과학기술대 교수(경찰 경호계열)는 "처벌법이라면 누가 피해를 입었는지, 보호법이라면 무엇을 보호하는지 모호한 경우가 많다. '성매매특별법'에서 여성은 공범적 피해자로 규정된다"며 법의 폐지를 주장한다. "국가 규범 정책이 필요 이상의 규제에 나서면 경찰법화 되어 갈 우려가 있다"는 것이다.

딜레마는 극복하기 힘든 것일까? 급진주의 페미니즘과 자유주의 페미니즘, 여성계의 두 시각에서 일치점을 찾을 수는 있다. '성매매 여성의 비범죄화'다.

"국회 법사위에서는 성매매 여성의 비범죄화 주장을 용인할 수 없다는 것이었죠. 형법 체계가 단일해야 하기 때문이라는 거죠."(조영숙)

근본적으로는 법 개정을 통해 (성매매 피해자에서) '성매매 여성'으로 보호 대상을 확대하는 것이 필요하다.(오지원 판사, 『젠더법학』 2권)

양현아 서울대 교수(법학)는 말한다. "성매매 여성에서 대해서는 원칙적으로 불처벌주의를 따른다. 이 법이 목표하는 것은 여성들의 탈성매매를 돕는 것이고, 더 중요하게는 중간업자나 성 산업을 좌우하는 큰손들을 없애는 것이다. 우리나라가 처해 있는 문제는 성매매가 너무나 많다는 것이다. 고리대금업자, 조직폭력배, 임대업자 등, 성매매를 통해 불법으로 축적된 이윤에 대해 징수하고 몰수하는 법 규정이 있지만 일선에서 거의 시행되지 않는다. 단순 매매업자만 잡아들인다. 성 노동권에 대한 논쟁은 한국 성 산업의 무지막지한 시스템을 너무나 도외시하는 것이다. 이런 논쟁, 공허하다."

참고 문헌: 〈서울대 여성연구소〉, 『성매매의 정치학』, 한울아카데미, 2006

# 성과 인권, 노동과 상품, 그리고 생명의 교차로에서

'미대 진학 위해 수능 다음날부터 성매매'

무심하게 지나칠 뻔했다. 지난 2011년 12월『한겨레21』에서 성매매 기획을 한창 준비하던 때였다. 화가를 꿈꾸던 한 십 대 여자아이의 사연은 몇몇 매체에서 겨우 단신 기사로 처리됐다.

(…) 대입 수험생이 등록금 마련을 위해 성매매에 나섰다 경찰에 붙잡혔다. 서울 수서경찰서는 수학능력시험을 친 다음날부터 성매매를 한 A모(18)양을 입건했다고 5일 밝혔다. 또 여성 8명을 고용해 서울 서초동 오피스텔에서 성매매를 알선하고 2천여만 원을 챙긴 업주 이모(37)씨를 구속했다.

경찰에 따르면 고졸 검정고시에 합격한 A양은 편의점 아르바이트를 통해 번 돈으로 미술 학원에 다니며 화가의 꿈을 키워 왔던 것으로 조사됐다.

이번 수능시험에서도 평소보다 좋은 점수를 받아 원하는 대학에 지원할 수 있게 됐지만, 입시 학원비와 등록금이 모자라 '오피스텔 성매매'에 빠져든 것으로 보인다고 경찰은 설명했다.

A양은 낮부터 자정까지는 오피스텔에서 손님을 받는 생활을 해 왔지만, 오전에는 서울 강남의 유명 미술 학원에서 실기 시험에 대비해 온 것으로 밝혀졌다. (『노컷뉴스』, 2011년 12월 6일)

한 번도 본 적이 없는 십 대 아이의 이미지는 자주 머릿속에 어른거렸다. 미래에 화가를 꿈꾸는 아이는 어쩌다 서초동 오피스텔을 찾아갈 결심을 하게 됐을까? 그리고 그 아이는 지금 어디서 무엇을 하고 있을까? 경찰의 단속이 지나갔으니, 해가 지면 업소에 다시 출근할까? 아니면, 다행스럽게도 지금쯤은 어느 캠퍼스에서 여느 1학년 학생처럼 아이들과 재잘거리고 있을까? 혹은, 어쩌면, 둘 다 일까? 머릿속에서 불편한 질문은 꼬리를 물었다.

기사를 읽는 이들의 생각은 저마다 조금씩 다를지도 모르겠다. 개인적인 윤리에 민감한 이라면 하필 성매매의 굴레로 제 발로 걸어 들어간 A양을 먼저 나무랄 수도 있겠다. 아니라면 십 대 아이를 고용하고 돈을 챙긴 업자의 책임을 묻고 싶은 이도 있을 것이다. 아니라면 좀 더 큰 구조를 이야기하는 이도 있을 것이다. 아이를 성매매로 끌어들인 것은 빈곤과 매춘 산업이었을 테니 말이다.

현실적인 의견도 있을 것이다. 성매매는 결국 아이에게 남은 마지막 지푸라기였을지 모른다. 편의점 아르바이트로는 비싼 등록금과 학원비를 대기에 턱도 없었을 것이다. 성매매로 번 돈이라도 없다면 꿈은 물거품이 되었을 것이다. 경찰의 단속은 아이를 불법에서 건져 놓았지만, 아이의 꿈은 그만큼 멀어진 셈이다. 몸을 내준 대가로 남성들이 건네는 '화대'는 아이에게는 임금이고, 복지고, 대학이고, 미래였을 것이다.

매우 거칠게 훑어봐도 성매매에 대한 입장과 의견은 이렇게 쉽게 엇갈린다. 극단적으로 다른 생각들 사이에서 합의점을 찾기는 쉽지 않아 보인다. 왜 그럴까? 성매매의 문제는 성과 인권, 노동, 상품, 쾌락, 지배, 생명의 문제가 교차하는 한가운데 자리 잡은 탓이 크다. 문제를 어느 각도에서 보느냐에 따라서 성매매는 모습이 다르다.

필자들도 후회했다. 우연히 집어 든 정부 보고서가 기획의 계기가 됐지만 취재를 할수록, 글을 쓸수록 문제는 너무 복잡하게, 거대하게 다가왔다. 문제의 폭과 깊이는 예상을 뛰어넘었다. 보트를 타고 노를 젓기 시작하자마자 망망대해를 접한 느낌이었다. 그렇다고 바로 뱃머리를 돌릴 수도 없는 노릇이었다. 게다가 수능을 막 마친 아이가 서초동의 오피스텔을 찾는 사연까지 보면, 현재의 상황은 분명 정상적이지는 않았다. 그러니 성매매의 문제를 '생각의 다름'이나 '철학의 차이' 쯤으로 떠넘기거나, 묻어 버릴 문제도 아니었다.

그렇다면 이 문제를 어떻게 바라봐야 할까? 이 문제를 어떻게 해결할까? 기획을 진행하는 중간에도, 책을 쓰는 순간에도 질문은 자주 기본으로 거슬러 올라갔다. 그 질문에 끊임없이 답을 찾는 것이 결국 집필의 과정이었다. 무수한 주장과 입장 사이에서 길을 잃지 않는 것도 어려운 일이었다. 이제 돌이켜 보면, 필자들은 다음 두 가지 경로로 여정을 한정지었다.

첫째, 이 책은 성매매를 '해당 여성이 원하지 않는, 외부적인 변수에 의해 강요된 성매매' 문제로 대부분 주제를 한정했다. 여기서 외부 변수란 인신매매와 같은 극단적인 경우도 있지만, 대부분은 빈곤과 같은 경제적인 문제를 가리킨다. 눈치 빠른 독자는 이미 파악했을 것이다. 이 책의 1장부터 5장까지는 결국 한국(과 지구)에서 벌어지는 '강요된' 성매매를 보여 주는 데 중점을 뒀다. 그리고 6장에 이르러서야 비로소 강요되지 않은 성매매를 포함한 더 포괄적인 성매매의 문제를 다루게 된다. 물론 강제냐 자발이냐는 구분이 현재의 성매매 구조에서는 무의미하다고 주장하는 사람들도 있다. 그러나 자신의 성매매를 성 노동이라고, 자발적인 선택이라고 말하는 여성들이 있는 것도 분명한 사실이다. 아주 소수에 불과하다 할지라도, 대한민국 성매매의 대략적 윤곽을 그리는 데 그들의 목소리를 삭제할 수는 없었다. 그래서 6장은 부록의 성격도 함께 띄고 있다.

둘째, 이 책은 성매매의 현실을 '보여 주는' 데 중점을 뒀다. 따라서 성매매 문제의 해결책이나 대안을 제시하는 데는 상대적으로 소홀했다. 아마도 이점은 필자의 직업과도 관계가 있을 것이다. 기자들은 현상을 보여 주고, 말을 전하는 데는 상대적으로 능하지만, 대안을 제시하는 데는 미숙한 편이다. 이 점에서 독자들은 이 책의 미덕과 단점을 어림잡을 수 있을 것이다.

그렇다면 이 책을 통해서 확인할 수 있었던 건 무엇이었을까? 중복되는 부분이 많겠지만, 자료 조사와 취재를 통해 확인할 수 있었던 내용들을 정리하면 다음과 같다.

첫째, 우리나라에서 한 해에 이뤄지는 성매매 거래의 규모는 6조 6,258억 원으로 추정됐다. 우리나라 전체 국내총생산이 1천 조가 약간 넘는 수준임을 감안하면, 성매매 거래 규모는 전체 경제 규모의 1퍼센트에 근접하는 것을 확인할 수 있다. 우리나라 영화 산업(1조 2천억 원)과 비교해도 다섯배가 넘는 규모다. 이 가운데 성매매 알선 업소를 통해 이뤄지는 거래액이 5조 4,030억 원으로 전체 성매매 '시장'의 80퍼센트를 넘게 차지했다. 특히 성매매를 말할 때 흔히 연상되는 성매매 집결지(5,765억 원)와 비교해도 성매매 알선 업소의 규모를 짐작할 수 있다. 성매매 알선 업소란 이른바 단란주점 등을 가리킨다. 성매매가 이뤄지는 현장은 멀리 집결지보다 도시 골목마다 자리 잡은 업소라는 것을 짐작할 수 있다. 이는 "성매매특별법" 이후 이른바 풍선 효과로 성매매가 음성화하고, 파편화하는 현상과도 무관하지 않을 것으로 보인다.

둘째, 성매매가 이렇게 광범위하게 이뤄지는 역사적인 배경에는 국가의 숨겨진 역할이 있었음을 확인할 수 있었다. 박정미 한양대 HK교수가 지적하는 대로, "한국 성매매 정책의 지배적인 형태는 '묵인—관리 체제'였지만 사회적 조건의 변동에 따라 그 성격과 양상이 달라"졌다. 국가는 심지어 묵인을 넘어서 성매매에 앞장서기도 했다. 한국전쟁 당시에는 군의 '사기 진작'을 위해, 전쟁 이후에는 80년대 말까지도 '외화 벌이'를 위해 성매매를 직·간접적으로 지원했다. 이런 묵인과 방조의 전통은 '성매매는 불법이지만 불법이 아니다'라는 인식에 영향을 줬다.

셋째, 업소가 밀집한 주변 지역은 '성매매 산업'과 긴밀하게 연결된 상권을 형성하고 있었다. 성매매 여성을 위한 주택, 미용, 의상 수요는 지역경제를 '먹여 살리는' 구실을 하기 때문이었다. 이런 배경 때문에 지역 주민과 상인들은 종종 성매매를 보호하는 이해관계자로 등장하기도 한다. 심지어는 공권력의 단속을 대비해서 국회의원이나 경찰 등, 지역 권력에 압력을 행사했다. 또 경찰과 소방서 등과 같은 기관에서는 일부가 성매매 업소의 뒷돈을 받는 등의 형식으로 업자들과 공생했다. 이는 지역 단위에서 성매매를 비호 혹은 방조하는 정치적·경제적 권력이 작동하는 방식이기도 했다.

넷째, 한국 성인 남성의 절반(49%)은 돈을 주고 성을 구매한 경험이 있었다. 따라서 성매매는 일부 남성 집단에 한정된, 특이한 현상이라기보다는 일반적인 현상으로 보는 것이 맞을 것이다. 또 성 구매 남성은 사회·경제적 지위가 낮을 것이라는 일부 예상과 달리, 오히려 학력이 높은 '고학력 화이트칼라' 집단이 성 구매에 더 적극적이었다. 이들 남성들을 대상으로 한 심층 인터뷰를 통해 미루어 보면, 남성들은 특별한 계기 없이 혼자 성매매 업소를 찾는다기보다는, 군대 입대, 회식, 접대 등을 매개로 성을 샀다. 남성들의 술자리 문화, 집단 문화가 성매매와 가깝게 이어진다는 뜻이다.

다섯째, 여성이 성매매로 유입되는 원인을 거칠게 설명하자면, 크게 '가출'과 '빈곤'으로 나뉜다. 성매매 경험 여성을 대상으로 한 심층 인터뷰에서 20살 이전에 성매매를 시작한 15명 가운데 12명이 가출 경험이 있는 것으로 나타났다. 이는 성매매를 한 청소년 가운데 가출 청소년이 80.8퍼센트였다는 정부의 통계와 일맥상통한다. 뚜렷한 기술이 없어 마땅한 일자리도 구하기 힘든 여성들에게 성매매는 피하기 힘든 유혹이다. 그러나 심층 인터뷰에 임한 22명 가운데 7명이 성매매를 그만둔 이유로 '늘어난 빚'을 든 것은 아이러니다. 성매매 현장의 현실은 참담했다. 성매매 여성 10명 가운데 8명이 성폭력 등을 포함한 폭력을 경험했고, 7명 이상이 학습화된 무기력 증상을 겪었다. 이는 수면제(55%)나 마약류, 각성제(21.5%) 등을 복용한 비율과 무관하지 않은 것으로 보인다.

여섯째, 청소년 성매매 문제는 더욱 심각하다. 방치된 청소년들은 다른 또래 친구들보다 훨씬 더 자주 성매매로 몰렸다. 가출 및 성매매 경험이 있는 십 대는 그렇지 않은 아이들보다 친부모 동거 비율은 4분의 1 수준이었고, 성폭행 경험 비율은 10배가 더 많았다. 자신의 집이 경제적으로 하류층에 속한다고 답한 청소년은 상류층에 속한 십 대보다 성매매를 경함한 비율보다 8배 높았다. 열악한 환경 때문에 거리로 떠밀린 아이들에게는 '비행 청소년'이라는 낙인이 찍혔다. 인터넷은 성매매에 이르는 쉬운 경로가 됐다. 성매매 경험 청소년과의 심층 인터뷰를 통해 미루어 보면, 다수의 남성 '고객'들에게 아이들의 나이는 문제가 되지 않았다. 범죄는 거래의 가면을 쓰고 활개를 쳤다.

일곱째, 우리나라의 성매매 현실을 볼 때, 2004년에 시행된 "성매매특별법"도 무시할 수 없는 변수였다. 새 법은 이른바 '풍선 효과'를 둘러싼 구구한 논란을 낳기도 했다. 특별법의 영향은 크게 다음과 같이 요약할 수 있다. 첫째, 성매매 사범에 대한 검거율이 높아지면서 남성들의 구매 동기가 일부 감소했다. 둘째, 성매매 여성에 대한 인권 침해를 일부 줄였다. 셋째, 집결지의 규모는 줄어든 반면, 인터넷 등을 통한 음성적인 성매매는 늘어난 것으로 보인다. 넷째, 그러나 집결지나 인터넷을 통해 이루어지는 전체 성매매의 규모는 늘었다고 단정할 수 없다. 풍선 효과는 있었지만, 풍선의 부피도 줄어든 것으로 보인다는 말이다. 법에 대한 비판도 있었다. 특별법이 성매매 여성을 여전히 범죄자로 모는 대목은 새 법의 한계로 지적된다.

여덟째, 한국인의 성매매가 국제화하는 양상도 빼놓을 수 없다. 먼저 한국인 남성을 '고객'으로 하는 성매매 업소는 이웃한 중국과 동남아를 비롯해서 러시아 등, 구사회주의권 국가들에서도 폭넓게 뿌리를 내리고 있다. 현지의 업소들은 현지 관료 및 폭력 조직과 직·간접적으로 결탁해 빈곤 여성들을 고용하는 방식으로 영업을 하고 있었다. 또 한국인 성매매 여성들 역시 미국과 일본, 호주 등의 현지 언론에 자주 등장하고 있다. 그러나 정작 이들의 실상은 대부분 베일 속에 가려져 있다. 일본에 있는 한국인 성매매 여성이 3만 명이라는 경찰의 추정치만 있을 뿐이다. 그럼에도 우리나라 정부는 이들의 실태에 사실상 접근조차 못 하고 있다. 해외 성매매 여성들을 '나라 망신' 정도로만 보는 일부 시각도 하나의 원인인 것으로 보인다. 이들의 인권은 국가 정책의 맹점에 놓였다.

아홉째, 한국뿐 아니라 세계적으로도 성매매는 고질적인 사회문제다. 특히 빈곤 국가일수록 인신매매를 동반한 성매매의 덫에 여성이 빠질 위험은 크다. 그 대표적인 예가 북한이다. 중국으로 밀입국한 북한 여성 가운데 적지 않은 수가 인신매매와 성매매의 대상이 됐을 것으로 추정된다. 미국 국무부는 2011년 북한을 "인신매매피해방지법(TVPA)"상 최소한의 기준조차 충족하지 못하는 국가군으로 분류했다. 물론 다른 나라의 얘기만은 아니다. 여전히 필리핀 등 동남아 국가에서 다수의 여성들이 예술 비자 등을 받고 한국의 성매매 시장으로 편입되고 있다.

열째, 성매매를 이야기할 때, 빼놓을 수 없는 것이 이른바 여성의 '자발적인 성매매'에 대한 논의이다. 서구에서는 이미 1970년대부터 이를 둘러싼 격렬한 논쟁이 있었다. 한국에서 이에 대한 논쟁은 상대적으로 뜸했다. 한국 땅에서 대규모로 이뤄지는 '비자발적인 성매매'의 폭력이 워낙 거대하고 압도적이었던 게 원인이었을 것으로 짐작된다. 본인의 의사와 상관없이 성매매를 강요당하는 여성들이 다수인 현실에서, '성 노동권'을 주장하는 것은 자칫 '포주의 논리'로 들릴 수 있기 때문이다. 환경이 변한 탓일까? 우리나라에서도 성 노동자의 권리를 이야기하는 이들이 점차 목소리를 내고 있다. 이들의 주장은 서구의 자유주의 페미니즘 혹은 마르크스 페미니즘 진영의 논리와 맞닿아 있다. 이들의 '낮은 목소리'는 앞으로 성매매를 둘러싼 우리 사회의 논의 수준을 한 단계 높이는 데 한몫할 것으로 기대된다.

이 책은 말하자면, 성매매에 대한 대략의 스케치다. 물론 성매매 문제는 전체 그림을 세밀히 그려 내기도 어렵고, 해결책을 찾기도 쉽지 않다. 그렇다고 이 문제를 정책의 사각지대로 마냥 내버려 둘 수도 없는 노릇이다. 모르는 척하기에는 이해 당사자가 너무 많고, 폭력의 강도가 극심하기 때문이다. 성매매 문제에 대한 우리 사회 여론의 최소공배수를 찾는다면 무엇이 될까? 아마도, 지금의 상황에 문제가 있고, 그 문제를 개선할 필요가 있다는 점 정도로 보인다. 현재의 상황에 대한 세밀한 실태 파악이 필요하다는 점도 덧붙일 수 있을 것이다. 최소한 '강요된 성매매'를 둘러싼 문제라면 더욱 그렇다. 이 문제를 해결하기 위해 우리 사회는 어떤 준비가 돼 있을까? 문제를 해결하기 위한 관심과 실천이라는 측면에서 잠시 살펴보자.

첫째, 관심은 아주 많다. 공적 영역에서 여론을 형성하는 언론의 관심은 사실 차고 넘쳤다. 〈한국언론재단〉에서 관리하는 기사 통합 검색(www.kinds.or.kr)을 통해 '성매매'라는 열쇳말을 쳐 보았다. 지난

2011년 10월 6일 이후 1년 동안 전국 종합 일간지에서 '성매매'라는 열쇳말이 나온 기사는 모두 1,747건이었다. 주목도가 높은 열쇳말인 '이명박' (1만 9,972건), '김정은'(북한 노동당 제1비서, 5,686건)보다는 출연 빈도가 적었지만, 김황식 국무총리(1,344건)나 이웃한 후진타오 중국 국가주석 (1,738건), 노다 요시히코 일본 총리(1,920건)와 비슷한 정도로 언론의 주목을 받았다. 다른 사회문제인 부정부패(1,210건), 공해(5,116건), 교통사고(3,107건)와 견줘도 언론의 노출 빈도는 적지 않다. 이 글을 쓰고 있는 2012년 10월 7일 새벽 한 시에도 네이버 초기 화면에서는 주요 일간지 가운데 세 곳이 성매매와 관련한 주제를 주요 기사로 다루고 있다. 그러나 "성매매 특구 설치하면 과연……", "성매매 女들, 생계가 아니라 이것 때문에 … 충격", "야동 단속에 남성들 몰리는 곳 알고 보니…" 따위의 기사 제목을 보면 주요 언론들이 성매매 문제에 어떻게 접근하는지를 짐작할 수 있다. 관심은 많지만 관심의 동기 및 내용에 대해서는 의문의 여지가 매우 크다.

둘째, 성매매에 대한 우리 사회의 '실천'을 보자면, 오히려 부정적인 자료만 쉽게 눈에 띈다. 이 책에서 확인했듯이, 우리나라에서 한 해 거래 건수는 5천만 건에 육박하는 것으로 추정됐고, 성인 남성 10명 가운데 절반은 성매매 경험이 있는 것으로도 조사됐다. 우리나라 성매매 산업의 규모는 무려 7조 원에 이르는 것으로 짐작됐다. 뒤집어 말하면, 그만큼의 돈을 내며 성을 구매한 '소비자'들이 있다는 뜻이고, 또 그 수입으로 생계를 잇는 거대한 인구가 있다는 뜻이다. 예를 들어, 성매매에 종사하는 여성은 14만 명을 넘는 것으로 추정됐다. 그들의 주변에서 생계를 잇는 인구는 헤아리기 어렵다. 그들에게 법과 도덕이 이상에 가깝다면, '밥줄'

은 현실이다. '강요된 성매매'라는 일상화한 폭력은 우리 주변에 그렇게 끈질기게 뿌리내리고 있다.

현실은 복잡하고, 해결책은 보이지 않는다. 실마리는 어디에 있을까? 쉽지 않다. 마치 천 갈래, 만 갈래로 나뉘어 꼬여 있는 실타래를 마주한 느낌이다. 다시, 화가가 되고 싶었던 A양의 이야기로 돌아가 보자. 기사를 다시 찬찬히 읽어 보면, 그 안에 국가가 단 한 번 등장한다.

'서울 수서경찰서는 수학능력시험을 친 다음날부터 성매매를 한 A모(18)양을 입건했다고 5일 밝혔다.'

의문이 생긴다. 국가의 진짜 역할이 저걸까? 돈이 없어서 성매매에 나선 아이를 잡아들이는 게 국가의 구실일까? 그게 다 일까? 그러면 성매매 문제가 해결될까? 아이는 행복해질까? 동의하기는 쉽지 않다.

질문은 다시 간단한 몇 가지 공상으로 이어진다. 밤에는 업소에서 일하고, 낮에는 학원을 다닐 정도로, 그래서 고졸 검정고시에 기어이 붙을 정도로 삶에 필사적이었던 아이의 집에 기본적인 소득이 보장됐다면 어땠을까? 그래서 아이가 학원비와 대학 등록금을 댈 수 있었다면 어땠을까? 그래도 아이가 밤 업소의 문을 두드렸을까? 아이가 원하는 것이 명품 옷이나 값비싼 보석이 아니라, 꿈을 이루기 위한 입시 교육과 대학 교육이었으니, 그 기회를 우리 사회가 최소한의 비용으로 보장해 줬다면 어땠을까? 그래도 아이는 군이 '낮부터 자정까지' 오피스텔에서 손님을 받았을까? 아이가 결국 편의점 아르바이트로 버티다 못해 성매매 업소의 문을 열 때까지 침묵했던 국가가 불현듯 나타나서 아이를 처벌했을 때, 국가에게 그럴 자격이 있기나 할까? 결국 아이가 아프게 밟았을 동선을 되밟아 가면, 우리의 국가, 혹은 우리 공동체의 구실에 관한 근본적인 질문으로 돌아가게 된다. 성매매의 문제를, 단순히 성매매 정책으로만 한정해서 해결책을 찾거나, 일부 여성과 몇몇 몰지각한 남성들이 만들어낸 사회문제로만 파악하기 힘든 이유다.

**감사의 글**

책은 영화와 같다. 영화 포스터에는 주연 배우가 폼 나게 얼굴을 내밀지만, 그들은 결국 그냥 '얼굴'이다. 영화에서는 얼굴 한 번 내밀지 않지만, 감독과 작가, 스태프들이 얼마나 중요한지는 따로 말을 보탤 필요는 없을 것이다. 책을 쓰는 과정도 마찬가지다. 말하자면, '몸통'은 따로 있다. 이들에게 마땅히 절반 이상의 공이 돌아가야 할 것이다.

먼저 취재 과정에서 직접 만난 성매매 경험 여성들에게 감사의 말씀을 전한다. 기사에서 이들의 이름은 모두 가명으로 처리됐다. 가명의 김정아 씨, 하아무개 씨, 박은경 씨, 경미 씨, 알마 씨는 모두 낯선 기자 앞에서 자신의 아픈 상처를 드러내 보여 줬다. 그들의 호의와 용기에 다시 한 번 감사를 드린다. 그들의 앞길에, 과거의 상처를 상쇄하고도 남는 행복이 함께하기를 진심으로 기원한다.

기획을 진행하는 과정에서 무수한 현장 활동가들의 도움이 있었다. 이들이 없었다면 앞서 성매매 경험 여성들과의 인터뷰도 대부분 불가능했다. 김선옥 〈새날을여는청소년쉼터〉 원장은 특히 청소년 성매매 취재 과정에서 자문도 해 주시고, 자료도 선뜻 내주셨다. 필자 두 명이 쉼터에서 원장님, 활동가, 쉼터 청소년과 함께 먹은 점심은 유독 맛있었다. 활동가 좌담에 참석해 주신 네 분에게도 감사드린다. 정미례 〈성매매문제해결을위한전국연대〉 대표, 유복임 〈다시함께센터〉 소장, 신박진영 〈대구여성인권센터〉 대표, 송경숙 〈전북여성인권지원센터〉 센터장은 필자들이 교착상태에 빠질 때마다 전화를 드리고 도움을 구했다. 그리고 항상 답을 받았다. 또 박수미 〈두레방 외국인성매매피해여성지원센터〉 센터장의 도움이 없었다면, 외국인 여성 성매매 취재는 훨씬 어려웠을 것이다. 감사드린다.

학계에서도 도움이 컸다. 정진성 서울대 교수(사회학), 설동훈 전북대 교수(사회학), 배은경 서울대 교수(사회학), 박정미 한양대 HK연구교수(사회학), 신상숙 〈서울대 여성연구소〉 연구 교수(사회학)도 취재 과정에서 기준을 제시했고, 소중한 자문을 해 줬다. 또 〈한국여성인권진흥원〉의 정혜원 박사, 김옥녀 전 팀장, 최선화 팀장의 도움도 취재에 꼭 필요했다. 특히 정 박사의 역할은 전체적인 기획 과정에서 절대적이었다. 흔쾌히 추천사를 수락해 주신 조국 서울대 교수(법학)에게도 감사한 마음을 표한다.

이상원 인턴 기자는 지난 2011년 겨울, 강남 일대 성매매 업소 현장 취재 과정에서 힘을 보탰다. 그는 『한겨레21』에서 쌓은 경험을 바탕으로 지금은 대구에서 〈뉴스민(www.newsmin.co.kr)〉이라는 진보적인 매체의 창간에 주도적으로 참여하고, 기자로 활동하고 있다. 건투를 빈다.

『한겨레21』 식구들에게도 감사의 말을 전한다. 먼저 이제훈 편집장은 기획을 진행하는 과정에서 현장 기자들에게 든든한 '비빌 언덕'이었다. 또 이 편집장을 포함한 기자들이 아낌없이 주는 조언과 폭탄주(!)는 취재의 윤활유였다. 특히 『한겨레21』 남은주 문화팀장은 마지막 글인 "나는 성매매를 선택했다" 부분의 필자다. 해당 글은 남은주 기자가 지난 2012년 6월 『한겨레21』의 표지 기사로 쓴 "나는 성 노동자다" 기사를 거의 그대로 발췌한 것이다. 따라서 공동 필자라고 해도 무방할 것이다. 기사를 전제하도록 허락해 준 그에게 감사의 말을 전한다.

필자 각자의 개인적인 인사도 덧붙인다. 김기태는 아내 민정선에게 이 자리를 빌어 고마움을 전한다. 이 책이 나올 즈음에 새로운 생을 시작할 아들 한이의 삶도 함께 축복한다. 그가 사는 세상은 지금보다는 더 낫기를 바란다.

하어영은 김기태라는 인간을 만나 기사를 쓰고, 팔자에 없는 책까지 쓰게 됐다고 해도 과언이 아니다. 시도 때도 없이 닦달한 그에게 티끌 같은 원망과 태산 같은 감사를 전한다. 누구보다! 늘 새로운 세상을 꿈꾸는 아내 현시원에게 감사한다. 그를 만났고, 이 세상에 책을 내놓는 '사람'이 됐다.

권영상(2007), 「성매매 방지법의 집행 효과에 관한 실증 연구」, 『한국 사회와 행정 연구』, 제18권 1호, 221~241

김지혜·김자영(2011), 「성매매 피해 여성의 정신 건강 및 지원 욕구 조사: 지원 시설 입소자를 중심으로」, 한국여성인권진흥원

남은주, "나는 성 노동자다", 『한겨레21』, 917호, 2012년 7월 2일

막달레나공동체 용감한여성연구소 기획, 김애령·원미혜 엮음, 『붉은 벨벳 앨범 속의 여인들』, 그린비, 2007

박정미(2009), 「서구 '제2세대 페미니즘'의 성매매 논쟁」, 『페미니즘연구』, 제 9권, 2호, 2009 233~267

박정미(2011), 「한국 성매매 정책에 관한 연구」, 서울대학교 사회학 박사학위 논문, 2011

박종성, 『한국의 매춘』, 인간사랑, 1994

번 벌로, 『매춘의 역사』, 박종만·서석연 옮김, 까치, 1996

서울대 사회발전연구소(2010), 「성 매수 실태 조사 보고서」(비공개)

서울대 여성연구소(2010), 「성매매 실태 조사 보고서」(비공개)

여성가족부(2011), 「외국인 여성 성매매 실태 및 제도 개선 방안 연구」

정재원(2011), 「한국형 성 산업과 성매매 문화의 국제적 팽창: 해외 성 구매 실태를 중심으로」(비공개)

정혜원(2011a), 「가출 청소년 성매매 유입 예방 및 지원 방안I: 가출 청소년의 성매매 유입 과정」, 한국여성인권진흥원

정혜원(2011b), 「가출 청소년 성매매 유입 예방 및 지원 방안II: 가출 청소년 성매매에 영향을 미치는 위험 요인 및 보호 요인」, 한국여성인권진흥원

한국형사정책연구원(2002), 「성매매 실태 및 경제 규모에 관한 전국 조사」

홍성철, 『유곽의 역사』, 페이퍼로드, 2007

UNAIDS(2009), "UNAIDS Guidance Note on HIV and Sex Worker"

US Department of State(2010), "Trafficking in Persons Report"(http://www.state.gov/j/tip/rls/tiprpt/2010/)